Über dieses Buch Pierre-François Moreau, international renommierter Spinoza-Experte, hat eine in Frankreich mittlerweile klassische Einführung in die Philosophie Spinozas geschrieben. Statt Spinozas Denken in die geläufigen philosophiegeschichtlichen Schemata zu pressen, geht es Moreau darum, herauszufinden, wieso sich an diesem Denken bis in unsere Tage immer wieder die Geister scheiden. Die Provokation der Philosophie Spinozas liegt, wie Moreau nachweist, nicht nur in ihrer Zurückweisung des traditionellen Gottesbegriffes (die ihm den Vorwurf des Atheismus eintrug), sondern ebenso in der konsequenten Kritik an einer ganzen Reihe von zentralen Begriffen der Metaphysik, der Moral, der Politik sowie der Erkenntnistheorie. Moreau macht deutlich, daß Spinozas Philosophie in vieler Hinsicht die großen Kritiken der »humanistischen Illusion«, die im 19. und 20. Jahrhundert vorgetragen wurden, vorwegnimmt (Marx, Nietzsche, Freud).

Friedrich Balkes Beitrag zeigt, wie die wachsende Beschäftigung mit der Philosophie Spinozas in Frankreich (Deleuze, Althusser, Macherey u. a.) seit den sechziger Jahren entscheidend dazu beigetragen hat, einen neuen Typus ethischer Reflexion zu befördern, in dessen Zentrum nicht das Gesetz, sondern der Affekt steht und von dem hierzulande besonders eine von kantianischen Fixierungen befreite praktische Philosophie profitieren könnte.

Der Autor Pierre-François Moreau, geboren 1948, lehrt Philosophie an der École Normale Supérieure in Fontenay/Saint-Cloud. Er veröffentlichte zahlreiche Aufsätze besonders zur politischen Philosophie der Neuzeit. Wichtige Werke: *Les Racines du libéralisme* (1978), *Le Récit utopique: droit naturel et roman de l'état* (1982), *Hobbes, philosophie, science, religion* (1989). Demnächst erscheint eine umfangreiche Studie zu *Expérience et histoire chez Spinoza*. Moreau ist Mitherausgeber der *Studia Spinozana*.

Der Herausgeber Friedrich Balke, geboren 1961, studierte Philosophie und Literaturwissenschaft und ist zur Zeit wissenschaftlicher Koordinator des Siegener Literatur- und Kommunikationswissenschaftlichen Graduiertenkollegs.

Pierre-François Moreau

Spinoza
Versuch über die Anstößigkeit seines Denkens

Aus dem Französischen
von Rolf Löper

Herausgegeben und mit einem Beitrag
von Friedrich Balke

Fischer Taschenbuch Verlag

Erweiterte Neuausgabe
Veröffentlicht im Fischer Taschenbuch Verlag GmbH,
Frankfurt am Main, Juli 1994

Titel der Originalausgabe: ›Spinoza‹

Gesamtherstellung: Clausen & Bosse, Leck
Printed in Germany
ISBN 3-596-12245-7

Gedruckt auf chlor- und säurefreiem Papier

Inhalt

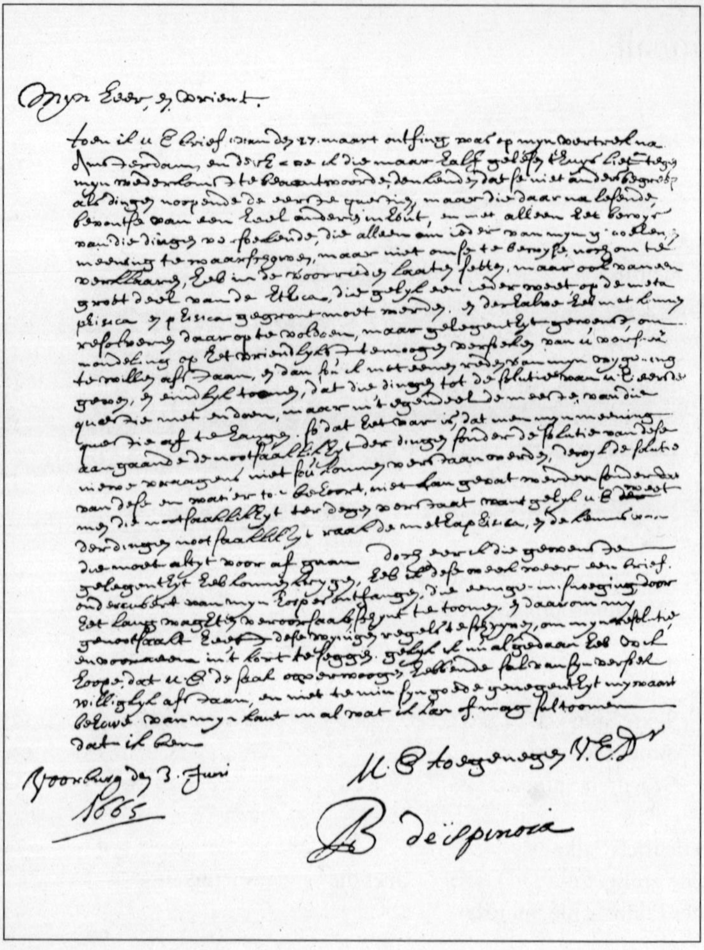
Mijn Heer, en Vrient.

toen ik u E brief van den 27 maart ontfing, was op mijn vertrek na
Amsterdam, en derhalve ik die maar half gelesen hebbende, liet hem tegen
mijn wederkomst te beantwoorden, denkende dat se niet anders begreep
als dingen rakende de eerste questie, maar die daar na lesende,
bevont se van een heel ander inhout, en niet alleen het bewijs
van die dingen te eysschende, die alleen om ieder van mijn gevoelen
meening te waarschouwen, maar niet om se te bewijsen, nog om te
verklaren, heb in de voorreden laten setten, maar ook van een
groot deel van de Ethica, die gelijk een ieder weet op de meta
phisica en phisica gegront moet werden. en derhalve het niet konnen
resolveren daar op te voldoen, maar gelegentheyt gewenst, om
mondeling op het vriendlijkste te mogen versoeken van u voorsz.
te willen afstaan, en dan sou ik met eenen reden van mijn weygering
geven, en eyndelijk toonen, dat die dingen tot de solutie van u E eerste
questie niet en doen, maar in 't tegendeel de meeste van die
questie af te hangen. sodat het waar is, dat men mijn meening
aengaande de noodsakelijkheyt der dingen sonder de solutie van dese
niewe vraagen niet sou konnen verstaan werden, dewijl de solutie
van dese en wat'er toe behoort, niet kan gevat werden sonder dat
men die noodsakelijkheyt der dingen verstaat want gelijk u E weet
de noodsakelijkheyt raakt de metaphisica, en de kennis van
der dingen noodsakelijkheyt
die moet altijt voor af gaan. Doch eer ik die gewenste
gelegentheyt heb konnen krijgen, heb ik dese weeck weder een brief
ondervangen van mijn hospes, die eenig misnoegen door
het lang wachten schijnt te toonen. en daarom mij
genootsaakt heeft dese weynigen regels te schrijven, om mijn resolutie
en voornemen in 't kort te seggen, gelijk ik nu al gedaan heb. Ook
hope dat u E de saak overwogen hebbende selfs af te versoeken
willigelijk afstaan, en niet te min sijn goede genegentheyt mij waart
blijven van mijn kant in al wat ik kan of mag voltoonen
dat ik ben

U E toegenegen V E Dr

Voorburg den 3. Juni
1665

B de Spinoza

Brief von Spinoza an W. van Blyenbergh

Einleitung

Nur einen Augenblick, um den Ausgangspunkt des Textes zu kennzeichnen, der dazu berechtigt, hier über Spinoza zu sprechen und der das bestimmt, was wir über ihn sagen werden. Kommentar? Zusammenfassung? Eine Bewegung des Hin und Her, die sich darauf versteift, einen Philosophen in einer Reihe zu präsentieren, die Schriftstellern gewidmet ist.* Was kann Spinoza für uns heute anderes sein als ein Name oder eine historische Bezugsgröße? Ein unauffälliges Leben, ohne Abenteuer, wenn das Abenteuer als äußerliche Anekdote verstanden wird, Werke, die oftmals unabgeschlossen sind; was bleibt, ist das Denken, der Denkstil, um genau zu sein: eine eigensinnige Haltung, die jeden Text kennzeichnet und die sich in den Texten selbst darstellt und durch die Texte gerechtfertigt wird. Es ist diese im eigentlichen Sinne theoretische Dimension, auf die wir uns hier einlassen, indem wir zugleich zugeben, daß ihre Beständigkeit es verdient, für sich selbst – in ihrem Funktionieren – analysiert zu werden, sogar außerhalb der Thesen, die sie hervorbringt.

Wir werden uns also nicht gehalten fühlen, alle Teile des Systems zu erzählen, um so weniger, als gewisse Teile in den Büchern fehlen: weil das Reale in seiner Gesamtheit begriffen werden kann, ist das System mit Recht unendlich; seine Einheit hängt nicht von seiner Geschlossenheit, sondern von seiner Methode ab; von ihr finden sich in der *Ethik* lediglich einige Fragmente: nämlich nur diejenigen, wie wir im Vorwort zu Buch II erfahren, die uns (»gleichsam an der Hand«) zur Glückseligkeit führen können. Aber wenn man sich nicht für die Glückseligkeit interessiert? Es ist also zweifellos erlaubt, bestimmten Stellen mehr Bedeutung als anderen beizulegen oder sich mit einer Andeutung

* Die französische Ausgabe erschien bei Seuil in der Reihe *Écrivains de toujours*. (A. d. Ü.)

intensiver zu beschäftigen, um dann zu sehen, welche Entwicklung von ihr ausgehen kann. Einzige Bedingung: das zu beachten, was diese Stellen und Andeutungen zu Teilen des Systems macht.

Wir werden dagegen dieser schöpferischen Kraft den wesentlichen Teil der Analyse widmen: das Besondere des Spinozismus liegt in seiner Methode, und sie ist es auch, die man den anderen theoretischen Räumen der Epoche – oder auch der unsrigen – gegenüberstellen kann. Es wird hier also weder um die konkrete Verkettung der Affekte noch um die dritte Gattung der Erkenntnis, noch um die Interpretation der heiligen Schrift, noch um die unterschiedlichen Formen der Regierung gehen. Wenn wir auf diese Weise die Versuchung der Zusammenfassung umgehen, dann nur, um mit der Interpretation zu beginnen.

Riskiert man dann aber nicht zu entstellen, worüber man spricht? Das ist wohl möglich; auch ist das schon so viele Male passiert! Es begann mit der Beschimpfung, die den Namen Spinozas im 17. und 18. Jahrhundert überdeckte – wir werden darauf zurückkommen. Auch die Interpretation Hegels, der, obwohl er in Spinoza einen unausweichlichen Moment des Denkens begrüßte, in den Attributen Verstandesformen sehen wollte. Und dann die Interpretation der gesamten Tradition des französischen Spiritualismus, die einen kantianischen, einen cartesianischen, einen platonischen Spinoza fabrizierte... Fügt man noch den pantheistischen und atheistischen Spinoza hinzu, so wird man begreifen, in welchem Maße Spinoza zu lesen immer schon gleichbedeutend gewesen ist mit: ihn auf etwas anderes zurückzuführen, ihn um jeden Preis aufzusaugen, ihn zu verschlingen, um es offen heraus zu sagen.

Auch wenn wir ihn ein weiteres Mal interpretieren, werden wir zur Abwechslung die umgekehrte Methode probieren: ihn seine Differenz bewohnen lassen, seine Konturen verstärken, zeigen, daß er weder Cartesianer noch Neo-Platoniker ist – daß man ihn auch nicht einer anderen Strömung zuordnen kann; es gilt, ihn in einem theoretischen Raum zu denken, dessen vielleicht einziger Vertreter er ist.

Eine Einführung also in die Besonderheit Spinozas, seines Systems und vor allem der Denkweise, die dieses System organisiert.

Chronologie

> »Niemand kann begehren, glücklich zu sein, gut zu handeln und gut zu leben, der nicht zugleich begehrt zu sein, zu handeln und zu leben, das heißt wirklich zu existieren.«

1632 Geburt Spinozas in Amsterdam.

Zu jener Zeit überflügeln die alten spanischen Besitzungen der Vereinigten Provinzen, die unter sehr großen Schwierigkeiten ihre Unabhängigkeit erkämpft haben, Spanien. Die Handelsbourgeoisie erlebt einen ungeheuren Aufschwung. 1602 wurde die Ostindische, 1621 die Westindische Kompanie gegründet. Die größte Bank Europas steht in Amsterdam. In Leiden, Haarlem und Utrecht entwickelt sich die Textilindustrie, in Delft wird eine Porzellanmanufaktur eröffnet. In Amsterdam schließlich werden Diamanten geschliffen und Kolonialprodukte verarbeitet. Denn die Holländer haben sich in Nordamerika – wo sie Neu-Amsterdam, das spätere New York, gründen –, auf den Antillen und an den Grenzen Brasiliens, in Surinam bzw. Holländisch-Guayana niedergelassen (als Spinoza in einem Brief an Peter Balling schreibt, daß er von einem Wilden geträumt habe, nennt er einen Brasilianer. Sie haben Handelskontore in Guinea, am Kap der guten Hoffnung, auf Ceylon, in Japan; sie nehmen die Sundainseln in Besitz. Der ökonomische Wohlstand stärkt und sichert die politische Unabhängigkeit.

Der Staat stellt sich als eine Föderation von »Provinzen« dar, die wiederum sehr dezentralisiert sind. Jede Provinz wird von einer Versammlung regiert (den Ständen), deren Beratungen ein Pensionär vorsteht. Der Statthalter ist eine Art Zivil- und Militärgouverneur. Auf der zentralen Ebene findet man die gleiche Struktur wieder: Die Generalstände, die sich aus Repräsentanten der sieben Provinzen zusammensetzen, tagen in Den Haag; den Vorsitz führt ein Ratspensionär. Die Familie von Oranien-Nassau, die von dem Führer des Unabhängigkeitskampfes abstammt, stellt fast traditionell den Generalstatthalter.

Zwei große Widersprüche prägen diese Epoche. Einerseits ist die Gleichheit der Provinzen rein theoretisch: Holland, die größte und bevölkerungsreichste Provinz, ist auch ökonomisch am mächtigsten: Ihr gehört nahezu die gesamte Flotte. Außerdem übertrifft ihre Macht im Staat bei weitem die aller anderen Provinzen: Der Ratspensionär ist der Pensionär der Provinz Hollands. Andererseits wird die Handelsbourgeoisie, die sich dank des Friedens bereichert, durch die »Republikaner« repräsentiert, auf die sich die Ratspensionäre stützen, deren wichtigster Johan de Witt sein wird; Armee und Adel, deren Bedeutung seit dem Ende des Unabhängigkeitskampfes abgenommen hat, erheben sich gegen die Handelsbourgeoisie: es ist die Partei der »Oranier«, die dem Statthalter wieder unbeschränkte Macht zu geben sucht. Das ganze 17. Jahrhundert wird durch diesen Kampf gekennzeichnet; seine Höhepunkte werden die Abschaffung der Statthalterschaft durch die Generalstände im Jahr 1650 sein – ein zeitweiliger Sieg der Republikaner; und dann, 20 Jahre später, dank der französischen Invasion, die Rückeroberung der Macht durch das Haus Oranien und die Ermordung Johan de Witts.

Trotz dieser Widersprüche, oder vielleicht dank dieser Widersprüche, nehmen die Vereinigten Niederlande im damaligen Europa eine ungewöhnliche Stellung ein: Trotz politischer und religiöser Kämpfe herrscht ein anderswo unbekanntes Klima der Toleranz. Die Sekten entwickeln sich rasch, ohne allzusehr behelligt zu werden. Gelehrte und Philosophen, die in ihren Heimatländern Verfolgungen zu befürchten hätten, kommen hierhin, um zu arbeiten. Ohne jede Zensur verlegen Buchdrucker all das, was sie in anderen Ländern Europas nicht publizieren könnten. Noch im 18. Jahrhundert werden in Frankreich Bücher und Zeitungen eingeführt, die aus Holland stammen.

Es ist auch die Epoche der großen holländischen Malerei: Rembrandt, Ruysdael, Vermeer. Dem Blick bietet sich eine gewisse Spontaneität der Dinge – vielleicht das Spiel einer Konzeption des Raums, der weniger ruhend ist als der, den die klassische Physik beschreibt.

1639– Spinoza besucht die Unterrichtsstunden einer jüdischen Schule.
1650 Er lernt dort Hebräisch und kommentiert den Talmud.

1640 Tod des Uriel da Costa, der, weil er sich einer Naturreligion zugewandt hatte, zweimal von der jüdischen Gemeinde verurteilt wurde (1623 und 1633).

1642 Tod Galileis. Er wurde vom Inquisitionsgericht angeklagt und zum Widerruf gezwungen. Nachdem er zuerst in Rom gefangengehalten worden war, mußte er seine letzten zehn Lebensjahre auf einem Landsitz in der Toscana verbringen, wo er unter der Überwachung des Inquisitionsgerichts blieb. An einen seiner Freunde schrieb er: »Die Gefängnisstrafe wurde für mich in lebenslängliche Verweisung auf dieses kleine, eine Meile von Florenz entfernte Gut umgewandelt, mit dem strikten Verbot, in die Stadt zu gehen, mich auf Gespräche oder Treffen mit mehreren Freunden einzulassen oder jemanden einzuladen.« Anscheinend bewog diese Verurteilung Descartes dazu, seinen *Traité du monde* nicht zu veröffentlichen; Umstände auch, die vielleicht bestimmte Haltungen Spinozas verstehen helfen.

1642 Hobbes veröffentlicht *De Cive*; 1650 veröffentlicht er den *Leviathan*.

1645 Tod von Hugo Grotius, dem Autor des *Mare liberum*, in dem er die These von der Freiheit der Meere vertritt, und des *De Jure Belli ac Pacis*, in dem er die Prinzipien des Naturrechts systematisiert: Er befreit das Recht endgültig von der göttlichen Macht (alle seine Regeln wären wahr, selbst wenn es Gott nicht gäbe) und bezieht es vor allem auf einen subjektiven Ursprung – wie vor ihm spanische Juristen.

1648 Der Westfälische Friede, in dem die Unabhängigkeit der Vereinigten Provinzen offiziell anerkannt wird.

1649 Descartes verläßt Holland (wo er die meisten seiner wichtigsten Werke abgefaßt hat) und geht nach Stockholm, wo er ein Jahr später sterben wird.

1650 Gewaltsamer Konflikt zwischen Republikanern und Oraniern. Wilhelm II. von Oranien läßt mehrere Mitglieder der Stände verhaften und versucht, Amsterdam zu besetzen. Er scheitert und stirbt kurz darauf. Sein Amt wird abgeschafft, die Handelsbourgeoisie übernimmt erneut die Macht.

1652 Spinoza erhält Unterrichtsstunden bei Van den Enden, einem ehemaligen Jesuiten, der eine Lateinschule führt. Van den Enden ist ein Freidenker, und Spinozas Biograph Colerus erzählt, daß er später nach Frankreich ging und dort hingerichtet wurde – entweder weil er einen Anschlag auf das Leben des Kronprinzen unternommen oder aber weil er versucht haben soll, die Provinzen aufzuwiegeln und einen Bürgerkrieg im Innern anzustiften, um die Aufmerksamkeit Ludwigs XIV. von Holland abzulenken.

1653 Johan de Witt wird Ratspensionär.

1656 Bruch Spinozas mit der jüdischen Gemeinde. Zunächst denken die Rabbiner weniger an einen Ausschluß als daran, den Skandal eines Abfalls zu verhindern. Sie bieten ihm sogar eine Rente von 1000 Gulden, sagt uns sein Biograph Colerus, »damit er nur bei ihnen bleibe und gewohnheitsmäßig in den Tempel gehen solle«. Er lehnt ab. Ein Fanatiker versucht, ihn zu töten. Spinoza entscheidet sich, Amsterdam zu verlassen, sowohl aus Sicherheitsgründen als auch um die für seine Arbeit notwendige Ruhe zu finden. Am 27. Juli wird er exkommuniziert.

1660 Spinoza zieht nach Rijnsburg, einem Vorort Leidens.

1661 Er verfaßt die *Abhandlung über die Verbesserung des Verstandes*.

1663 *Die Prinzipien der Philosophie des Descartes*. Spinoza zieht nach Voorburg.

1669 Huygens veröffentlicht *De motu et vi centrifuga*.

1670 Spinoza zieht nach Den Haag. Anonym veröffentlicht er den *Theologisch-politischen Traktat*.

1672 Französische Invasion. Revolution gegen die republikanische Partei. Wilhelm III. von Oranien* ergreift die Macht. Am 20. August werden Johan de Witt und sein Bruder auf offener Straße ermordet. Spinoza verfaßt einen Aufruf (*Ultimi Barbarorum*), den er an die Mauern der Stadt gehängt hätte, wäre er von seinem Hauswirt nicht zurückgehalten worden.

1673 Brief von Fabritius, Professor an der Universität Heidelberg, der

* 1688 wird er König von England: aufgrund einer Revolution, deren Theorie Locke schreiben wird.

Spinoza im Namen des pfälzischen Kurfürsten einen Lehrstuhl für Philosophie unter der Bedingung anbietet, daß er seine Freiheit nicht »zur Störung der öffentlich geltenden Religion mißbrauchen« wird. Die Antwort Spinozas: »Allein ich war nie willens, öffentlich als Lehrer aufzutreten, (...) ferner weiß ich nicht, in welchen Schranken diese Freiheit, zu philosophieren, sich halten soll, ohne die öffentlich angenommene Religion zu stören. Spaltungen entstehen hier nicht sowohl aus übertriebenem Religionseifer, als aus den mancherlei menschlichen Leidenschaften und dem Geist des Widerspruchs, mit dem man alles, auch wenn es richtig ausgedrückt ist, zu entstellen und zu verdammen pflegt.« Spinoza erhält einen Geleitbrief des Marschalls Condé, um in das Lager der Franzosen nach Utrecht zu gelangen. In Abwesenheit Condés wird er durch den Herzog von Luxembourg empfangen.

1675 Spinoza versucht, die *Ethik* drucken zu lassen. Weil man Gerüchte gegen ihn in Umlauf bringt, verzichtet er darauf endgültig.

1676 Besuch von Leibniz (der ihm bereits fünf Jahre zuvor geschrieben hatte).

1667–1677 Er verfaßt die *Abhandlung vom Staate*, die unvollendet bleiben wird.

1677 Er stirbt 44jährig am 21. Februar. Ende des gleichen Jahres erscheinen die *Opera posthuma*.

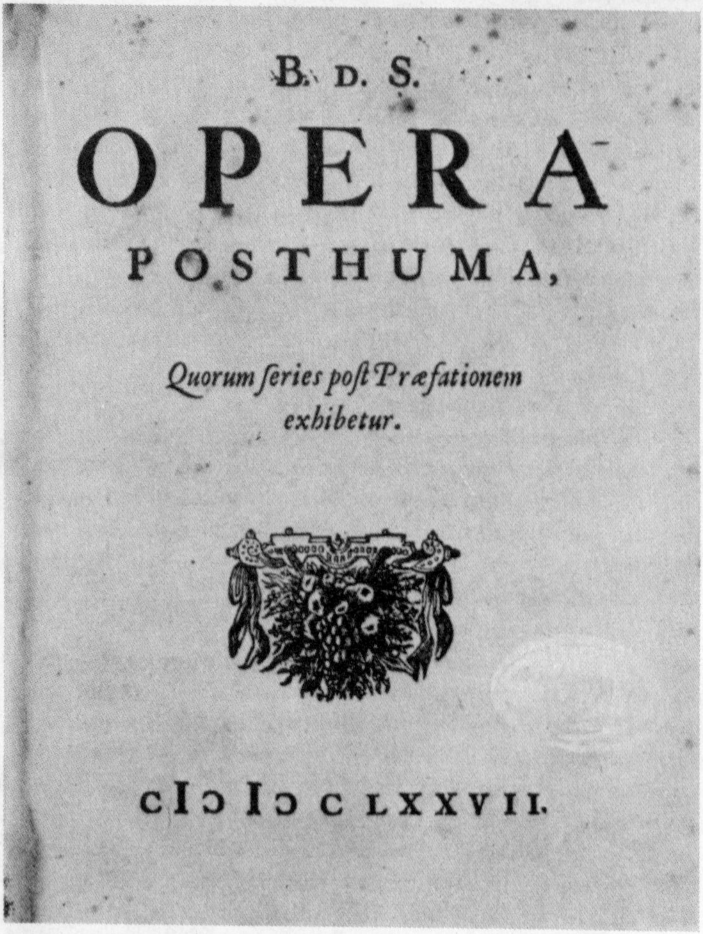
B. D. S.

OPERA

POSTHUMA,

Quorum ſeries poſt Præfationem exhibetur.

CIↃ IↃ C LXXVII.

Originalausgabe der *Opera posthuma*

1. Spinoza, der Ausgeschlossene

Beginnen wir ausnahmsweise mit einem biographischen Aspekt, denn er reicht weiter als die bloße Biographie: es geht um eine lange und unerträgliche Zeremonie – die Exkommunikation. »(...) Der Herr vergebe ihm seine Sünden nicht, sondern der Zorn und Eifer des Herrn möge rauchen über diesem Mann und auf ihm mögen ruhen alle Flüche, die in diesem Gesetzbuch geschrieben sind, und der Herr tilge seinen Namen aus unter dem Himmel und scheide ihn ab zum Bösen von all den Stämmen Israels nach allen Flüchen des Bundes, die in diesem Gesetzbuch aufgezeichnet sind.«[1] Am 27. Juli 1656 wird der wegen Häresie angeklagte Spinoza aus der jüdischen Gemeinde Amsterdams ausgeschlossen. Denn er ist Jude – portugiesischer Herkunft. Im relativ toleranten Holland des 17. Jahrhunderts lebt eine jüdische Gemeinde, zu der Verbannte aus Portugal, Spanien und auch aus Polen gehören. Angesiedelt, ohne völlig assimiliert zu sein, lebt sie zurückgezogen – in ihrer Religion, ihren Gesetzen und ihren Sanktionen. Aus dieser ausgestoßenen Gesellschaft wird Spinoza ausgestoßen. Exil, Rückzug, Exkommunikation: Dreimal beginnt sein Leben als Philosoph unter dem Vorzeichen des Ausschlusses.

Ein Aspekt, der die bloße Biographie überschreitet, weil diese Ausschlußgeste ein oder zwei Jahrhunderte wiederholt werden wird. Spinoza wird derjenige sein, über den man spricht, den man kritisiert, ohne ihn gelesen zu haben, dessen Name allein schaudern läßt – der Teufel vielleicht. Man verwirft nun nicht mehr seine Person, sondern seine Ideen. Natürlich: Daß ein Denken in Frage gestellt oder zurückgewiesen wird, ist kaum verwunderlich, besonders in jenem klassischen Zeitalter, in dem Polemiken an der Tagesordnung sind. Überraschend ist jedoch der Tonfall dieser Zurückweisung – besser: dieser Verneinung. Wenn Spinozas Werk anziehend wirkt, so weil es in seinem gefährlichen Schillern einen Abgrund eröffnet; darüber zu sprechen, auch wenn man ihm widerspricht, besitzt den Geruch der Sünde. Für Hegel wird diese Philosophie geradezu ein Gottesdienst sein, bis dahin aber hat sie den Anschein einer schwarzen Messe. In Spinoza erkennt man keinen Ebenbürtigen, mit dem man Divergenzen austragen kann, sondern einen Gottlosen, den man abweisen muß, kurz: den Namenlosen. Sehr viel später wird jemand erklären, daß Professoren und Historiker der Philosophie andere Philosophen zunächst als Kollegen und erst dann als Gegner betrachten. Spinoza ist derjenige, den niemand als einen Kollegen betrachtet. Für ihn gibt es kein Pardon, und anscheinend fürchtet man, zum Komplizen zu werden, wenn die Diskussion nicht zugleich von offensichtlicher Verachtung begleitet wird.

Dies beginnt schon sehr früh, noch zu seinen Lebzeiten. Genauer gesagt mit einem seiner eigenen Schüler: Albert Burgh, der sich in Rom aufhielt und dort zum Katholizismus konvertierte. Sein Brief an Spinoza ist zugleich aufschlußreich und amüsant: »Denn Ihre ganze Philosophie, was ist sie andres als bloße Einbildung und Chimäre? Und doch vertrauen Sie ihr nicht nur Ihre Gemütsruhe in diesem Leben, sondern auch das ewige Heil Ihrer Seele an. Sehen Sie, auf welch elender Grundlage alles bei Ihnen beruht! (...) Da also Ihr Princip grundfalsch ist und zum Verderben führt, wo wird da Ihre ganze Lehre bleiben, die sich auf diese falsche Grundlage stützt und auf ihr erbaut ist. Wenn Sie an den gekreuzigten Christus glauben, so erkennen Sie doch Ihre grundschlechte Ketzerei, bekehren Sie sich von der Verderblichkeit Ihrer Natur und versöhnen Sie sich mit der Kirche. (...) Es darf Sie auch nicht verblenden, daß vielleicht die Calvinisten (...) Ihre Lehre nicht widerlegen können: denn alle diese Menschen sind ja, wie gesagt, gerade so unglücklich wie Sie und sitzen mit Ihnen im Schatten des Todes. Wenn Sie aber nicht an Christus glauben, dann sind Sie unsäglich elend. Dennoch ist das Heilmittel leicht. Bekehren Sie sich von Ihren Sünden, indem Sie die verderbliche Anmaßung Ihres elenden und wahnwitzigen Raisonnements einsehen. Sie glauben nicht an Christus, und weshalb? (...) Aber wiederum sage ich: wagen Sie es, sich mehr zu dünken (...) als der Herr Jesus Christus selbst? Übertreffen Sie allein jene in der Lehre, in der Lebensführung, kurz in allen Stücken? Wollen Sie, ein elendes Menschlein, ein armseliger Erdenwurm, ja Asche, Würmerspeise, sich der fleischgewordenen unendlichen Weisheit des ewigen Vaters selbst voranstellen? Wollen Sie

Hendrik van der Spijck: Porträt von Spinoza (1671)

allein sich für klüger und größer halten als alle, die je von Beginn der Welt an in Gottes Kirche gewesen sind und an den kommenden oder schon gekommenen Christus geglaubt haben oder noch glauben? Auf welchen Grund stützt sich diese Ihre vermessene, wahnwitzige, beklagenswerte und fluchwürdige Anmaßung? (...) Erklären Sie sich überwunden und bekehren Sie sich von Ihren Irrtümern und Sünden. Legen Sie Demut an und werden Sie ein neuer Mensch. (...) Bedenken Sie selbst, (...) wie töricht Sie erscheinen, wenn Sie stolz und aufgeblasen werden über die Vortrefflichkeit Ihres Geistes und die Bewunderung Ihrer eitlen, ja gänzlich falschen und gottlosen Lehre; wie häßlich Sie sich und elender als die wilden Tiere machen, indem Sie sich den freien Willen nehmen.«[2] In diesem außerordentlichen Text ist bereits alles enthalten: die Beleidigung, das Fehlen von Argumenten (und es wäre interessant, die Ausnahmen zu analysieren) und die der verworfenen Rede zugestandene einzig mögliche Antwort: sich in der Bekehrung aufzuheben. Es handelt sich nicht um eine Frage von Nuancen: Die einzig mögliche Lösung ist die öffentliche Abbitte. Bemerken wir schließlich – und wir werden darauf noch zurückkommen – die dem freien Willen eingeräumte Stellung. Mit ihm wird die zentrale Behauptung begründet, durch die der Angriff – jenseits eines allzu leicht zurückzuweisenden christlichen Fanatismus – seine eigentliche Perspektive erhält: die radikale Differenz zwischen dem Menschlichen und seinem Gegenteil.

Es wird noch eine lange Reihe von Angriffen und Entstellungen folgen. In seinem *Dictionnaire* gibt Bayle die Lehre Spinozas entstellend wieder. Und als Dortous de Mairan, besorgt, weil er die Theoreme der *Ethik* nicht zu widerlegen weiß (»einerseits kann ich die Konsequenzen, die aus diesen Prinzipien folgen, nicht ohne Mitleid für die Menschen und ohne Trauer betrachten; andererseits kann ich seinen Beweisführungen nicht widerstehen«), Malebranche bittet, »ihm den ersten Schritt zu zeigen, der Spinoza in den Abgrund führt, wenn es wahr ist, daß er dort hineingestürzt ist, was ich glauben möchte«, antwortet dieser im Tonfall der Moral und nicht in dem der Mathematik: seine erste Geste – noch bevor er Prinzipien zurückweist – besteht darin, sich zu entrüsten, daß ein solcher Diskurs überhaupt gehalten worden ist. »Ich habe früher einen Teil gelesen, aber ich war davon bald angewidert. (...) Was den Autor betrifft, so genügt es zu erkennen, daß er aus

Samuel von Hoogstraten (1627–1678): Porträt von Spinoza

seinen Prinzipien eine Unzahl von Widersprüchen und gottlosen Gefühlen folgert, um seinen angeblichen Beweisführungen zu mißtrauen, selbst wenn sie uns einleuchten würden. Möglicherweise hat man ihn schlecht widerlegt, aber daraus folgt nicht, daß er recht hat. Ich habe keine Widerlegungen seiner Fehler gelesen, weil ich sie nicht brauchte (...).«[3] Das ist nicht weit von Mendelssohn entfernt, der von Spinoza als einem »toten Hund« sprach.

»Selbst wenn sie uns einleuchten würden«: was interessiert die strenge Beweisführung des Systems, wenn man sich von Anfang an außerhalb des Systems stellt? Von Albert Burgh bis Malebranche, von der Aufforderung zur Konversion bis zur Ignorierung des Beweises ist die Geste die gleiche geblieben: Wechseln Sie zunächst das Terrain, und erst dann verdienen Sie, daß man Ihnen zuhört. Was sich trotz allem in diesem hartnäckigen Diskurs im Grunde abzeichnet, ist, daß es keinen universalen Ort der Rede gibt: es gibt mehrere Regionen, und von der einen zur anderen ist keine Verständigung möglich... Um einer strengen Beweisführung aufmerksam zuhören zu können, darf diese nicht durch einen übergeordneten Anspruch vorher annuliert worden sein. Kann man in der Praxis der Invektive eine Begründung herauslesen, so kann sie nicht von denjenigen formuliert werden, die diese Praxis betreiben – denn sie selbst glauben an eine Universalität des Logos, auch auf die Gefahr hin, den Ausschluß um so gewaltsamer zu praktizieren.

Noch subtiler ist vielleicht eine andere Form des Unverständnisses, wie es die Materialisten des 18. Jahrhunderts an den Tag legen, wenn sie sich auf Spinoza berufen, ihn jedoch so interpretieren, daß sein Denken deformiert wird. Aus ihm, dessen Hauptwerk in seinem ersten Buch den Titel »De Deo« trägt, wird man einen Atheisten machen. Das ist zwar nicht falsch, wenn Gott von Anfang an mit dem Gott der katholischen Theologie gleichgesetzt wird, einer freien Person, die die Welt geschaffen hat, die urteilt, belohnt und straft; in bezug auf diesen Gott ist Spinoza Atheist: Nirgends versucht er zu verschleiern, daß er ihn ablehnt – um ihn jedoch durch etwas ganz anderes als die ruhende Materie des Cartesianismus zu ersetzen. Der Gott Spinozas ist ein Lebensprinzip, und man hat ihn ein wenig zu schnell auf eine List oder einen terminologischen Kunstgriff reduziert.

Wir haben gesagt, daß er den als eine freie Person begriffenen christlichen Gott verwirft. Die Ausschlußgeste, deren Opfer Spinoza ist, verläuft also nicht nur in eine Richtung: Jeder erkennt sein Anderes, und man sollte sich jetzt vielleicht fragen, ob der Haß und der Ekel, den sein Jahrhundert Spinoza entgegenbringt, nicht schlichte Konsequenzen eines zu absoluten Abstands und einer Rückzugsgeste sind: Vielleicht ist Spinoza selbst die Ursache der Verwerfung. Der Ausschluß erfolgt hier nur durch eine Haltung des Selbstausschlusses: In gewisser Hinsicht ist es Spinoza selbst, der sich von seinem Jahrhundert abwendet. Trotz der schrecklichen Formulierung der Exkommunikation wollte die jüdische Gemeinde nicht vollständig mit ihm brechen und ließ ihm einen Ausweg. Spinoza zog es vor, den Bruch zu einem radikalen Bruch werden zu lassen – und so geschah es: einige Monate später (aber eben erst später) versuchte ein Fanatiker, ihn zu ermorden. Ist die daraufhin getroffene Entscheidung, Amsterdam zu verlassen, um von nun an ein zurückgezogenes Leben zu führen, eine Konsequenz des Attentats oder vielmehr ein besserer Weg, um einen »wesentlichen Rückzug« zu vollziehen? Spinoza selbst veröffentlicht keines seiner Werke zu seinen Lebzeiten – außer einem, und das unter einem Pseudonym. Außerdem wird er sich weigern, in eine Polemik darüber einzutreten: »Das Buch, das der Utrechter Professor gegen mich geschrieben hat und das nach seinem Tode herausgekommen ist, habe ich am Fenster eines Buchhändlers aushängen sehen und an dem wenigen, das ich damals darin las, erkannte ich, daß es des Lesens, geschweige denn der Beantwortung nicht wert ist. Ich ließ darum das Buch liegen und überließ den Verfasser sich selber.« Und ein klares und schneidendes Urteil folgt, möglicherweise noch verächtlicher als das von Malebranche –, aber hier sind es sicher nicht Glaube und Gottlosigkeit, die die Grenze markieren, es ist die ihrer selbst gewisse Weisheit, die die Unwissenheit verurteilt. »Lächelnd mußte ich denken, wie doch gerade die Unwissendsten durchgehends die kühnsten sind und zum Schreiben am ehesten bereit. Und so schien mir, als ob die (...) ihre Waren so wie die Trödler zum Verkauf stellten, die ja auch das Schlechte immer zuerst vorzeigen. Der Teufel, sagt man, ist schlau; mir scheint aber, daß der Geist dieser Leute ihn an Schlauheit noch weit übertrifft.«[4] Sein Werk ist nicht für die Denker seiner Zeit bestimmt: die *Ethik* zirkuliert nur in einem sehr engen und sorgfältig ausgewählten Freundeskreis. Eine Briefstelle läßt deutlich den Aufwand an Vorsichtsmaßnahmen, die diesen Text betreffen, erkennen: einer seiner engsten Schüler, Tschirnhaus, der in Frankreich und England umherreist, begegnet Leibniz, der ihm, »was die Moral betrifft, vollkommen ausgebildet« erscheint und ebenfalls »in der Physik und zumal in den metaphysischen Studien über Gott und die Seele«: könnte man ihm nicht unter diesen Bedingungen – und zumal er »von den gewöhnlichen Vorurteilen der Theologie frei« ist, erlauben, Zugang zum Allerheiligsten zu erlangen? Ein gemeinsamer Freund übermittelt die Anfrage: »So kommt er (Tschirnhaus) zu dem Schluß, er sei durchaus würdig (!), daß ihm Ihre Schriften, nach Ihrer Einwilligung, mitgeteilt würden, da er glaubt, daß dem Autor daraus großer Nutzen erwachse, wie er ausführlich darzulegen verspricht, wenn es Ihnen gefällt. Andernfalls dürfen Sie keine Besorgnis haben, daß er sie nicht seinem Versprechen gemäß gewissenhaft geheimhalten wird, wie er auch nicht das geringste davon erwähnt hat. Eben dieser Leibniz schätzt den *Theologisch-politischen Traktat* hoch und hat Ihnen über diesen Gegenstand, wenn Sie sich erinnern, einmal einen Brief geschrieben.«[5] Man erkennt nun bereits den Stil des Herantastens: der mögliche Leser ist zuerst beobachtet worden, ohne daß ihm überhaupt von dem Buch erzählt wurde. Und erst nach der Zustimmung des Autors darf man ihm die Existenz des Buches verraten. Und wenn er zuverlässig scheint – wird er dann der Richtige sein? Vier Tage später trifft Spinozas Antwort ein: »Leibniz, von dem er schreibt, ist mir, wie ich glaube, durch Briefe bekannt; doch aus welchem Grunde er, der Ratsherr in Frankfurt war, nach Frankreich gereist ist, weiß ich nicht. Soweit ich nach seinen Briefen urteilen konnte, erschien er mir als ein Mann von freiem Geiste und in jeder Wissenschaft erfahren. Dennoch halte ich es nicht für geraten, ihm so rasch meine Schriften anzuvertrauen. Ich möchte erst wissen, was er in Frankreich vorhat, und auch erst das Urteil unseres Tschirnhaus hören, nachdem er länger mit ihm verkehrt hat und seinen Charakter genauer kennen gelernt.«[6] Es genügte also nicht: Die Nachforschungen müssen weitergeführt, persönliches Verhalten, Charakter, Kenntnisse und Unvoreingenommenheit müssen sorgfältig geprüft werden, damit man das Recht erhält, nicht einmal Spinozist zu werden, sondern überhaupt nur die *Ethik* lesen zu dürfen.

Warum diese Vorsichtsmaßnahmen? Man könnte versuchen, sie einem besonderen Temperament zuzuschreiben. Vergleicht man sie jedoch mit der allgemeinen Stimmung jener Zeit, muß man zugeben, daß es so etwas wie eine Übereinstimmung zwischen Spinoza und seinen Zeitgenossen gibt, ihren Widerspruch als einen radikalen Widerspruch zu betrachten; er ist zumindest nicht mit den anderen Widersprüchen zu vergleichen, die eben diese Zeitgenossen untereinander trennen. Anscheinend geht dieses Werk von selbst auf Distanz, vielleicht um sie besser zu ermessen. Auch wenn man hier die Psychologie eingreifen lassen kann, so scheint diese doch nur eine Konsequenz eines theoretischen Abstands zu sein: was die Individuen empfinden, ist die Inkompatibilität der beiden theoretischen Räume. Zweifellos ist es diese schonungslos gezogene Grenze, deren Spuren in ihren Handlungen und Diskursen zu sehen sind. Beleidigung, Verwerfung und Rückzug sind Zeichen der Differenz und ihrer Anerkennung.

Unter der harmonischen Entwicklung der Lehrsätze muß man also den zutiefst polemischen Charakter des spinozistischen Textes sehen. Nicht insoweit er namentlich dieses oder jenes Individuum kritisiert; noch nicht einmal in jenen Passagen, die dazu dienen sollen, sich gegen einen möglichen Angriff zu verteidigen, sondern vielmehr im Inneren seiner Problematik selbst: Dort sind diejenigen Prinzipien eingeschrieben, die von vornherein eine Demarkationslinie ziehen und anstelle eines Dialoges die Verwerfung nach sich ziehen. Spinoza ist nichts als der Gewissensbiß und der Fluch eines bestimmten theoretischen Raumes. Will man ihn kennenlernen, muß man also von diesem konstitutiven Abstand ausgehen. Nicht um Randzonen abzustecken, sondern um das eigentliche Zentrum des Systems zu erfassen: die Verkettung der Begriffe, die es buchstäblich unmöglich macht, den gewöhnlichen Diskurs seiner Zeit zu halten.

Bevor wir die Begriffe genauer untersuchen, in denen Spinoza sein Anderes erkennt, müssen wir kurz auf den Brief von Albert Burgh zurückkommen. Wodurch wird seine Argumentation getragen? Neben der Aufzählung von Dogmen und Wundern, die nichts beweisen, es sei denn, man glaubt bereits daran (deren Vorhandensein allerdings das weiter oben erwähnte Schema erläutert: zuerst mußt Du Dich bekehren, d. h. den Raum wechseln, dann werden wir eine gemeinsame Sprache sprechen), findet man zwei eigentlich philosophische Referenzen, die zwar anonym bleiben, jedoch eindeutig zu erkennen sind: am Ende des Briefes der Hinweis auf den freien Willen; und etwas weiter oben die Frage Burghs, was dem Autor einer Philosophie erlaube, seine Philosophie von der Philosophie der anderen zu unterscheiden, indem er sie als die bessere oder sogar als die einzige Philosophie herausstelle: Anders gesagt, was einer Lehre erlaube, ihre theoretischen Vorgänger ins Nichts zu verstoßen? Aber diese Frage ist eine cartesianische Frage: das Neue wird nur durch einen vollständigen Bruch mit dem für veraltet gehaltenen Vergangenen eingeführt, was sowohl in *Von der Methode* als auch zu Beginn der *Leidenschaften der Seele* (»Nemo ante me«) behauptet wird. Das heißt nicht, daß Burgh Cartesianer ist, aber er erkennt die cartesianische Konzeption der Philosophiegeschichte an. Und genau dieses Argument greift Spinoza in seiner freilich recht kurzen Antwort auf. Abgesehen von einer Kritik des Aberglaubens und der politischen Rolle der Römischen Kirche ist sein Brief in der Tat um ein theoretisches Argument zentriert. »Sie scheinen trotzdem die Vernunft gebrauchen zu wollen und fragen mich, wieso ich es wisse, daß meine Philosophie die beste sei unter allen denen, die jemals in der Welt gelehrt worden, noch gelehrt werden oder jemals in Zukunft werden gelehrt werden? Eine Frage, die ich mit viel größerem Rechte an Sie richten könnte. Denn ich erhebe nicht den Anspruch, die beste Philosophie gefunden zu haben, sondern ich weiß, daß ich die wahre erkenne. Wenn Sie aber fragen, wieso ich das weiß, so werde ich antworten: geradeso wie ich weiß, daß die drei Winkel eines Dreiecks gleich zwei Rechten sind. Und so wird niemand bestreiten, daß das genügt, solange er ein gesundes Hirn hat und nicht von unreinen Geistern träumt, die uns falsche, den wahren ähnliche Ideen einflößen.«[7] Sicherlich kann man diese Antwort allein auf der Ebene der Kritik der katholischen Kirche und ihrer Dogmen lesen; man muß jedoch feststellen, daß die hier gegebene Definition der Gewißheit eindeutig anticartesianisch ist: sowohl wegen des der Mathematik entnommenen Modells (obwohl auch sie in der ersten *Meditation* dem Zweifel unterworfen wird) als auch wegen der offensichtlichen Nutzlosigkeit, auf die *res cogitans* zurückzugreifen, um eine Ordnung der Ursachen zu begründen, die allein wirklich gewährleisten würde, daß die drei Winkel eines Dreiecks tatsächlich gleich zwei Rechten sind. Denjenigen, die annehmen, daß zwar die Physik oder die Medizin zweifelhaft sind, nicht jedoch die Mathematik, »die nur von den allereinfachsten und allgemeinsten Gegenständen handelt und sich wenig darum kümmert, ob diese in der Wirklichkeit vorhanden sind oder nicht«[8], schlug Descartes ein Argument vor, das am Ende der *Meditation* wieder aufgegriffen wird: »So will ich denn annehmen, (...) irgendein böser Geist, der zugleich allmächtig und verschlagen ist, habe all seinen Fleiß daran gewandt, mich zu täuschen; ich will glauben, Himmel, Luft, Erde, Farben, Gestalten, Töne und alle Außendinge seien nichts als das täuschende Spiel von Träumen, durch die er meiner Leichtgläubigkeit Fallen stellt«[9]. Aber sagt Spinoza nicht, daß man verrückt sein muß, um eine derartige Annahme zu machen? Ob seine Anspielung auf die *»unreinen Geister«* den cartesianischen bösen Geist betrifft oder allein die Dämonen, die sein alter Schüler fürchtet, ist im Grunde ziemlich unwichtig. Wichtig ist, daß ihn eine sorgfältige Kritik eines Arguments, das einen cartesianischen Anstrich besitzt, dazu führt, die Möglichkeit jedes cartesianischen Diskurses zurückzuweisen. Setzen wir diese Geste in Bezug zu der Anspielung auf den freien Willen: das Andere Spinozas, wäre das vielleicht die Philosophie Descartes'?

2. Spinoza und sein Anderes

Wenn es wahr ist, daß sich ein Werk nur durch einen Abstand konstituiert, den sein Text herausbildet, so muß zuerst diese Distanz vermessen werden. Zunächst muß folgende Frage beantwortet werden: Von was und von wem schließt sich Spinoza aus? Man würde es sich zu einfach machen, beschränkte man sich auf einen Namen. Will man jedoch um jeden Preis einen Raum unterzeichnen, um ihn zu bezeichnen, so wird man, je nach der zufälligen Auswahl der Texte oder der Insistenz der aufeinander verweisenden Anspielungen einige Eigennamen entdekken, die nur zögernd ausgesprochen und oft sehr vorsichtig kritisiert werden. Häufiger jedoch wird man Gattungsnamen und Umschreibungen finden. Man kann also sagen: Wer in der durch Anmerkungen, Vorworte und Anhänge verstärkten Textstruktur als Gegner benannt wird, ist vielleicht Descartes, jener »sehr berühmte Herr Descartes«; sicherlich sind es die Moralisten und Theologen. Aber häufiger noch und regelmäßiger sind es »die Menschen«, wenn sie sich täuschen und glauben, frei zu sein.

Die Menschen – sie würden sich also alle täuschen? Gewiß – jedesmal wenn sie jener hartnäckigen Illusion nachgeben: der Freiheit. Die adverbiale Bestimmung verweist hier auf eine bestimmte Art und Weise, die Welt zu betrachten: auf eine bestimmte theoretische Geste. Solange man in deren Gesetzen gefangen bleibt, gehorcht man einem bestimmten System, gibt man eine bestimmte Art von Antworten, wahrt man ein bestimmtes Verhalten. Wer ist nun jener durch die Untersuchungen der *Ethik* angegriffene Gegner? Eben diese Geste selbst und der Raum, den sie organisiert – und nicht dieser oder jener einzelne. Wenn die Moralisten betroffen sind, so deshalb, weil sich ihre Welt ausnahmslos in einen solchen Raum einschreibt. Und der Wunsch, Descartes zu widerlegen, wird mehr als durch die zeitliche Nähe durch das getragen, was dieser als ein Symbol dieses Raums selbst repräsentiert.

Man kann also sagen, daß das Andere Spinozas eine Systematik ist, daß sein Denken nicht an der vielfältigen Oberfläche der Texte, sondern an der Wurzel angreift. Man kann sich trotzdem nicht unbegrenzt auf dieser Ebene halten, auf der nur das kritisiert wird, was die Diskurse produziert – und wenn auch nur aus pädagogischen Gründen. Denn man muß Beispiele geben, d. h. in produzierten Diskursen die Effekte des Mechanismus suchen, den man zerlegt. Wenn sich Spinoza auf Individuen bezieht, so also eher in folgender Hinsicht: als Opfer einer bestimmten Denkweise – und nicht als Urheber dieses Denkens.

Wenn also der erste charakteristische Zug Spinozas in der Verwerfung besteht, so liegt der zweite darin, daß er nicht einen Theoretiker, sondern einen ganzen Raum verwirft, nicht irgendeine Rede, sondern das, was diese beherrscht und organisiert. Die damit getroffene Unterscheidung ist nicht die von Besonderem und Allgemeinem, sondern die Unterscheidung zwischen den offensichtlichsten (also vielfältigen) Schichten des Diskurses und den tieferliegenden Ebenen, auf denen sich die Bewegung der Begriffe ordnet, die die konkreten Figuren hervorbringt, die man als Illustrationen bezeichnen kann. Dies erklärt vielleicht die Ratlosigkeit der Kommentatoren angesichts der Form der *Ethik*: Sie heben den Widerspruch hervor zwischen der ruhigen und unpersönlichen Verkettung der Theoreme, die allein vom Bemühen um Beweise getragen zu sein scheint – und den heftigen Angriffen in den Anmerkungen und den anderen Anhängen. In Wahrheit liegt darin keine Zäsur: Wir haben vorhin betont, daß dieses Buch in seiner Gesamtheit polemisch ist. Wie und warum es in seiner Gesamtheit polemisch sein muß, versteht man besser, wenn man den theoretischen Grundgestus des Glaubens an die Freiheit erkannt hat: Der doppelte Diskurs wird von zwei Seiten der Kritik gestützt – selbst die scheinbar neutralsten Theoreme tragen zur Zerstörung des gegnerischen Raumes bei. Durch ihre Anordnung zerschneiden sie jenen unendlichen Grenzraum (*marge*), der beide Diskurse trennt, während die begleitenden Nachträge auf jede der einmal ermittelten Grunddifferenzen Beispiele pfropfen (*greffer*), die diese Differenzen wieder an ihre Konsequenzen binden. Spinozas Rede – zwischen Theoremen und Anmerkungen – verteilt also die Differenz zwischen dem Raum und seinen Erscheinungsformen. In den Theoremen nicht die Polemik zu erkennen, hieße, diese mit dem individuellen Kampf zu verwechseln.

Diese Unterscheidung verweist auf ein Lektüreprinzip. Anstatt den Argumentationsstrang wiederaufzugreifen, der die inkriminierten Begriffe bei einem Autor erscheinen läßt, bemüht sich Spinoza vielmehr, die gegenseitige Kohärenz dieser Begriffe aufzuzeigen. Man sollte also nicht erstaunt sein, wenn er Vergleiche zieht, die unpassend erscheinen. Bevor man ihn beschuldigt, sollte man zunächst die Begriffe an ihren richtigen Ort in der Verkettung des Raumes – und nicht in der des Autors – stellen. Häufig versucht Spinoza nicht einmal, die Worte wiederaufzugreifen, mit denen sich die kritisierten Autoren ausdrücken: in jedem Fall sind die inkriminierten Begriffe – da sie auf einem anderen Niveau situiert sind – mit denen der cartesianischen Texte z. B. allenfalls homonym. Wenn sie gelegentlich nicht einmal das sind, so beweist dies nicht, daß sich Spinoza in seiner Zielrichtung irrt: Wird niemand namentlich genannt, muß man beim Erkennen des Angriffsziels eben vorsichtig sein. Dies kann nicht gelingen, wenn man sich von der Terminologie leiten läßt: eine wertvolle Regel, um Widersinnigkeiten zu vermeiden, wie wir bei der Idee der Finalität noch sehen werden.

Wie soll man vorgehen? Für den Raum, den er verwirft, zeigt Spinoza einen Begriffsknoten auf, der unmittelbar auf die Idee der Freiheit bezogen wird: Anscheinend läßt sich der gesamte Raum von diesem Mittelpunkt her beschreiben. Er ist am einfachsten zu überblicken, wenn wir, von diesen Prinzipien ausgehend, den Entwicklungsstufen seines Aufbaus folgen. Anschließend läßt sich untersuchen, wie sich Spinoza von diesem Raum abgrenzt.

Dieser Begriffsknoten ist das System des göttlichen oder menschlichen *Willens* und der *Finalität*. Im Anhang des 1. Buches der *Ethik* wird beides verknüpft, indem es überdies aus der menschlichen Konstitution deduziert wird: »Und da alle Vorurteile, die ich hier zu besprechen gedenke, von dem einen abhängen, daß nämlich die Menschen gemeiniglich annehmen, alle Dinge in der Natur handelten, wie sie selber, um eines Zweckes willen, und sogar als gewiß behaupten, daß Gott selber alles auf einen bestimmten Zweck hinleite – sagen sie doch, Gott habe alles um des Menschen willen gemacht, den Menschen aber, damit dieser ihn verehre –, so werde ich zuvörderst dies eine Vorurteil betrachten.« Von diesem Kern aus werden alle Vorurteile erschlossen: In ihm besitzen wir das Zentrum des Raumes, der zerstört werden soll. »Hier wird genügen, daß alle Menschen ohne Kenntnis von den Ursachen der Dinge zur Welt kommen, und daß alle den Trieb haben, ihren Nutzen zu suchen, und sich dieses Triebes bewußt sind. Hieraus folgt nämlich erstens, daß die Menschen frei zu sein meinen, da sie sich ihrer Wollungen und ihres Triebes bewußt sind und an die Ursachen, von denen sie veranlaßt werden, etwas zu erstreben und zu wollen, weil sie ihrer unkundig sind, nicht im Traume denken. Es folgt zweitens, daß die Menschen alles um eines Zweckes willen tun, nämlich um des Nutzens willen, den sie erstreben; daher kommt es, daß sie von dem Vergangenen immer nur die Zweckursachen zu wissen wünschen und, sobald sie sie vernommen haben, befriedigt sind; weil sie nämlich keine Ursache haben, sich weitere Fragen vorzulegen. Wenn sie aber diese Zweckursachen von niemand vernehmen können, bleibt ihnen nichts übrig, als sich an sich selbst zu wenden und an die Zwecke zu denken, von denen sie selbst zu ähnlichem bestimmt zu werden pflegen, und so beurteilen sie die Sinnesweise eines anderen notwendig nach ihrer eigenen Sinnesweise. Da sie ferner in sich und außer sich eine große Menge Mittel vorfinden, die zur Erreichung ihres Nutzens erheblich beitragen, wie z. B. die Augen zum Sehen, die Zähne zum Kauen, die Kräuter und Tiere zur Nahrung, die Sonne zum Leuchten, das Meer, Fische zu ernähren usw., so ist es gekommen, daß sie alles in der Natur als Mittel für ihren Nutzen ansehen. Und weil sie wissen, daß diese Mittel von ihnen selbst nur vorgefunden und nicht hergerichtet sind, nahmen sie hieraus Veranlassung, zu glauben, es sei irgend jemand anders, der diese Mittel zu ihrem Nutzen hergerichtet habe. Denn nachdem sie einmal die Dinge als Mittel betrachteten, konnten sie nicht glauben, daß diese sich selbst gemacht hätten, sondern aus den Mitteln, die sie selber für sich herzurichten pflegen, mußten sie schließen, daß es einen oder mehrere mit menschlicher Freiheit begabte Lenker der Natur gebe, die alles für sie besorgt und alles zu ihrem Nutzen gemacht hätten. Und ebenso mußten sie die Sinnesweise dieser Lenker, da sie ja niemals etwas darüber vernommen hatten, nach ihrer eigenen Sinnesweise beurteilen; und infolge hiervon behaupteten sie, daß die Götter alles zum Nutzen der Menschen lenken, um sich die Menschen zu verpflichten und bei ihnen der höchsten Ehre zu genießen.«[10]

Die Menschen glauben, frei zu sein: sie kennen ihre Ziele/Zwecke (*fins*), jedoch nicht das, was in ihnen diese Ziele determiniert. Nichtmenschliche Objekte betrachten sie als Mittel für diese Ziele (anders gesagt: sie teilen die Natur in zwei Reiche, oder noch genauer, sie schließen sich selbst aus dem allgemeinen Reich der Natur aus). Da nicht alle diese Mittel von ihnen selbst produziert wurden, müssen sie sich eben einen anderen Willen vorstellen, der sie produziert hat. Die Figur der Vorsehung oder des persönlichen Gottes oder so vieler Götter, wie man will, ist damit geboren. So schließt sich der Kreis: vom freien Willen des Menschen zur Finalität, von der Finalität zum freien Willen Gottes. Die Grundbegriffe des klassischen Raumes bilden ein System und verweisen aufeinander, wenn sie durch diese Analogisierung ähnliche, wenn auch unendlich entfernte »Ratschlüsse« des Menschen und seines Gottes verbinden. Man muß den Angelpunkt dieser Schlußfolgerung betonen: Sie ist nur stichhaltig, wenn man zwei Ordnungen radikal gegenüberstellt: die Ordnung des Willens, die Ziele begründet – und die Ordnung der materiellen Notwendigkeit, die keine schöpferische Fähigkeit besitzt und also nur als Mittel eingreifen kann, d. h. auf die eine oder andere Weise auf einen Willen zurückgeführt werden muß, wenn man ihre Existenz rechtfertigen will. Die Begriffe der Finalität (Mittel/Zweck) konstituieren sich also nur innerhalb eines Rahmens, der durch die absolute Unterscheidung alles Seienden in zwei Kategorien erschlossen wurde: in das, was einen Willen besitzt und in das, was keinen Willen besitzt. Letzten Endes erscheint also die Welt, die der klassische Diskurs beschreibt, als ein Universum der Spaltung. Wie wir sehen werden, wird diese erste Spaltung andere Spaltungen implizieren, die nach und nach die Betrachtung des Todes bestimmen werden.

Aber *wo* findet sich dieses von Spinoza umrissene Schema? Eigentlich nirgendwo, und vor allem: Kein klassischer Theoretiker produziert es in dieser Form – und wäre einer von ihnen in der Lage gewesen, es in einer solchen Klarheit darzulegen, hätte er sich ihm wahrscheinlich nicht mehr unterworfen. Dieser niemals gehaltene Diskurs begleitet und trägt die realen Diskurse; wenn er auch nirgends als solcher erscheint, ist er es doch, der die primäre Kohärenz der voluntaristischen Texte organisiert. Denkt man ihn unter dem Gesichtspunkt der Evidenz, so ist er niemals für sich betrachtet worden (um ihn zu thematisieren, muß man ihn, wie Spinoza, von außen betrachten). Aber er ist es, der die ihm gegenüber sekundären Begriffe, die das klassische Denken als Gegenstände konstituiert, zusammenhält. Eben weil dieser Diskurs die Grundstruktur eines Raumes ist, erscheint er nur in transformierten Formen: Auf diesen notwendigen Verdunkelungseffekt werden wir weiter unten noch zu sprechen kommen.

Aber selbst wenn man diese Distanz zwischen dem auf diese Weise von der Kritik offengelegten Raum und dem, was sich von diesem Raum in den Texten zeigt, anerkennt, mag man erstaunt darüber sein, daß der Begriff der Finalität als Zentralbegriff eingeschätzt wird: Hatte man doch Descartes als Symbol des »Anderen« von Spinoza vorgestellt. Wie soll man in der eben gegebenen Schilderung den Autor des *Von der Methode* wiedererkennen? Hat nicht Descartes immer sorgfältig alle »Zweckursachen« (*causes finales*, lat.: *causae finales*) vermieden? Hat er nicht die Effizienz in den Vordergrund der Erklärung gestellt? Eben deshalb muß man sich über die Bedeutung der Worte verständigen. Entwickeln wir zunächst der Reihe nach die Verkettung der Schlüsselbegriffe, wie sie sich von der Voraussetzung des freien Willens ausgehend begreifen läßt. Wir werden am Ende sehen, ob auch der Cartesianismus auf diesen Mechanismus zurückgeführt werden kann.

Am Anfang also: der Wille. Wie kann man ihn definieren? Als Kraft der unbedingten und unbegründeten Entscheidung. Er ist nicht das letzte Stadium eines Prozesses, durch den das, was in der Vorstellung erscheint, natürlich verstanden und sodann für das Handeln benutzt würde, sondern eine Fähigkeit des unvermittelten Bruchs. Die Klassiker erproben tatsächlich eher den Willen, als daß sie ihn beschreiben: Er wird durch seine Freiheit charakterisiert und als alleinige Ursache seiner selbst begriffen, als etwas, das mit einem Schlag die vorgegebene Ordnung transzendiert, umstürzt und eine neue Realität aus dem Nichts heraus schafft. Tatsächlich läßt sich dieser Anschein von Radikalität durch die Unkenntnis der Ursache und nicht durch deren Nichtexistenz erklären. Der Diskurs über die Freiheit ist also nicht eigentlich ein leerer Diskurs: Er analysiert eine reale Konsequenz, indem er sie von dem trennt, dessen Konsequenz sie ist. »Die Menschen täuschen sich, wenn sie sich für frei halten; und diese ihre Meinung besteht allein darin, daß sie sich ihrer Handlungen bewußt sind, ohne eine Kenntnis der Ursachen zu haben, von denen sie bestimmt werden. Die Idee ihrer Freiheit ist also die, daß sie keine Ursache ihrer Handlungen kennen. Denn wenn sie sagen, die menschlichen Handlungen hingen vom Willen ab, so sind das Worte, mit denen sie keine Idee verbinden.

Was nämlich Wille sei, und wie er den Körper bewegt, das wissen sie alle nicht, und die, die etwas anderes vorgeben und sich allerlei von einem Sitz und Wohnplatz des Seelenwesens einbilden, erregen bei anderen gewöhnlich Lachen oder endlich Überdruß.«[11]

Nach diesem Willen, den der Mensch sich zuschreibt, malt er sich Gott aus; und da die höchste Form, die er seinem eigenen Willen gibt, die Staatsgewalt ist, wie sie sich in den Händen des Königs konzentriert, wird er sich den Willen Gottes analog zum allmächtigen Recht eines Königs vorstellen. »Die große Menge versteht unter Gottes Macht Gottes freien Willen und sein Recht auf alles, was ist, was deswegen gemeiniglich als zufällig angesehen wird. Denn man sagt, Gott habe die Gewalt, alles zu zerstören und in Nichts zu verwandeln. Ferner vergleicht man sehr oft Gottes Macht mit der Macht der Könige.« Genau diese Einstellung muß man aufgeben, will man in den Raum Spinozas eintreten: »Wenn ich dies weiter verfolgen dürfte, könnte ich hier zeigen, daß jene Macht, die die große Menge Gott andichtet, nicht nur eine bloß menschliche ist (was zeigt, daß die große Menge Gott nur als Menschen oder nach dem Bilde eines Menschen begreift), sondern sogar Ohnmacht einschließt. (...) Denn niemand wird, was ich will, richtig auffassen können, wenn er sich nicht sehr davor hütet, Gottes Macht mit der menschlichen Macht oder dem Recht der Könige zu verwirren.«[12]

Das Bild, das man sich von Gott macht, enthält also ein doppeltes Vorurteil: Der Mensch entwirft Gott nach seinem eigenen Bild, und da das Bild, das er von sich selbst hat, falsch ist, wird die Illusion der Freiheit auf Gott übertragen. Man muß erkennen, daß Gott nur aufgrund der Gleichsetzung mit der schöpferischen Kraft, die sich der Mensch selbst zuschreibt, als Schöpfer begriffen wird. Spinoza versucht hier weder eine Ideengeschichte zu schreiben, noch versucht er zu bestimmen, welcher der beiden Begriffe als erster entstanden ist: er analysiert eine Funktionsweise, und da er sie in der menschlichen Natur verankert sieht, erscheint die Illusion der menschlichen Freiheit zuerst.

Gegen wen ist das gerichtet? Wir haben es bereits gesagt: gegen jeden Menschen, insofern er an all das glaubt – und spontan muß er zwangsläufig daran glauben. Aber wir können nach einer ausgearbeiteten Formulierung suchen, bei Descartes zum Beispiel. Lesen wir die §§ 37 und 39 der *Prinzipien der Philosophie*: wir werden dort all das wiederfinden, was wir soeben beschrieben haben.

»37. Daß aber der Wille so außerordentlich weit sich erstreckt, entspricht auch seiner Natur, und es bildet die höchste Vollkommenheit im Menschen, daß er durch seinen Willen, d. h. frei handelt. Damit ist er gewissermaßen der Urheber seiner Handlungen und kann ihrethalben gelobt werden.«

»39. Daß aber unser Wille frei ist und wir nach Willkür vielem zustimmen oder nicht zustimmen können, ist so offenbar, daß es zu den ersten und gemeinsten der uns eingeborenen Begriffe zu zählen ist.« Was das Cogito beweist: »Dies offenbarte sich vorzüglich, als wir oben in dem Bestreben, alles zu bezweifeln, so weit gingen, anzunehmen, ein allmächtiger Urheber unseres Daseins versuche uns auf alle Weise zu täuschen; denn dabei bemerkten wir trotzdem unsere Freiheit, da wir davon abstehen konnten, das zu glauben, was nicht ganz gewiß und geklärt war, und nichts kann selbstverständlicher und offenbarer sein als das, was uns damals unzweifelhaft erschien.«[13] Die Freiheit wird also hier als das für den Menschen Primäre vorgestellt, als das, was seine tiefste Schicht konstituiert. Daß Gott nach dem gleichen Modell gedacht wird, wird uns (in umgekehrter Form) in der vierten *Meditation* gesagt: »Allein den Willen oder die freie Entscheidung erfahre ich an mir so groß, daß ich die Vorstellung keiner größeren zu fassen vermag: so daß sie es vorzüglich ist, die mich verstehen läßt, daß ich gleichsam ein Abbild und Gleichnis Gottes bin.«[14] Und dies wird auch in einem Brief erklärt, in dem sich sogar der Vergleich mit der königlichen Macht findet: Descartes versichert Mersenne, der ihn nach den mathematischen Wahrheiten fragt, daß diese von Gott frei eingerichtet wurden: »Fürchten Sie bitte nicht, überall zu versichern, daß Gott diese Gesetze in der Natur eingerichtet hat, so wie ein König Gesetze in seinem Königreich stiftet.«[15] Der gleiche Wille begründet das Recht bei Grotius, und er wird auch die »Cité« bei Rousseau organisieren. Auf den freien Willen müssen wir also noch einmal zu sprechen kommen, wollen wir den Raum verstehen, gegen den und in dessen Zerstörung sich die *Ethik* konstituiert.

Dieser Wille kann seine Rolle nur dann spielen, wenn er einem anderen Prinzip entgegengesetzt wird, das er »indirekt« umreißt: einer bestimmten Form der Notwendigkeit, die die »Mittel« bestimmt. Wir haben in bezug auf den Anhang des 1. Buches gesehen, daß der Glaube an die Freiheit die Teilung der Welt in zwei Regionen nach sich zieht; je mehr man die zweite Region entwertet, desto wertvoller wird die erste. Bei Descartes gewinnt die schöpferische Eingebung des Willensakts ihren vollen Sinn nur dann, wenn sie sich vom Hintergrund der mechanischen Notwendigkeit, der die äußere Welt unterworfen ist, abhebt. Um die Menschen als etwas Besonderes denken zu können, muß man das Universum auf ein System von Maschinen reduzieren. Lesen wir noch einmal, diesmal vollständig, den § 37 der *Prinzipien*:

»37. Daß aber der Wille so außerordentlich weit sich erstreckt, entspricht auch seiner Natur, und es bildet die höchste Vollkommenheit im Menschen, daß er durch seinen Willen, d. h. frei handelt. Damit ist er gewissermaßen der Urheber seiner Handlungen und kann ihrethalben gelobt werden. Denn die Automaten lobt man nicht wegen der genauen Ausführung der Bewegungen, auf die sie eingerichtet sind, aber man lobt ihren Werkmeister wegen der genauen Verfertigung derselben, weil er sie nicht notwendig, sondern aus freien Stücken verfertigt hat. Aus demselben Grunde ist es mehr *unsere* Tat, daß wir das Wahre erfassen, wenn wir es erfassen, weil wir es mit Willen tun, als wenn wir es erfassen *müßten.*«[16]

In diesem Punkt werden die Materialisten des 18. Jahrhunderts in einem bestimmten Sinn auf Descartes zurückgreifen: *Der Mensch, eine Maschine* von La Mettrie wird auf das Bewußtsein nur das übertragen, was schon ein Jahrhundert vorher über die Ausdehnung gesagt wurde: einen Determinismus des Ruhenden.

So entrinnt der klassische Mensch dank seines Willens der allgemeinen Regel: Die *»res cogitans«* kann sich nur behaupten, wenn sie die Kräfte der *»res extensa«* beseitigt, indem sie ihre eigenen Kräfte bestätigt. Als ein ewiges Wunder entzieht sich der Mensch der Natur: Wenn er sie auch nicht anordnet, stellt er doch zumindest eine Ausnahme dar, was eben die Voraussetzung dafür ist, daß man sie beherrschen und besitzen kann. Nachdem er die Welt des Ruhenden einer rigiden Notwendigkeit unterworfen hat, will er – zumindest was ihn selbst betrifft – die Bitterkeit des Gesetzes illusorisch durchkreuzen. Dennoch bleibt er ein Teil der Welt und ist mit ihr partiell verbunden: Darauf beruht das schmerzhafte Problem der Beziehungen zwischen Seele und Körper – die jedoch nur entstehen, weil der Mensch zunächst einmal aus der Natur vertrieben wurde.

»Die meisten, die über die Affekte und die Lebensweise der Menschen geschrieben haben, verfahren dabei, als ob sie nicht natürliche Dinge, die den gemeinsamen Gesetzen der Natur folgen, zu behandeln hätten, sondern Dinge, die außerhalb der Natur stehen; ja ersichtlich denken sie sich den Menschen in der Natur wie einen Staat im Staate. Denn sie glauben, daß der Mensch die Ordnung der Natur mehr störe als befolge, und daß er über seine Handlungen eine unbedingte Macht habe und von nirgends sonst her, als durch sich selbst, bestimmt werde.« Man muß anmerken, daß die so bestimmte Sprache mehrere Variationen zuläßt: ist erst einmal der Abstand zwischen dem Menschen und dem Rest des Universums festgestellt, kann man sich, wie im oben zitierten Text von Descartes, seiner bedienen, um ihn zu verherrlichen. Man kann ihn jedoch auch – wie die von Spinoza zitierten Moralisten – vergrößern: »Sodann messen sie die Ursache der menschlichen Ohnmacht und Unbeständigkeit nicht der gemeinsamen Macht der Natur bei, sondern ich weiß nicht welchem Fehler der menschlichen Natur, die sie deswegen bejammern, verlachen, geringschätzen oder, wie es meistens geschieht, verwünschen; und wer die Ohnmacht der menschlichen Seele mit besonderer Beredsamkeit und Schärfe durchzuhecheln versteht, der wird für göttlich gehalten.«[17]

Es ist nun möglich, zum Begriff des Zweckes zurückzukommen. Was Spinoza als Finalität bezeichnet, ist im Grunde jener Abstand zwischen zwei Welten, der den Glauben an den freien Willen ermöglicht. Sie ist also die andere Seite der Freiheit, die Form, die diese annimmt, wenn sie sich mit der Notwendigkeit mißt. Dies ist das Wesentliche – und nur in dem durch diesen Abstand eröffneten Aufklaffen (*béance*) lassen sich die Zweckursachen im gewöhnlichen Sinne situieren. Sie sind zwar das, was in den Texten erscheint, sie können jedoch nicht ohne ihre Möglichkeitsbedingung gedacht werden: die Spaltung.

Gegen wen ist dies gerichtet? Wenn Spinoza vom Zweck der Dinge redet, so kritisiert er nicht die griechische Konzeption des Telos, d. h. eine bestimmte Art und Weise eines Dings, sich in seiner Vollendung zu verhalten. Er kritisiert vielmehr ein Schicksal, das diesem Ding von außen zugewiesen wird. Der Zweck ist hier der bewußte Zweck: das Ziel, das sich ein Bewußtsein selbst oder den Objekten zuweist. Man könnte sagen, daß in der Perspektive der Kritik des klassischen Voluntarismus innerhalb des Schemas Zweck/Mittel der Terminus *Mittel* entscheidend ist. Zunächst muß die Mehrzahl des Seienden auf einen niedrigen Status herabgesetzt werden, der von Gesetzen beherrscht wird, die die Menschen nicht betreffen, um sodann diesen die Macht verleihen zu können, nach ihrem Gutdünken über das Universum zu verfügen. Die finalistische Illusion bewegt sich also auf zwei Ebenen: Oberflächlich gesehen besteht sie in der Vorstellung, daß die Dinge für uns gemacht sind – wie jene allzu berühmte Melone, die nur im Familienkreis gegessen werden kann; grundsätzlich beruht sie auf der durch die voluntaristische Illusion gegründeten radikalen Differenz. Natürlich kann die erste Ebene nur funktionieren, weil sie von der zweiten gestützt wird. Keine Finalität ohne freien Willen.

Im 17. und 18. Jahrhundert steht man jedoch zwei Kritiken der Finalität gegenüber, die trotz ihrer scheinbaren Übereinstimmung unterschieden werden müssen. Die erste Kritik wird, in einer cartesianischen Geste, ihren Höhepunkt in den spöttischen Anspielungen Voltaires erreichen. Sie wird das angreifen, was wir als die Oberfläche der finalistischen Illusion gekennzeichnet haben: die Vorstellung, daß Gott die Dinge zu unserem Nutzen angeordnet hat. Aber von welchem Standpunkt aus wird diese Kritik vorgebracht? Von einem Standpunkt, der den freien Willen voraussetzt, d. h. genau der theoretischen Grundlage der Finalität, wie sie die *Ethik* begreift. Spinoza dagegen kritisiert nicht allein die Oberfläche der Illusion, sondern vor allem das Möglichkeitsfeld, das diese Oberfläche hervorbringt, und das sich aufgrund der voluntaristischen Spaltung konstituiert. Es ist wichtig, beide Kritiken nicht zu verwechseln, sonst könnte man – unter dem Vorwand einer verbalen Identität – den vorschnellen Eindruck einer Übereinstimmung zwischen Spinoza und der cartesianischen Strömung gewinnen. In Wirklichkeit könnte man sagen, daß Descartes zutiefst finalistisch denkt, auch wenn er es auf der Oberfläche nicht tut. Er denkt finalistisch, weil er das Feld umreißt, auf dem sich die Lehre der Finalität entfalten wird – wie auch immer seine eigene Haltung zur Frage der Zweckursachen sein mag.

Ist das Zusammenspiel der beiden Grundbegriffe des klassischen Raums einmal bestimmt, lassen sich deren Konsequenzen ziehen. Der durch den freien Willen eingesetzten Spaltung wird eine neue Reihe von Spaltungen folgen. Und wenn Spinoza diese Spaltungen beschreibt, klingt häufig eine Kritik der Welt des Verstandes an, wie sie Hegel entwickeln wird.

Führt man in die Analyse des menschlichen Geistes den Willen ein, so unterwirft man ihm notwendigerweise die Wahrheit. Die cartesianische Theorie des Irrtums ist bekannt: Der Wille wird niemals durch das gezwungen, was ihn der Verstand sehen läßt; er kann immer darüber hinwegsehen: Der Geist irrt sich nur freiwillig. Deshalb zeugt auch das richtige Urteil von der menschlichen Freiheit: Es ist der Wille, der akzeptiert hat, nicht das zu überschreiten, was ihm der Verstand gezeigt hat. Man muß dabei festhalten, daß man nie zu diesem oder jenem Urteil gezwungen wird: so deutlich eine Evidenz auch sein mag, sie kann immer zurückgewiesen werden. Ein Beweis dafür ist die Ausklammerung des Urteils zu Beginn der *Meditationen*. Ein anderer Beweis ist der Brief an Mesland, in dem Descartes behauptet, daß man das Falsche wählen kann, nur um seinen freien Willen zu behaupten: »Es ist uns immer möglich, ein klar erkanntes Gut oder eine evidente Wahrheit anzunehmen, vorausgesetzt, daß wir meinen, daß es gut ist, dadurch unseren freien Willen zu bejahen.«[18]

Wir haben gesehen, daß der Voluntarismus eine Analyse der menschlichen Leidenschaften begründet, die als eine Ausnahme in der Natur angesehen werden. Auf dieser Theorie des Menschen-als-Ausnahme baut sich eine ganze Reihe von Begriffen auf, für die das Descarteszitat typisch ist: Da wir – im Gegensatz zu den Tieren – frei sind, werden wir von Kategorien bestimmt, denen diese nicht unterworfen sind, Kategorien, die die verschiedenen freien Wahlen des Willens bestätigen. »Und weil sie sich für frei hielten, entstanden daraus Begriffe wie Lob und Tadel, Verbrechen und Verdienst.«

Dies hat zwei Konsequenzen: Das, was ist, wird nicht analysiert (denn dazu müßte man ihm eine bestimmte Notwendigkeit zugestehen), man begnügt sich vielmehr damit, es zu verspotten oder zu beweinen; zum zweiten wird das, was den Zwecken entspricht, die man von außen dem Seienden zuschreibt, in der Form eines Sein-Sollens ausgedrückt: die Moral erschöpft sich von nun an in Ratschlägen, Appellen und im Abwarten – alles Maßnahmen der zwischen zwei Welten aufgebauten Distanz. Die Tugend wird von nun an als eine dem Glück vorzuziehende Restriktion verstanden. Warten, Appell, Askese: all dies gehört zu der Konfiguration einer Philosophie des Todes, denn hier wird das, was ist, durch das verurteilt, was nicht ist.

Mehr als ein Jahrhundert später wird die Hegelsche Kritik der Philosophien der Spaltung, nehmen sie nun wie bei Kant die Form eines frommen Wunsches oder aber die Form einer romantischen Nostalgie an, erneut die gleichen Akzente setzen. Wenn vom Standpunkt des wollenden Subjekts Kant an der Seite Descartes' steht, so steht Hegel in der Nachfolge Spinozas.

Wille, Zwecke, Spaltung, der außerhalb der Natur stehende Mensch, Verspottung statt einer Analyse der Leidenschaften, eine Moral des Sein-Sollens, schließlich eine Tugend, die diesen unendlichen Abstand zusammenflicken (*suturer*) soll: Was die *Ethik* umgrenzen will, um es zu zerstören, ist also ein kohärenter Diskurs. Auch wenn man bei keinem Autor diese lange Begriffsreihe in dieser Ordnung findet, so sichert sie doch die Kohärenz einer großen Anzahl von partiellen Diskursen. Und Spinoza, dessen Rede mit der Verwerfung des Begriffspaares Wille/Finalität beginnt, schließt mit einer Kritik der klassischen Konzeption der Tugend: »Die Glückseligkeit ist nicht der Lohn der Tugend, sondern selbst Tugend; und wir erfreuen uns ihrer nicht deshalb, weil wir die Gelüste hemmen, sondern umgekehrt, weil wir uns ihrer erfreuen, können wir die Gelüste hemmen.«[19]

Wenn man gesehen hat, wie sich diese Konfiguration abzeichnet, deren ursprüngliche Gestik Spinoza zugleich beschreibt und zerstört, kann man sich fragen, wodurch diese Zerstörung bei Spinoza getragen wird. Tatsächlich ordnet sich auch sein System von dem Moment an, in dem er nicht bei einer spöttischen Analyse der Gedanken der anderen stehenbleibt, nach bestimmten leitenden Prinzipien, die eine dem »freien Willen« im Raum des Subjekts vergleichbare Rolle spielen. Sicherlich darf man nicht glauben, daß allein diese Prinzipien die »Widerlegung« der cartesianischen Strömung ausmachen: Ihre Widerlegung ist die *Ethik* insgesamt – aber nicht alle Begriffe des Systems sind auf der gleichen Ebene anzusiedeln. Einige sind wesentliche Instrumente des »Wieder-Zurechtrückens-der-Welt«, das geleistet werden muß, wenn es wahr ist, »daß diese Lehre vom Zweck die Natur gänzlich auf den Kopf stellt. Denn was in Wahrheit Ursache ist, sieht sie als Wirkung an, und umgekehrt. Sodann macht sie das der Natur nach Frühere zum Späteren. Und endlich verwandelt sie das Höchste und Vollkommenste in das Unvollkommenste.«[20]

Aber, und im Anhang des 1. Buches wird es eine Zeile vorher formuliert, die Dinge in ihrer richtigen Anordnung zu betrachten, bedeutet zuzugeben, daß »alles in der Natur mit einer ewigen Notwendigkeit und mit höchster Vollkommenheit vor sich geht«. Um sich von dieser Notwendigkeit zu überzeugen, muß man die ersten Kapitel der *Abhandlung vom Staate* lesen, in denen zunächst gesagt wird, was man nicht tun soll: »Die Affekte (...) werden von den Philosophen als Fehler angesehen (...). Daher pflegen sie sie zu belachen, zu beweinen, zu tadeln oder, mit noch größerer Scheinheiligkeit, zu verabscheuen.« Man wird darin die vom Voluntarismus inspirierte Haltung wiedererkennen, die den Menschen als eine Verletzung der Natur betrachtet, von deren Mechanismen sie ihn ausschließt. Genau dagegen entwirft Spinoza sein eigenes Projekt, das darin besteht, vom Menschen als einem Naturobjekt zu sprechen, das wie jedes andere dem Gesetz der Notwendigkeit unterworfen ist: »Als ich mich daher mit der Staatslehre zu beschäftigen anfing, war es nicht meine Absicht, etwas Neues und Unerhörtes zu geben; ich wollte nur das mit der Praxis am meisten Übereinstimmende auf sichere und unanfechtbare Weise darstellen oder es aus der Beschaffenheit der menschlichen Natur selbst herleiten. Um das Gebiet dieser Wissenschaft mit ebensolcher Unbefangenheit zu durchforschen wie das der Mathematik, habe ich mich sorglich bemüht, die menschlichen Handlungen nicht zu verlachen, nicht zu beklagen, auch nicht zu verabscheuen, sondern zu verstehen. Ich habe deshalb die menschlichen Affekte, als da sind Liebe, Haß, Zorn, Neid, Ruhmsucht, Mitleid und die übrigen Gemütsbewegungen nicht als Fehler der menschlichen Natur betrachtet, sondern als ihre Eigenschaften, die ihr gerade so gut zu eigen sind, wie der Natur der Luft die Hitze, die Kälte, der Sturm, der Donner und dergleichen; mögen sie auch unbequem sein, notwendig sind sie doch und sie haben ihre bestimmten Ursachen, aus denen wir ihre Natur zu erkennen suchen, und der Geist ergötzt sich an ihrer wahren Betrachtung gerade so wie an der Erkenntnis dessen, was den Sinnen angenehm ist.«[21]

Wenn das, was menschliche Gefühle und zugleich solche Phänomene wie den Regen und den Blitz bestimmt, eine gemeinsame natürliche Notwendigkeit ist, könnte man glauben, sich auf vertrautem Boden zu bewegen. Erscheint diese Notwendigkeit nicht in der cartesianischen Strömung als das Prinzip, das die willenlosen Wesen beherrscht? Aber so einfach ist es nicht: Spinoza kann nicht zu denen gezählt werden, die – wie die Materialisten des 18. Jahrhunderts – den zuvor für die Ausdehnung erkannten Determinismus auf das Bewußtsein erweitern. Notwendigkeit ist nicht gleich Notwendigkeit. Die Lehre der *Ethik* steht nicht nur im Gegensatz zu der Radikalität des Gott und den Menschen zugeschriebenen Willens, sondern auch im Gegensatz zu der angeblich ruhenden Materie. Was für Spinoza jedes Ding kennzeichnet, ist die ihm eingeschriebene Fähigkeit, Wirkungen zu haben, d. h. seine *Wirkungskraft*.

In der voluntaristischen Strömung hebt sich der freie Wille vom Hintergrund der natürlichen Welt nur dann ab, wenn er dem nicht auf eine Ursache zurückzuführenden Willen Objekte entgegensetzt, die von determinierenden Ursachen, deren Gesetze diesen entgehen, produziert werden. In dieser Perspektive bedeutet »notwendig sein« soviel wie Wirkung einer Ursache sein. Größe und Skandalon des Menschen bestehen eben darin, daß er zumindest in seinem Geist diesen Zwängen entrinnen kann. Bei Spinoza ist es nahezu umgekehrt: Notwendig sein bedeutet, Ursache einer Wirkung oder mehrerer Wirkungen zu sein, und die Vollkommenheit eines Dings wird an der Anzahl der Wirkungen gemessen, die aus ihm folgen. Gott oder seine verschiedenen Modi, aber auch der Mensch und alle anderen Wesen produzieren, und sie produzieren gemäß Gesetzen. Der 16. Lehrsatz des 1. Buches, von dem Tschirnhaus, ohne daß ihm sein Briefpartner widersprach, behauptete, daß er die Achse der *Ethik* bildet, sagt, daß »aus der Notwendigkeit der göttlichen Natur unendlich vieles auf unendlich viele Weise folgen muß«. Spricht man also in bezug auf Gott von Notwendigkeit, so wird seine Macht nicht verneint, sondern vielmehr ihr geregelter Charakter unterstrichen. Dem Schöpfer den freien Willen absprechen, heißt nicht, ihn (und mit ihm den Menschen) in den Rang eines Objekts herabsetzen. Es bedeutet vielmehr, den Entwurf einer Welt ohne »Objekte« zu umreißen, in der kein Ding die Eigenschaft der klassischen Notwendigkeit besitzt: Mittel für einen Zweck zu sein. Da jedes Einzelding auf bestimmte Weise die Natur Gottes ausdrückt, führt der 16. Lehrsatz unvermeidlich zum 36. Lehrsatz (dem letzten Lehrsatz des 1. Buches, also dem Fazit der spinozistischen Theologie): »Es existiert nichts, aus dessen Natur nicht irgendeine Wirkung folgte«. Ebenso wie die Substanz, deren Modi sie darstellen, sind alle Dinge aktiv. Die Notwendigkeit, die das Universum bestimmt, ist nicht ein den Dingen äußerlicher einfacher Mechanismus: Sie ist eine in den Dingen liegende lebendige Wirkungskraft. Damit wird etwas grundsätzlich Neues ausgedrückt: Diese These stellt sich, ebenso wie sie Descartes oder seine Nachfolger betrifft, der aristotelischen Physik entgegen. Die Modi – ebenso wie Gott – produzieren spontan. Sie benötigen keine Form, um ihre Macht zu aktualisieren. Selbstverständlich gibt es zwischen der göttlichen Substanz und den Einzeldingen, ihren endlichen Modi, einen Unterschied: Während Gott nur den Gesetzen seiner eigenen Natur gehorcht, benötigen die endlichen Modi, um zu existieren und zu produzieren, eine andere Determination als die Determination durch sich selbst; eine Determination jedoch, die alles andere als eine Form ist: die anderen endlichen Modi, die anderen Einzeldinge. Was vorhin über die Wirkungskraft gesagt wurde, muß daher nuanciert werden: Solange die Dinge durch etwas bestimmt werden, was ihnen äußerlich ist, produzieren sie zwar noch Wirkungen, aber diese Wirkungen leiten sich nicht mehr unmittelbar aus dem her, was der 36. Lehrsatz des 1. Buches formulierte: Sie entsprechen nicht mehr allein der Natur des Einzeldings. Die Wirkungskraft eines Dings ist also nicht konstant: Seine Wirkungen folgen der Notwendigkeit seiner Natur nur *mehr oder weniger*. Nicht weil der Zufall eingeführt werden muß, sondern weil ein Teil seines Handelns von einer äußeren Notwendigkeit abhängt. Es ist ein Unterschied, ob ein Einzelding nach eigenen oder nach ihm von außen aufgezwungenen Gesetzen handelt. Das einheitliche Prinzip der Notwendigkeit wird also in verschiedenen Figuren auftreten: Man wird sagen, daß die Wirkungskraft am größten ist, wenn man sich allein gemäß den Gesetzen seiner eigenen Natur verhält; sie verringert sich in dem Maße, wie sie dem Handeln der anderen Dinge unterworfen ist.

Hat man diese Unterscheidung getroffen, kann man den Terminus »Freiheit« wiedereinführen. Er bezeichnet dann nicht mehr den Zustand, keine Ursachen zu haben – ein in der Welt der *Ethik* undenkbarer Zustand –; er bezeichnet vielmehr die Eigenschaft dessen, das durch sich selbst gemäß den Gesetzen seiner eigenen Natur handelt und produziert. Diese Freiheit ist nicht das Gegenteil der Notwendigkeit: sie ist eine ihrer Formen. Als ein inneres Gesetz stellt sie sich dem Zwang entgegen – daher die doppelte Definition 7 des 1. Buches: »Das Ding soll frei heißen, das nur kraft der Notwendigkeit seiner Natur existiert, und allein durch sich selbst zum Handeln bestimmt wird: notwendig dagegen, oder besser gezwungen, das Ding, das von einem anderen bestimmt wird, auf gewisse und bestimmte Weise zu existieren und zu wirken.« Das schnell korrigierte Zögern (»notwendig dagegen, oder besser gezwungen«) zeigt sehr deutlich die Bedeutung wenn nicht der voluntaristischen Strömung, so doch die des Vokabulars, in das es sich einschreibt: Bevor man mit ihm bricht, muß man es wiederholen. Die Freiheit besteht also in der geregelten Produktion und nicht in der absoluten Mutwilligkeit. Weit entfernt von der Willkür, als die sich die Menschen normalerweise königliche Dekrete vorstellen, ist sie das höchste Stadium der Wirkungskraft: eben das, in dem das Gesetz kulminiert.

Unter diesen Umständen ist sicherlich keiner freier als Gott. Nicht weil er alles mögliche machen kann, sondern ganz im Gegenteil, weil sich alles, was er macht, auf seine eigene Notwendigkeit beziehen läßt. Um diese Freiheit auszuüben, ist es sicher nicht notwendig, Gott mit der Illusion des freien Willens auszustatten, der, wie wir gesehen haben, doch nur den Rest einer wahrgenommenen Handlung darstellt, deren Ursache man nicht kennt.

Kehren wir zum Anfang der *Abhandlung vom Staate* zurück. Man kann das, was sich in der Gesellschaft – und in der »Luft« – abspielt, auf zwei Arten beurteilen: mit Bedauern und Entrüstung (oder mit Lob, was auf das gleiche hinausläuft) oder aber mit Hilfe einer wissenschaftlichen Analyse, die darin besteht, Wesen und Eigenschaften der Dinge zu untersuchen. Diese beiden Einstellungen beruhen auf zwei entgegengesetzten Weltanschauungen, denn es ist unnütz, Wesen und Eigenschaften eines Phänomens zu untersuchen, wenn man davon überzeugt ist, daß es keine besitzt. Sobald man die Existenz eines Willens annimmt, der durch nichts determiniert wird, kann man nur sagen, wie die Menschen sein sollten, oder bedauern, daß sie nicht so sind. Man kann jedoch nicht untersuchen, nach welchen Gesetzen sie existieren, da man diese Frage unmöglich stellen kann. Ebenso führt die Beurteilung der nichtmenschlichen Dinge als Mittel für den Menschen oder seine Götter dazu, sie in bezug auf eine Zweck-/Mittelrelation zu untersuchen und nicht in bezug auf ein notwendiges Verhältnis: Man wird sich fragen, warum und für wen sie gemacht wurden und nicht, wie sie Wirkungen produzieren. Wir haben gesehen, daß die Illusion des freien Willens, die spontane Illusion des Menschen, diesen ganz natürlich dazu führt, Zwecke vorauszusetzen. Wie also konnte die wirkliche Erkenntnis überhaupt entstehen? Es war der Fortschritt der Mathematik, der die Menschen in die Lage versetzte, diese Vorurteile zu durchschauen und sich von ihnen zu trennen. Wir werden weiter unten die Frage prüfen, wie sich die Mathematik selbst entwickelte, entscheidend ist, daß sie ein *Modell* darstellt: Auf die Welt blickt sie in Begriffen der Notwendigkeit. Einem Dreieck gegenüber fragt sich der Mathematiker nicht, wozu es dient und welcher Wille es zu diesem Zweck geschaffen hat: er fragt nach seiner Definition und nach den Eigenschaften, die aus dieser Definition deduziert werden können. Genauso wird Spinoza vorgehen: »Denn allein daraus, daß ich Gott definiere als ein Wesen, zu dessen Wesenheit die Existenz gehört, erschließe ich mehrere Eigenschaften von ihm: nämlich, daß er notwendig existiert, daß er einzig, unveränderlich, unendlich usw. ist.«[22] Deshalb wird die *Ethik* in »geometrischer Weise verhandelt«. Diese ist also weder eine Mode noch eine Koketterie – allein die Methode der Geometrie ermöglicht es, der finalistischen Illusion zu entrinnen. Ohne diese Methode hätten die in ihren Vorurteilen befangenen Menschen niemals die wahre Erkenntnis der Dinge gewonnen. »Dieser Grund allein hätte sicherlich dazu geführt, daß die Wahrheit dem menschlichen Geschlecht in Ewigkeit verborgen geblieben wäre, wenn nicht die Mathematik, in der es sich nicht um Zwecke, sondern nur um die Wesenheit und die Eigenschaften von Figuren handelt, den Menschen eine andere Wahrheitsnorm gezeigt hätte.«[23]

Damit haben wir den Raum Spinozas umrissen: Nachdem wir sein Anderes bestimmt haben, haben wir seine eigenen Grundbegriffe herausgearbeitet und sein Modell benannt. Ebenso wie die Materie und Gott werden auch die Menschen durch eine absolute Notwendigkeit beherrscht, der gleichen Notwendigkeit, die ein Theorem an seine Konsequenzen bindet. Von nun an wird das System in seiner Gesamtheit die schrittweise Anerkennung der Wirkungskraft sein. Auf dieser Grundlage wird Spinoza die voluntaristische Theorie des Irrtums, des Lob und Tadels der Gefühle und die asketische Konzeption der Tugend sorgfältig dekonstruieren. Die Vernunft wird nun nichts mehr verlangen, was der Natur widerspricht, weil sie selbst ein Produkt der Natur sein wird, das dieser helfen wird, das besser zu realisieren, was sie verfolgte. Wie vorher, besser als vorher.

3. Die Natur Gottes und seine Eigenschaften

Die Mathematik lehrte uns, von den Dingen so zu sprechen, wie sie sind, anstatt sie zu loben, zu tadeln oder bei ihnen Zwecke vorauszusetzen. Wenn man das untersuchen will, was ist, d. h. das, was den Gesetzen der Notwendigkeit gemäß geschieht, wird man also auf mathematische Weise vorgehen. Man wird von Gott sprechen, wie die Geometer von einem Dreieck sprechen. Was aber sagen sie von einem Dreieck? Sie untersuchen seine Natur (es ist ein Vieleck mit drei Winkeln) und seine Eigenschaften (die Summe seiner Winkel entspricht zwei rechten Winkeln). Und vor allem zeigen sie, wie seine Eigenschaften notwendig aus seiner Natur folgen. Über Gott wird man also das gleiche sagen: Man wird seine Natur und seine Eigenschaften darlegen, z. B. daß er »das unbedingt unendliche Wesen« ist, »das heißt die Substanz, die aus unendlich vielen Attributen besteht, deren jedes ewige und unendliche Wesenheit ausdrückt« (1. Buch, Definition 6); daß er notwendig existiert; daß er ewig ist; daß ohne ihn nichts begriffen werden kann. Wie wir jedoch im Lehrsatz 16 (»Aus der Notwendigkeit der göttlichen Natur muß unendlich vieles auf unendlich viele Weise folgen«) gesehen haben, besteht seine Haupteigenschaft darin, produktiv zu sein: Dinge zu produzieren, die ihrerseits ebenso notwendig produzieren werden. Es soll also ein Universum beschrieben werden, in dem alles, was ist, handelt und Wirkungen hat. Im Grunde ist Gott nichts anderes als dieses in allem präsente Prinzip des Handelns. Letzten Endes ist Gott die Präsenz des Lebens in jedem einzelnen Ding.

Für diese Analyse mußte man zunächst eine ganze traditionelle Konzeption von Gott abschaffen: eine Konzeption der Theologen, des Volkes und derjenigen Philosophen, die die allgemeine Illusion nachbeten. Eine Konzeption, die Gott de facto zur Ohnmacht verurteilte, als sie ihm eine kümmerliche Größe zuschrieb. Diese im Menschen in komplexer und verzweigter Form verwurzelte Konzeption läßt sich auf drei

Ebenen erfassen: In der am häufigsten kritisierten Gestalt ist sie ein *Vorurteil* – der Anthropomorphismus. Dieses Vorurteil ist jedoch in einer *Illusion* verankert, der voluntaristischen Anschauung des Menschen – und es erstreckt sich drittens auf eine Praxis und einen Apparat des *Aberglaubens*.

Das Vorurteil besteht in dem Glauben, daß Gott dem Menschen ähnlich sei. Man stellt sich Gott als eine menschliche Person vor, oder vielmehr als das (und diese Nuance ist entscheidend), was man von der menschlichen Natur glaubt: Gott ist zwar weitaus größer und mächtiger, aber grundsätzlich gleicht er dem Menschen. »So legt auch, wer die göttliche Natur mit der menschlichen verwirrt, Gott gar menschliche Affekte bei, besonders solange ihm noch unbekannt ist, auf welche Weise die Affekte in der Seele hervorgebracht werden.«[24] Dieses Vorurteil kann mehr oder weniger grobschlächtige oder differenzierte Formen annehmen: Der Mensch wird auf verschiedenen Stufen der Ähnlichkeit nachgeahmt. »Manche bilden sich ein, Gott bestehe wie der Mensch aus Körper und Seele, und sei den Leidenschaften unterworfen.«[25] Schlüsselpunkt dieser Vorstellung ist der Schöpfergott im christlichen Verständnis: Er erschafft die Dinge aus dem Nichts und verleiht ihnen durch einen freien Willensakt Unsterblichkeit – er hätte es jedoch nicht tun müssen. Die Menschen glauben also, die außerordentliche Macht Gottes beweisen zu können, indem sie ihn den Gesetzen der Notwendigkeit entziehen (denn wie wir gesehen haben, halten sie diese für das Gegenteil der Freiheit): Sie »meinen, Gott sei deswegen eine freie Ursache, weil er ihrer Meinung nach bewirken kann, daß das, was, wie wir sagten, aus der Notwendigkeit seiner Natur folgt, das heißt das, was in seiner Gewalt steht, nicht geschieht, oder von ihm nicht hervorgebracht wird. Indessen dies wäre gerade so, als wollten sie sagen, Gott könne bewirken, daß aus der Natur des Dreiecks nicht folge, daß seine drei Winkel gleich zwei rechten seien, oder daß aus einer gegebenen Ursache keine Wirkung folge, was ungereimt ist.«[26]

Man muß diesen Anthropomorphismus besonders betonen. Zum einen, weil die Vorstellung, daß der Mensch Gott nach seinem eigenen Bild entwirft – und nicht umgekehrt – für das 17. Jahrhundert relativ neu ist. Aber vor allem, weil dieses Vorurteil für Spinoza eine Grundlage besitzt: Da seine Begründung in der Illusion der Freiheit besteht, unterwirft sich jeder ganz spontan diesem Vorurteil. Spinoza hütet sich davor, den Irrtum zu begehen, den er anderen vorwirft: Er kritisiert die absurden Auffassungen der Menschen nicht als Ärgernisse, sondern zeigt vielmehr, wie sie ganz natürlich durch die Konstitution des Menschen produziert werden. In diesem Sinne ist er sehr weit von der Religionskritik der Aufklärung entfernt: Die Denker des 18. Jahrhunderts werden sich noch über die Dummheit der Völker und den Betrug der Priester wundern und entrüsten. Da beides grenzenlos ist, wird es noch unerklärlicher sein. Je ungerechtfertigter der Irrtum erscheinen wird, desto offensichtlicher wird er werden: Man wird Gott verspotten, wie die Theologen die Ohnmacht der Sterblichen verspottet haben. An die Stelle der Analyse und ihrer logischen Grundlage tritt der Vorwurf: Der Voluntarismus hat damit sein Feld, nicht aber sein Vorgehen geändert. Gegenüber einer solchen Religionskritik steht Spinoza vielleicht Feuerbach näher: Beide beweisen die Notwendigkeit des religiösen Vorurteils, und bei beiden ist die Wurzel dieses Vorurteils die gleiche: das vom Menschen auf das Äußere projizierte menschliche Bild, das einem Wesen zugeschrieben wird, das – wenn auch in einem weit höheren Grad – die gleichen Eigenschaften besitzt. Trotzdem gibt es auch hier wieder einen radikalen Unterschied, und Spinoza steht erneut isoliert da: denn für den Autor von *Das Wesen des Christentums* ist diese Notwendigkeit eine Wahrheit. Was die Religion zugleich verbirgt und enthüllt, ist das Wesen des Menschen, das sie zu Unrecht veräußerlicht – aber eigentlich ist diese Übertragung ein Verkennen und keine reine Lüge. Außerdem geht es weniger um die Zerstörung der Religion als um ihre Interpretation, damit unter ihrer Oberfläche das offengelegt werden kann, was sich hinter dem prunkvollen Blendwerk Gottes verbirgt. Indem Feuerbach auf diese Weise eine theologische Tradition umkehrt, die zumindest bis auf Augustin zurückgeht, wird er sagen können, daß die drei Personen der Dreieinigkeit drei menschliche Eigenschaften darstellen: »Die göttliche Dreieinigkeit *im* Menschen *über* dem individuellen Menschen ist die Einheit von Vernunft, Liebe, Wille.«[27] Der Diskurs über Gott enthüllt dem Menschen also – wenn auch auf entstellende Weise – sein eigenes Wesen: die menschliche Natur. Deshalb erklärt Feuerbach auch seine Distanz gegenüber der *Aufklärung*: »Der Historiker zeigt, (...) daß die Erzählungen von den Wundern Christi sich in lauter Widersprüche und Ungereimtheiten auflösen, daß sie spätere Erdichtungen sind, daß folglich Christus kein

Wundertäter, überhaupt nicht der *gewesen* ist, den die Bibel aus ihm gemacht hat. Ich dagegen frage nicht danach, was wohl der wirkliche, natürliche Christus im Unterschiede von dem gemachten oder gewordenen supranaturalistischen gewesen ist oder sein mag; ich nehme diesen religiösen Christus vielmehr an, aber zeige, daß dieses übermenschliche Wesen nichts andres ist als ein Produkt und Objekt des übernatürlichen menschlichen Gemüts.«[28]

Wenn dagegen für Spinoza der religiöse Diskurs irgend etwas enthüllt, so nicht das, was der Mensch in Wirklichkeit ist, sondern das, was er von sich selbst glaubt – und das ist ganz etwas anderes. Der theologische Irrtum verweist nicht auf das menschliche Wesen, sondern auf den humanistischen Irrtum. Da das Subjekt ebenso trügerisch ist wie das, was man nach seinem Modell entwirft, kann die Lektüre der Religion keine Interpretation sein. Das religiöse Vorurteil kann allenfalls zerlegt werden – man kann sich von seiner Notwendigkeit überzeugen und seine Wirkungen bestimmen.

Seine Wirkungen: sie liegen im Kult und in allen abergläubischen Praktiken. Da man sich vorstellt, daß Gott den Menschen ähnlich ist, unterschiebt man ihm Stimmungen, Wünsche und Rachegefühle; man wird also etwas suchen, das ihn zufriedenstellen und beschwichtigen könnte: »Und ebenso mußten sie die Sinnesweise dieser Lenker, da sie ja niemals etwas darüber vernommen hatten, nach ihrer eigenen Sinnesweise beurteilen; und infolge hiervon behaupteten sie, daß die Götter alles zum Nutzen der Menschen lenken, um sich die Menschen zu verpflichten und bei ihnen der höchsten Ehre zu genießen. Daher ist es gekommen, daß jeder sich eine besondere Art der Gottesverehrung nach seinem Sinne ausgedacht hat, damit Gott ihn vor allen anderen liebe und die ganze Natur zum Nutzen für seine blinde Begierde und unersättliche Habsucht lenke. Und so hat sich dies Vorurteil in Aberglauben verwandelt und in den Seelen tiefe Wurzeln geschlagen; dies war die Ursache, daß jeder das größte Streben darein setzte, von allen Dingen die Zweckursachen zu erkennen und diese zu erklären. Aber indem sie zu zeigen suchten, daß die Natur nichts vergebens tue (das heißt nichts, was nicht zum Nutzen der Menschen diente), haben sie, wie mir scheint, immer bloß gezeigt, daß die Natur und die Götter ebenso wahnsinnig sind wie die Menschen. Man sehe nur, wohin die Sache schließlich führte! Unter so vielem Nützlichen in der Natur mußten sie eine Menge Schädliches finden, wie Stürme, Erdbeben, Krankheiten usw., und nun behaupteten sie, dies käme daher, weil die Götter über Beleidigungen zürnten, die ihnen von den Menschen zugefügt seien, oder über Verbrechen, die sie bei ihrer Verehrung begangen hätten.«[29]

Glaube und Verehrung stützen sich auf einen Apparat, der an politische Institutionen – vor allem an die gefürchteten unter ihnen – gebunden ist: Der Übergang von der natürlichen Illusion zu ihren Konsequenzen und von diesen Konsequenzen zu dem, was diese sichern, ist fließend. Es wird schließlich Menschen geben, die ein Interesse an der Erhaltung der Vorurteile haben (aus persönlichen oder gesellschaftlichen Gründen); Theologen und Tyrannen reichen sich die Hand, um zu täuschen und die Mittel ihrer Täuschung zu schützen. »Und daher kommt es, daß wer nach den wahren Ursachen der Wunder sucht und die Dinge in der Natur als ein Gelehrter zu verstehen und nicht als ein Tor sich über sie zu wundern bemüht ist, allenthalben als ein Ketzer und Gottloser gilt und als solcher von denen verschrien wird, in denen das Volk die Dolmetscher der Natur und der Götter verehrt. Denn sie wissen, daß mit dem Aufhören der Unwissenheit auch das Staunen aufhört, das heißt das einzige Mittel, das sie haben, um ihre Beweise zu führen und ihr Ansehen zu erhalten.«[30]

Um den Status der Religionskritik bei Spinoza wirklich zu begreifen, muß man diese doppelte – natürliche und gesellschaftliche – Verankerung berücksichtigen. Diese Kritik ist nicht rein naturalistisch, wie ihr Ausgangspunkt am Ursprung der Illusion glauben machen könnte (die Menschen sind so, daß ...). In Wirklichkeit sind hier untrennbar verbunden: eine quasi physische Basis (der ursprünglich gegebene Abstand zwischen der Kenntnis der Handlungen und der Unkenntnis der Ursachen) *und* das, was diese verursacht und was zu ihrer Reproduktion beiträgt: die gesellschaftliche Autorität derjenigen, die sich auf dieses Vorurteil stützen, sowie das komplexe Netz der überlieferten Vorstellungen, der Institutionen und der Unterdrückung. Deshalb greifen die Texte Spinozas – von den frühesten Schriften über die *Ethik* bis zu den *Abhandlungen* und zahlreichen Briefen – unermüdlich diese Frage der Religion mit all den soeben herausgearbeiteten Ebenen auf.

Ist die hinter dem Vorurteil stehende Illusion erst einmal nachgewiesen, wird die Kritik ihrer doppelten Wirksamkeit durch die Ermittlung des falschen Begriffs des freien Willens geleitet. Gott einen freien Willen verleihen, bedeutet, ihm zu verweigern, nach der universalen Notwendigkeit zu leben; ihn als grundlos, d. h. machtlos darzustellen. Die einzige Gott angemessene Freiheit ist sein eigenes Gesetz: die wirksame Produktion. Man muß also sagen, daß Gott absolut frei ist, nicht weil er nach Gutdünken handelt, sondern weil er nur seiner eigenen inneren Notwendigkeit unterworfen ist. Anders gesagt, weil er niemals gezwungen wird.

Er wird nicht von außen gezwungen, weil ihm eben nichts äußerlich ist, denn »außer Gott kann keine Substanz sein und keine begriffen werden«, und »alles, was ist, ist in Gott, und nichts kann ohne Gott sein oder begriffen werden.«[31] Der Gegensatz zu den christlichen und klassischen Thesen wird also unter zwei Gesichtspunkten formuliert: Gott erschafft nicht, sondern produziert notwendig; in gewisser Hinsicht ist er mit dem, was er produziert, identisch. Beide Thesen hängen zusammen: Diese Identität oder vielmehr diese Präsenz Gottes in den Dingen stellt sicher, daß sie nicht auf seinen Beschluß hin aufgehoben werden. Man hat hierin das Grundmerkmal der Lehre Spinozas sehen wollen (den berühmten »Pantheismus« oder, wenn man so will, den »Atheismus«, denn da alles Gott ist, ist Gott nichts mehr) und sich nicht entgehen lassen, ihm diese Blasphemie vorzuwerfen. Bestenfalls hat man darin eine Wiedergeburt des – zweifellos über die jüdische Mystik oder Giordano Bruno weitervermittelten – Neoplatonismus gesehen. Aber Produktion und Emanation sind zwei verschiedene Dinge: Man muß sich entscheiden, ob man nur nach Einflüssen sucht, oder ob man die strenge Verkettung eines theoretischen Raumes analysiert. Daß ein Begriff oder ein begriffliches Verfahren zum ersten Mal in Verbindung mit einer bestimmten Tradition, notfalls sogar in Worten oder in einer Atmosphäre, die dieser Tradition entnommen sind, formuliert werden, ist wenig entscheidend, wenn dieser Begriff eine genau umrissene Rolle in einer bestimmten theoretischen Maschinerie spielt, die sich von derjenigen unterscheidet, aus der er importiert wurde. Man kann ein Montageband nicht erklären, indem man den Ursprung der Rohstoffe bestimmt.

Es ist richtig, daß diese Einheit der Substanz bei Spinoza zunächst in einem neoplatonischen Stil auftritt – aber die philosophische Ordnung ist nicht nur eine Frage des Stils. In einem der ältesten bekannten Texte

Spinozas, einem *»Dialog«* innerhalb der *Kurzen Abhandlung*, liest man, wie die Liebe Vollkommenheit sucht und der Verstand, die Vernunft und die Begehrlichkeit darauf antworten:

»Der Verstand: Ich für mein Teil betrachte die Natur nicht anders als in ihrer Gesamtheit, als unendlich und höchst vollkommen, und du, wenn du daran zweifelst, so frage die Vernunft, die soll es dir sagen.

Die Vernunft: Die Natur (...) ist eine Ewige Einheit, durch sich selbst seiend, unendlich, allmächtig usw., alles ist in ihr begriffen; und die Negation davon nennen wir das Nichts.

Die Begehrlichkeit: Das reimt sich ganz sonderbar, daß die Einheit mit der Verschiedenheit, die ich allenthalben in der Natur erblicke, übereinkommen sollte. Denn wie? Ich sehe, daß die intellektuelle Substanz keine Gemeinschaft hat mit der ausgedehnten Substanz und daß die eine die andre begrenzt.

Die Vernunft: Daß du, o Begehrlichkeit, behauptest, du sähest verschiedene Substanzen, das, sage ich, ist falsch, denn ich sehe klar, daß es nur eine einzige gibt, die durch sich selbst besteht und das Substrat aller andren Attribute ist. (...) Auf dieselbe Art wie Wollen, Fühlen, Erkennen, Lieben usw. verschiedene Modi sind von dem, was du eine denkende Substanz nennst, indem du alles auf eines zurückführst und aus alledem eines machst, so schließe ich auch durch deine eignen Beweise, daß die unendliche Ausdehnung und das unendliche Denken nebst andren unendlichen Attributen (oder nach deinem Stil: andren Substanzen) nichts andres sind als Modi des Einzigen, Ewigen, Unendlichen, durch sich selbst bestehenden Wesens, und alles das erklären wir wie gesagt für ein Einziges oder eine Einheit, außer der man kein Ding sich vorstellen kann.«[32]

Die Begehrlichkeit will bei der Verschiedenheit der Natur haltmachen, und es ist die Vernunft, die von dieser Verschiedenheit aus wieder zu einer höheren Einheit zu gelangen weiß: Im Grunde genommen gibt es keine verschiedenen Substanzen, und will die Liebe ihr Bedürfnis nach Einheit befriedigen, so muß sie sich dem Ganzen zuwenden. Natürlich erinnert dies an alte Themen oder an bestimmte Interpretationen des Christentums (in dem es immer Strömungen gab, die die Trennung zwischen dem Schöpfer und seinen Kreaturen aufzulösen suchten; diese Strömungen wurden zwar regelmäßig verdammt, traten aber immer wieder von neuem auf – vielleicht weil sie für die mystische

Erfahrung unentbehrlich waren). Aber dieser Vergleich erschöpft nicht das hier zutage tretende eigentliche spinozistische Thema. Denn man könnte die neoplatonischen Elemente aufgeben – und die Dialogform wäre dabei nicht das Unwichtigste, denn ihre Ersetzung durch eine mathematische Struktur würde ganz etwas anderes zeigen als eine rein äußerliche Neuerung. Vor allem wird man den Kausalitätstypus aufgeben müssen, der diesen Dialog strukturiert (man steigt von den Attributen zur Substanz auf wie von den Modi zu den Attributen): Aber man wird trotzdem jene Präsenz der Substanz in jedem Modus beibehalten, die hier nur im Hintergrund erscheint; dank der mathematischen Umformung wird sie jedoch in den Vordergrund der Szene treten.

Genau darin besteht die Abgrenzung. In den verschiedenen Lehren der Emanation gibt es bestimmte Konstanten: Die Welt wird auf einen Ursprung zurückgeführt (das Eine, Gott...), der – unabsichtlich, und darin liegt der Bruch mit jeder Theologie der Schöpfung – einen Teil seines Seinsgehalts aus sich hat entfließen lassen (»wie Licht ausstrahlt«, sagt Plotin), der andere Seiende erzeugt, die natürlich nur ein Schattenbild, ein Echo dessen sind, aus dem sie hervorgehen. Sie hängen zwar vollständig von ihm ab, können ihm jedoch niemals gleich werden. Folglich haben sie weniger Ausstrahlung, weniger ontologischen Gehalt – die Emanation ist ein langer, regelmäßiger Verfall: Je weiter der Ursprung entfernt ist, desto ärmer das Seiende. Gesteht man den Seienden überhaupt etwas zu, was ihnen nicht aus der ursprünglichen Substanz zukommt, dann nur als etwas Schlechtes, Mangelhaftes und Materielles: Eigenschaften, die den Verfall der Seinsformen nicht verringern, sondern vielmehr vergrößern. Die Tatsache, daß dieser Mangel nicht überall gleich ist (es gibt verschiedene Grade der Abwertung), begründet unter ihnen eine Hierarchie: je nachdem sie mehr oder weniger vom Einen oder der höchsten Gottheit entfernt sind. Natürlich gibt es innerhalb dieser Lehren verschiedene Variationen: Die Gnostiker vermehrten tendenziell die Zahl der Mittelwesen, um die Erniedrigung des Menschen besser kenntlich zu machen. Plotin dagegen bemerkt, daß das Eine »nicht von allem entfernt« ist. Über diese Unterschiede hinaus jedoch wird die Realität der endlichen Dinge tendenziell bestritten: Wenn jedes endliche Ding nur ein verlorenes Bruchstück ist, liegen sein Mittelpunkt sowie seine Begründung außer ihm, und es zu bestimmen, kann nur bedeuten, es in der Quelle, mit der es verbunden ist, aufzulösen. Die Logik der Emanation führt somit zur Negierung der Individuen. Sie führt dazu, d. h., daß sie sich niemals explizit dazu entschließt, daß sie jedoch den Individuen, während sie sie erst einmal unterscheidet, den Horizont ihrer Auflösung im ursprünglichen Ganzen vorhält; sie zwingt ihnen diese Auflösung als ihr *Ziel* (in allen Bedeutungen dieses Wortes) auf: zugleich als Ende und als Zweck.

Diese endgültige Aufhebung (*suppression*) der Individuen kann von zwei Seiten her analysiert werden: entweder von der Quelle her als Rückkehr dessen, was sie verloren hatte (aber dies wird sie nur dann bereichern, wenn man dem Negativen eine Kraft einräumt); oder von den Dingen her: Am Ende des Zustands der Trennung, der ihren Ursprung ausmacht, wünschen sie sich die Rückkehr. Die Schwierigkeit dieser Rückkehr zur Quelle hält sie, ob sie dies nun vergessen oder aber als tragisch empfinden. Dies ist ein (zu) allgemeines Schema – aber für alle Lehren der Emanation gibt es einigermaßen genau die Kohärenz folgender drei Begriffe wieder (egal, welchen Namen sie jeweils tragen): Emanation, Verfall, Hierarchie – und das Fazit dieser Kette: die Negierung der Individuen.[33]

Wo aber steht in diesem Zusammenhang die *Ethik*? Ihr Modell ist die Mathematik und die Verkettung ihrer Lehrsätze – nicht mehr das Licht: also nicht die »Ausstrahlung« des Einen, sondern vielmehr eine notwendige Produktion, analog der notwendigen Produktion von Konsequenzen durch ein Theorem oder durch eine Definition. Die Dinge werden nicht mit Hilfe der üblichen Logik der Emanation auf Gott zurückgeführt, sondern durch das »*Verdrehen*« (*torsion*) der cartesianischen Begriffe oder vielmehr der über Descartes von der Scholastik überlieferten Begriffe: Substanz, Attribut, Modus. Es genügt, dem Ausdruck Substanz einen strengen Sinn zu geben: »das, was in sich ist und durch sich begriffen wird, das heißt das, dessen Begriff, um gebildet werden zu können, den Begriff eines anderen Dinges nicht bedarf«, um diesen Begriff auf ein einziges Wesen einzuschränken, bezüglich dessen die anderen Wesen nur Modifikationen darstellen. Genau diesen strengen Sinn aber lehnte Descartes ab, oder vielmehr er lehnte es ab, ihn als einzigen Sinn zu betrachten: Indem er die Substanz als ein »Ding« definierte, »das so existiert, daß es zu seiner Existenz keines anderen Dinges bedarf«, gab er wohl zu, daß man sie »nur als eine *einzige*, d. h. als Gott« denken kann. Aber wenn er sich auf die Mehrdeutigkeit dieses Begriffs in den philosophischen Schulen berief, erweiterte er diesen Terminus auf bestimmte Geschöpfe: »Da einige der erschaffenen Dinge solcher Natur sind, daß sie nicht ohne einige andere existieren können, unterscheiden wir sie von solchen, die bloß Gottes Bestand benötigen, und nennen diese Substanzen und jene Qualitäten oder Attribute dieser Substanzen.«[34]

Die einzige Substanz drückt sich in einer unendlichen Anzahl von Attributen aus, die sich von ihr nicht unterscheiden: sie sind nur ihre Namen, oder wenn man so will, die verschiedenen Register, in denen sie sich ausdrückt. Sie stehen auf der gleichen Ebene: hier gibt es weder Emanation noch Verfall. Aber warum sollte diese Substanz, die aus einer unendlichen Anzahl von Attributen besteht, nicht in sich selbst ruhen, ohne sich zu modifizieren? Weil dieses In-sich-selbst-Ruhen eben bedeutet, weiterhin in allen seinen Konsequenzen zu leben: Das Dreieck ist nicht weniger Dreieck, wenn die Summe seiner Winkel zwei rechten Winkeln entspricht. Im Gegenteil, die theoretische Strenge der Definition ist ihrer Konsequenz immanent: Sie stützt sie und verleiht ihr jene mathematische Gültigkeit, die sie selbst andere Konsequenzen produzieren lassen wird. Das gleiche gilt auch für Gott. Lesen wir den Beweis des 16. Lehrsatzes: Dort wird deutlich, daß dieses Verhältnis der Immanenz (also der Präsenz) das Verhältnis Gottes zu den Modi bestimmt – und nicht die Ferne der Emanation. »Dieser Lehrsatz muß jedem einleuchten, der bedenkt, daß der Verstand aus der gegebenen Definition eines jeden Dinges mehrere Eigenschaften erschließt, die in der Tat aus ihr (das heißt aus der Wesenheit des Dinges) notwendig folgen, und um so mehr Eigenschaften, je mehr Realität die Definition des Dinges ausdrückt, das heißt je mehr Realität die Wesenheit des definierten Dinges in sich schließt. Da nun die göttliche Natur (...) unbedingt unendlich viele Attribute hat, deren jedes wiederum unendliche Wesenheit in seiner Gattung ausdrückt, so muß folglich aus ihrer Notwendigkeit unendlich vieles auf unendlich viele Weisen (das heißt alles, was Objekt des unendlichen Verstandes sein kann) notwendig folgen.«[35]

Dieser Unterschied impliziert zwei weitere Unterschiede, die nicht weniger wesentlich sind:

a) Wenn es keinen Verfall gibt, gibt es auch keine Hierarchie. Gott ist in allen Modi präsent: diese lassen sich nicht nach ihrem Grad der Entfernung zu Gott klassifizieren. Natürlich gibt es verschiedene Arten von Modi: die unendlichen Modi und die endlichen Modi (die »Einzeldinge«). Aber die unendlichen Modi scheinen eher Gesetzessysteme zu sein, denen sich die endlichen Modi unterordnen: Vorrang besitzen sie nicht in ihrer Würde, sondern allenfalls in der Ordnung des Beweises.

b) Die endlichen Modi sind ebenfalls real: sie gehen nicht in der göttlichen Unendlichkeit auf. Ihre Ordnung wird nicht als fortschreitende Entwertung des Seins begriffen: Kein Modus läßt sich auf einen anderen reduzieren, und auch wenn die Modi sich aus Gott deduzieren lassen, so lassen sie sich doch nicht auf ihn reduzieren, weil sie notwendige Modifikationen sind. Die Metaphysik Spinozas ist keine Vision vom Untergang der Dinge in Gott, sondern eine Vision von der Präsenz Gottes in den Dingen – was etwas ganz anderes ist.

Die Welt der *Ethik* ist also weder die Welt des Neoplatonismus noch die der christlichen Schöpfung oder die des klassischen Voluntarismus, die jene ablöst. Um sein begriffliches Universum zu konstruieren, benutzt Spinoza Materialien, die von Descartes »stammen« (die Begriffe Substanz, Modus, Attribut sowie den Nominalismus, der im übrigen weitaus strenger als bei Descartes ist); er entlehnt außerdem einer von Plotin ausgehenden Tradition einige Schemata; schließlich greift er auf Termini zurück, die auch bei Thomas von Aquin auftreten (mit »natura naturans« werden die Substanz und die Attribute, mit »natura naturata« die Modi bezeichnet) – dies trifft durchaus zu. Aber diese Materialien werden auf kohärente Weise neu geordnet und neu gedacht, so daß ihnen ihre alte Bedeutung genommen wird, um sie etwas vollständig Neues produzieren zu lassen. Aus dem Zusammenprall von expressiver Kausalität und strengem Nominalismus konstituiert sich ein schwer zu erkennender Raum: es ist möglicherweise der einzige Raum vor Marx, in dem verschiedene Realitätsebenen ohne Reduktion gedacht werden können.

Versuchen wir, diese beiden Ebenen zu kennzeichnen, indem wir zeigen, wie sie aufeinander verweisen. Wir haben gesehen, daß bei Spinoza die Notwendigkeit die Gestalt der Wirkungskraft (der Macht zu handeln) annahm: wie aber gelangt man von der Macht Gottes zur Macht der Dinge?

Die Macht Gottes ist keine Macht der Entscheidung, wie bei den Königen, sondern eine Macht im Sinne der Natur (wie die großen die kleinen Fische fressen können...). Große Fische sind so beschaffen, daß sie kleine Fische verschlingen können. Das Verschlingen kleiner Fische ist ihre notwendige Wirkung; ebenso ist auch Gott derart beschaffen, daß er eine unendliche Anzahl von Wirkungen produzieren muß. Nicht aus freiem Entschluß, sondern aufgrund der notwendigen Fähigkeit zur Produktion. Wenn man die Natur Gottes und seine Macht darstellen will, muß man deshalb begreifen, daß Gott nichts anderes ist als die Macht: Er ist das Leben.

Alles, was ist, drückt die Natur Gottes aus, nicht vollständig, aber auf determinierte Weise: Jedes Einzelding ist ein endlicher Modus Gottes, des auf eine bestimmte Weise modifizierten Gottes. Alle Dinge drükken also notwendig diese Macht aus, die Gott ist (sie schließen die Attribute Gottes ein, d. h. sein Wesen, d. h. seine Macht): Deshalb produzieren sie ihrerseits notwendig eine bestimmte Wirkung.

Diese ihnen immanente Macht – denn sie produzieren, weil Gott in ihnen präsent ist – ist ihnen jedoch eigentümlich: Sie sind nicht, wie Gott, mit ihr identisch, und die Macht, die sie besitzen, ist nicht ihr Wesen. Alle endlichen Modi leben (im Lehrsatz 21 des 4. Buches werden »*Sein*«, »*Handeln*« und »*Leben*« gleichgesetzt), d. h., sie haben ein Leben; und dieses Leben ist Gott. In seinen *Metaphysischen Gedanken* trifft Spinoza diese Unterscheidung ganz explizit: »Dieshalb verstehen wir unter Leben die Kraft, wodurch die Dinge in ihrem Sein verharren; und, weil jene Kraft von den Dingen selber verschieden ist, so sagen wir recht eigentlich, daß die Dinge selber Leben haben. Die Kraft aber, wodurch Gott in seinem Sein verharrt, ist nicht außer seiner Wesenheit, weshalb man sich ganz richtig ausdrückt, wenn man Gott das Leben nennt. Es fehlt nicht an Theologen, welche glauben, daß die Juden aus dieser Ursache, nämlich weil Gott das Leben und vom Leben nicht unterschieden sei, wenn sie schworen, sagten: (...) beim lebendigen Gott, nicht aber (...) beim Leben Gottes; wie Joseph, wenn er beim Leben Pharaos schwört, sagte: beim Leben Pharaos.«[36]

Sagen wir es anders. Im Universum gibt es Dinge, die handeln und produzieren. Beschränken sie sich darauf, einen Anstoß weiterzugeben und im Grunde ihrer selbst unbewegt zu bleiben? Nein, und deshalb ist die cartesianische Konzeption der Ausdehnung unzulässig.[37] Tatsächlich besitzen die Dinge eine Selbstbewegung (das »Leben«), und diese Selbstbewegung ist die Präsenz Gottes in ihnen. Oder: Gott ist nichts anderes als die Kraft der Bewegung, die man in den Dingen findet, wenn man beginnt, sie für sich selbst zu betrachten. Aber daß Gott im Grunde nur die Fähigkeit des Produzierens ist, darf nicht dazu verleiten, die spinozistische Theologie als eine Welt der wildwüchsigen Vielfalt zu betrachten: diese Selbstbewegung der Welt ist strukturiert, sie gehorcht Gesetzen. Und ihre Produktion ist zunächst einmal die Produktion der Gesetze selbst: deshalb werden die endlichen Modi ihrerseits nur im Rahmen der unendlichen Modi produziert.

Will man sich von dieser im Innern durch eine nichtmechanische Bewegung belebten Welt eine Vorstellung machen, so findet man dafür bei Diderot eine recht gute Illustration: In *Der Traum d'Alemberts* wird ein Universum vorgestellt, in dem eine einzige vitale Kraft alles Seiende belebt und in der sich diese immanente Präsenz sowohl in den Mineralien als auch in den Pflanzen oder den Tieren bestätigt. Daß diese Schwärmerei einem Mathematiker zugeschrieben und von einem Mediziner kommentiert wird, ist vielleicht kein Zufall, sondern ein Zeichen dafür, daß das Leben nur dann als eine solche universelle Kraft gedacht werden kann, wenn es etwas von der Notwendigkeit der Geometrie übernimmt.

4. Das Bild und die Idee

Mit diesem Titel läßt sich das bestimmen, was bei Spinoza die Stelle einer »Erkenntnistheorie« einnimmt und in Wahrheit eine Theorie der *Produktion* von Erkenntnissen ist. Erkenntnisse: denn daß sich das Wissen auf seine verschiedenen Gattungen verteilt, ist irreduzibel; diese sind sich nicht mehr oder weniger ähnlich, sondern es handelt sich um verschiedene Typen des Wissens, die auf verschiedene Ursachen bezogen werden müssen. Produktion: denn die allgemeine Notwendigkeit betrifft auch das Wissen und gilt für die Produktion der Ideen ebenso wie für die Produktion der Eigenschaften eines Dreiecks. Erkenntnisse sind Wirkungen und produzieren ihrerseits andere Wirkungen. Dies weist ihnen in der strengen Ordnung der *Ethik* einen bestimmten Platz zu: *nach* der Ontologie des 1. Buches, in der das Prinzip aller Dinge analysiert wird (die Wirkungskraft) und *vor* der Theorie der Gefühle und der Knechtschaft, die in den folgenden Büchern entwickelt wird. Denn um zu untersuchen, wie sich der Mensch verhält, muß man zunächst erkennen, wie der Mensch die Welt und sich selbst versteht, warum er in der Illusion lebt und wie er sich von ihr befreien kann. Die zuerst getroffene Unterscheidung (zwischen innerer und äußerer Notwendigkeit) wird sich auf den verschiedenen Ebenen des Systems auswirken. Je nachdem, ob ein Individuum Wirkungen produziert, die allein aus seiner Natur folgen oder nicht, wird er eine adäquate Erkenntnis haben oder nicht – was ihn entweder auf den Weg der Leidenschaften oder auf den Weg der Vernunft führen wird.

Die Menschen täuschen sich also. Aber nicht immer. Um das zu erklären, muß man zeigen, daß es (zumindest) zwei Typen der Erkenntnis gibt: die Vorstellung und den Verstand. Ihr Unterschied begründet den Übergang von der alltäglichen Illusion zur »anderen Wahrheitsnorm« der objektiven Erkenntnis. Einfach zu sagen, daß es verschiedene Grade der Erkenntnis gibt, wäre jedoch keineswegs neu: Schon seit Jahrhunderten begnügt sich die Philosophie damit, dies zu wiederholen – und genau hiermit bricht Spinoza. Tatsächlich gab es in der Tradition der Erkenntnistheorie immer eine bestimmte Einheit des Erkennens, was nicht ausschloß, daß dieses in der Regel auf verschiedene Grade der Erkenntnis aufgeteilt wurde. Es ist unwichtig, ob diese Spaltung auf die Teilung zweier Welten (das Sinnliche/das Intelligible) oder auf zwei Arten, die Welt wahrzunehmen, bezogen wird. Ob man sich irrt, weil man dem Reiz des Sinnlichen erliegt oder weil man den Willen weiter als die natürliche Erkenntnis reichen läßt: in beiden Fällen gilt, daß das Verhältnis der Erkenntnisgrade hierarchisch gedacht wird: der Irrtum ist ein Fehler, ein Mangel, er ist wie ein Schatten der Wahrheit.

Dieser Status ist nicht unwichtig: Weil der Irrtum in bezug auf die Wahrheit nur als Verlust gedacht wird, kann sein eigener Inhalt nicht analysiert werden. Traditionellerweise begnügt man sich damit, den falschen Diskurs zu verwerfen, um sich dem wahren Diskurs zuzuwenden. Man versucht nicht, in ihm eine eigene Berechtigung, geschweige denn eine innere Logik zu entdecken. Ist der Irrtum einmal entlarvt, muß er sich angesichts der Wahrheit auflösen – ins Nichts zurückkehren, das er niemals hätte verlassen dürfen.

Nichts davon bei Spinoza: das Falsche ist weder ein Verlust, noch muß es aufhören zu existieren. Zwischen wahr und falsch gibt es zwar einen Bruch, aber die Notwendigkeit ist auf beiden Seiten gleich. Deshalb ist der Spinozismus auch die einzige Philosophie, die den Irrtum weder als Mangel noch als Sünde betrachtet, sondern vielmehr eine Theorie seiner Produktion formulieren kann: Wenn der Irrtum durch einen Prozeß produziert wird, der sich von dem zum Wahren führenden Prozeß unterscheidet, so deshalb, weil er nicht dessen bloße Kehrseite ist.

Nehmen wir wieder das cartesianische Modell, denn in ihm denkt Spinoza die Tradition, die er bekämpft. Tatsächlich findet man im 2. Buch (*»Von der Natur und dem Ursprung der Seele«*) wahrscheinlich die meisten Anspielungen auf den Cartesianismus. Dieses sehr ausgearbeitete Modell setzt mehrere Kräfte ein: den Verstand, die Sinne und den Willen. Nur der Verstand gibt uns die wahre Erkenntnis der Dinge, und er muß sie uns geben, weil es in der natürlichen Erkenntnis keinen Irrtum gibt. Woher stammt dann das Falsche? Eigentlich hat es keine objektiven Ursachen: So kompliziert ein Problem auch sein mag, wir werden es immer lösen können, wenn wir es auf das beziehen, was in ihm einfach ist und durch intellektuelle Einsicht begriffen werden kann. Es genügt jedoch nicht zu sehen, was ist: man muß ihm auch zustimmen: was mir der Verstand zeigt, der also eine Art Blick ist, muß ich entweder ablehnen oder billigen. Auch die anderen Erkenntniskräfte – die Sinne und das Vorstellungsvermögen – stehen in der Ordnung des Blickes. Es ist der Wille, der endgültig zwischen ihnen entscheidet: Ich sage die Wahrheit, wenn der Wille die Grenzen des Verstandes nicht überschreitet; ich irre mich (oder ich sage zufällig die Wahrheit, was auf das gleiche hinausläuft), weil sich der Wille über die strengen Grenzen der natürlichen Erkenntnis hinauswagt. Letzten Endes hat der Irrtum also keine andere Ursache als den Willen selbst: dieser ist die radikale Geste eines Subjekts, die den Diskurs in die Wahrheit führt oder ihn einen falschen Weg beschreiten läßt. In den Dingen oder in unserer Natur gibt es nichts, das uns zum Irrtum zwingen würde. Der Irrtum ist also nichts durch sich selbst – und ein Beweis dafür ist, daß Descartes, der so häufig »Vorurteile« angreift, niemals versucht, eine Theorie ihrer Struktur zu erarbeiten; sie behindern die Erkenntnis, das ist alles, und deshalb müssen sie beseitigt werden. Der Mangelcharakter des Irrtums stützt sich hier also auf die Distanz zwischen Verstand und Willen und der vom Willen behaupteten Freiheit. Diese Freiheit wird durch nichts gezwungen, und deshalb ist sie im Grunde für das Urteil verantwortlich.

Die Theorie Spinozas ist eine sorgfältige Dekonstruktion dieser Thesen.

Zunächst einmal: Einen Verstand und einen Willen als Vermögen der Seele gibt es nicht. Es sind dies nur »allgemeine Begriffe« (*notiones universales*), durch die wir eine große Zahl von Einzeldingen verbinden, indem wir ihre Unterschiede außer acht lassen. Für diese Begriffe gilt das gleiche wie für den Menschen im allgemeinen. »Aus ähnlichen Ursachen sind ferner die Begriffe entstanden, die man ›allgemeine Begriffe‹ nennt, (...) nämlich weil im menschlichen Körper sich soviel Vorstellungsbilder z. B. von Menschen zugleich bilden, daß sie die Kraft des Vorstellens zwar nicht überhaupt, aber doch in so hohem Grade übersteigen, daß die Seele sich die geringen Unterschiede zwischen den einzelnen (also eines jeden Farbe, Größe usw.) und ihre bestimmte Anzahl nicht vorstellen kann, und sich nur das deutlich vorstellt, worin alle (...) übereinstimmen; (...) und dies drückt die Seele mit dem Wort Mensch aus, und legt es den unendlich vielen Einzelmenschen bei.«[38] Ebenso wie der Mensch sind Wille und Verstand »Vernunftwesen« (*ens rationis*), d. h. Fiktionen: tatsächlich existieren allein Individuen – die Menschen, die Ideen, die Wollungen.

»Woraus dann folgt, daß diese und ähnliche Vermögen entweder rein eingebildet oder doch weiter nichts sind als metaphysische oder allgemeine Wesen, wie wir sie aus den besonderen zu bilden pflegen. Es verhalten sich also hiernach Verstand und Wille zu dieser und jener Idee oder zu dieser und jener Wollung ebenso, wie die Steinheit zu diesem und jenem Stein oder wie der Mensch zu Peter und Paul.«[39]

Aber eigentlich könnte man diesen absoluten Nominalismus noch akzeptieren und den cartesianischen Voluntarismus in seine Sprache übersetzen: Anstatt das Urteil auf den Verstand und den Willen im allgemeinen zu beziehen, würde es genügen, jedes Urteil in eine Vorstellung und eine elementare Affirmation oder Negation zu zerlegen; jedes Wollen wäre nun punktuell und doch nicht weniger grundsätzlich. Genau gegen eine solche Interpretation richten sich die Argumente Spinozas:

a) Die Annahme, daß die Idee ein Wollen benötigt, um sich zu bejahen, bedeutet, sie auf ein stummes, an sich kraftloses Bild zu reduzieren; die allgemeine Notwendigkeit kann jedoch nicht außerhalb eines Modus des Denkens bleiben: es kann keine ruhende Idee existieren. Dies zu glauben hieße, Denken als Malerei begreifen.

b) Der Irrtum tritt notwendigerweise ein. Man stimmt ihm nicht zu: er zwingt sich auf. Wir sehen die Sonne nicht freiwillig auf zweihundert Fuß Entfernung: Die Struktur unseres Körpers ist derart, daß wir sie uns nicht anders vorstellen können.

c) Ebensowenig vertreibt die Idee den Irrtum durch einen Akt unseres Willens: Sie drängt ihn zurück, weil sie stärker ist; sie erobert unsere Zustimmung, wie man eine Zitadelle erobert. In der *Kurzen Abhandlung* wird erklärt, »daß es also niemals wir sind, die etwas von dem Ding bejahen oder verneinen, sondern das Ding selbst ist es, das etwas von sich in uns bejaht oder verneint.«[40]

d) Im übrigen wird die falsche Idee nicht vertrieben, sondern von der wahren Idee *zurückgedrängt*: die sie produzierende Notwendigkeit besteht weiterhin, ihre Wirkung ist immer noch präsent; sie hat nur den Vordergrund der Szene, die von einer mächtigeren Notwendigkeit erobert wurde, verlassen.

Was läßt sich daraus schließen? Einerseits kann die Idee nicht vom Wollen getrennt werden: wenn sie wahr ist, bejaht sie sich selbst und benötigt keine ihr äußerliche Kraft: »Denken wir uns daher eine einzelne Wollung, etwa den Modus des Denkens, durch den die Seele bejaht, daß die drei Winkel des Dreiecks gleich zwei rechten sind. Diese Bejahung schließt den Begriff oder die Idee des Dreiecks in sich, das heißt ohne die Idee des Dreiecks kann sie nicht begriffen werden. (...) Ferner muß diese Idee des Dreiecks eben dieselbe Bejahung in sich schließen, nämlich die Bejahung, daß seine drei Winkel gleich zwei rechten sind. (...) Folglich gehört diese Bejahung (...) zur Wesenheit der Idee des Dreiecks und ist nicht noch etwas anderes neben ihr. Und was wir von dieser Wollung gesagt haben, gilt (...) ebenso von jeder Wollung, nämlich daß sie nichts als die Idee ist.«[41]

Andererseits verdankt das Bild seine Bedeutung nicht einer reinen Illusion, sondern seiner eigenen Produktion. Das Bild ist nicht die einfache Abwesenheit der Idee, ihr Fehlen oder die Erwartung ihrer Präsenz: auch das Bild wird durch die allgemeine Notwendigkeit bestimmt. Deshalb verschwindet es auch nicht, wenn sich die Idee durchgesetzt hat – es gilt nur nicht mehr als adäquate Erkenntnis. Es ist ein Bild, weil es durch die Disposition des Körpers produziert wurde – und weiterhin produziert wird. Zum Irrtum wird es nur, wenn es in eine Leere der Ideen tritt. Entgegen der gesamten klassischen Tradition ist die Falschheit also kein einfacher Mangel an Erkenntnis: sie ist eine Präsenz, die eine verschobene Rolle spielt. »Nun aber kann die Falschheit nicht in einem völligen Mangel bestehen (denn von Seelen und nicht von Körpern sagt man, daß sie irren und sich täuschen) und ebensowenig in völliger Unwissenheit, denn Nichtwissen und Irren ist durchaus nicht dasselbe. Daher besteht sie in dem Mangel an Erkenntnis, den die inadäquate Erkenntnis oder die inadäquaten und verworrenen Ideen in sich schließen.«[42]

Ein Beispiel kann dies verdeutlichen: »Ebenso stellen wir uns, wenn wir die Sonne ansehen, vor, daß sie ungefähr zweihundert Fuß von uns entfernt sei; dieser Irrtum besteht nicht in der Vorstellung für sich allein, sondern darin, daß wir, indem wir uns die Sonne solchergestalt vorstellen, dabei ihre wahre Entfernung und die Ursache dieser Vorstellung nicht wissen. Denn wenn wir auch nachher erkennen, daß sie über 600 Erddurchmesser von uns entfernt ist, so werden wir sie uns nichtsdestoweniger noch immer als nah vorstellen.«[43] Die Sonne der Astronomie hat also die Sonne der Sinne zurückgedrängt, weil sie mehr Kraft als diese besitzt: trotzdem konnte sie sie nicht verschwinden lassen. Indem man die Einheit der Erkenntnis zerbricht, d. h. indem man jeder Erkenntnisgattung eigene Ursachen zuweist, bewirkt man, daß der Irrtum nicht mehr als ein Nichts aufgefaßt wird, sondern erklärt werden kann: das Terrain einer Theorie der Ideologie ist erschlossen.

Zunächst aber muß der physische Unterbau dieser Kräfteverhältnisse analysiert werden. Der Ausgangspunkt ist die Konstitution des Menschen als Modus der Ausdehnung – als Körper – und zugleich als Modus des Denkens – als Geist. Die Wirkungskraft jedes Modus hängt sowohl vom Handeln Gottes als auch vom Handeln der anderen endlichen Modi ab, die zu dem gleichen Attribut gehören: es gibt kein Handeln von einem Attribut zum anderen. Das Problem der Beziehungen zwischen Körper und Geist ist also aufgehoben. Körper und Ideen unterliegen der *gleichen* kausalen Ordnung (der gleichen, weil sich die verschiedenen Attribute in einer einzigen Substanz ausdrücken), oder, wie Spinoza sagt, die Denkkraft entspricht der Wirkungskraft. Je mehr also ein Körper sich bewegen, andere Körper affizieren und von ihnen affiziert werden kann, desto mehr Dinge kann der ihm entsprechende Geist erfassen – ohne daß dabei ein Verhältnis von Ursache und Wirkung eingreift. Später wird man dies als »Parallelismus« bezeichnen. Diese These gilt für jeden Körper (Spinoza gibt der Menschheit kein Privileg), aber einige dieser Körper sind sehr komplex: dies gilt zumal für den Menschen. Er kommt mit zahlreichen anderen Teilen der Natur in Berührung. Was wird dabei in seinem Geist vorgehen?

Meistens wird die der Sache entsprechende Idee keine wirkliche Erkenntnis der Sache, sondern eine Erkenntnis der Beziehung zwischen dem Körper und der Sache ergeben: Da sie die Idee ihrer Begegnung ist, drückt sie diese Begegnung und nicht allein die Natur des betreffenden Gegenstandes aus. Die zweihundert Fuß entfernte Sonne ist die Idee der Begegnung von Sonnenstrahlen und meinem Auge: die Sinne täuschen also nicht. Nur darf man dieses Bild nicht für eine adäquate Idee der Sonne, wie sie ist, halten. Genau dies formulieren der 16. Lehrsatz und seine Folgesätze im 2. Buch:

»Die Idee jeder Art von Affektion, die der menschliche Körper von äußeren Körpern erleidet, muß die Natur des menschlichen Körpers und zugleich auch die Natur des äußeren Körpers in sich schließen.

Beweis: Alle Arten von Affektion, die ein Körper erleidet, folgen (...) aus der Natur des affizierten und zugleich aus der Natur des affizierenden Körpers; ihre Idee muß also (...) notwendig die Natur beider Körper in sich schließen; und folglich schließt die Idee jeder Art von Affektion, die der menschliche Körper von einem äußeren Körper erleidet, die Natur des äußeren Körpers in sich. (...)

Folgesatz 1: Hieraus folgt erstens, daß die menschliche Seele die Natur sehr vieler Körper zusammen mit der Natur ihres eigenen Körpers wahrnimmt.

Folgesatz 2: Es folgt zweitens, daß die Ideen, die wir von äußeren Körpern haben, mehr den Zustand unseres Körpers, als die Natur der äußeren Körper anzeigen.«[44]

Andererseits haben alle Dinge gemeinsame Aspekte: den Raum, die Bewegung, die Ruhe usw. Diese Aspekte wird die Seele auf notwendig adäquate Weise wahrnehmen, »und zwar sowohl insofern sie sich, als insofern sie ihren eigenen oder irgend einen äußeren Körper wahrnimmt«. Hierin liegt also der Beginn einer neuen Kette: Ebenso wie das Vorstellungsvermögen aus den durch die Begegnung von menschlichem Körper und äußeren Dingen produzierten notwendig inadäquaten Ideen eine Reihe von untereinander kohärenten und aufeinander verweisenden inadäquaten Ideen gewann, wird auch der Verstand von »Gemeinbegriffen« (*notiones communes*) ausgehend adäquate Ideen produzieren: die Erkenntnis zweiter Gattung wird durch diese neue Kette begründet. Sie ist ebenso notwendig wie die erste und wie sie in der Komplexität des menschlichen Körpers begründet. Lesen wir den 39. Lehrsatz des 2. Buches: »Was dem menschlichen Körper und einigen äußeren Körpern, von denen der menschliche Körper affiziert zu werden pflegt, gemeinsam und eigentümlich ist, und was gleichermaßen im Teil eines jeden dieser äußeren Körper wie im Ganzen ist, davon wird auch in der Seele eine adäquate Idee sein. Folgesatz: Hieraus folgt, daß die Fähigkeit der Seele mehrerlei adäquat wahrzunehmen um so größer ist, je mehr ihr Körper mit anderen Körpern gemein hat.« Welche Gemeinbegriffe sind dies? Es sind die, die der mathematischen Physik als Grundlage dienen, von der uns Spinoza gesagt hat, daß sie das Menschengeschlecht von der finalistischen Illusion befreit hat, indem sie ihm eine andere Wahrheitsnorm zeigte. Der Diskurs kommt zum Abschluß: Die in Ausdrücken der Notwendigkeit durchgeführte Analyse der Produktion der Erkenntnisse läßt das offen zutage treten, was sie selbst ermöglicht hat. Raum, Ruhe, Bewegung: diese Gemeinbegriffe begründen einen rigorosen Diskurs, der ein Modell jeder theoretischen Strenge ist. Mit der gleichen Sicherheit, mit der der Körper anderen Dingen der Natur begegnet, wird das Vorstellungsvermögen zwar weiterhin inadäquate Ideen produzieren; aber diese Ideen werden nunmehr mit viel stärkeren Ideen kollidieren: den Begriffen des Verstandes.

Wir können jetzt erneut auf jene dem falschen Diskurs zugestandene Konsistenz zu sprechen kommen. Er geht in seinem Gegenteil nicht unter: er hat seine eigenen Produktionsregeln und Regeln überhaupt: er ist mit einer Praxis verbunden, der er notwendig entspricht (er drückt diese Praxis aus, auch wenn sie ihn nicht hervorbringt). Man versteht jetzt, warum Spinoza sein *Anderes* so deutlich beschreiben kann: das Andere ist nichts, das außerhalb seines Textes liegt, und auch kein bequemes Darstellungsmittel – das Denken des Anderen ist im System enthalten. Man denke dagegen einmal an die Haltung Descartes': Er erinnert geringschätzig an seine Vorläufer, ohne sich jedoch die Mühe zu machen, den Inhalt ihrer Diskurse zu analysieren. Ebenso wird Kant verfahren: Im Vorwort zur *Metaphysik der Sitten* wird er sogar behaupten, daß eine Lehre nur dann einen Anspruch auf Wahrheit erheben kann, wenn sie unterschiedslos alles, was ihr vorhergeht, verwirft. Für das gesamte klassische Denken ist die *Geschichte* des Denkens ohne Bedeutung.

Für Spinoza dagegen besitzt sie einen Sinn. Nicht, weil sie ein zu integrierendes Moment darstellt – es gibt keine Macht des Negativen –, sondern weil sie jene zählebige und ständig produzierte Verkettung ist, aus der man sich lösen muß, und um sich aus dieser Kette lösen zu können, muß man sie zunächst freilegen. Notwendigkeit ihrer Produktion, Notwendigkeit ihrer inneren Kohärenz, Notwendigkeit einer Analyse, um sie zu zerstören: Die spinozistische Theorie des Irrtums errichtet gegen die philosophischen Traditionen vor und nach Spinoza diese dreifache Materialität.

Man könnte allenfalls eine Ausnahme nennen: Bachelard. Auch bei ihm ist der Komplex Empfindungen/Bilder der »gewöhnlichen Erkenntnis« etwas anderes als das einfache Gegenteil der wissenschaftlichen Erkenntnis: Die gewöhnliche Erkenntnis hat ihre eigenen Figuren, Grundmuster und ihre eigene substantialistische Mythologie. Vor allem ist sie in den Praxen des Alltagslebens verankert (und unter diesem Gesichtspunkt könnte man sich fragen, ob die Praxis des Laboratoriums nicht das theoretische Äquivalent des Zusammentreffens der Gemeinbegriffe mit dem menschlichen Körper darstellt). Schließlich muß auch sie sorgfältig zerstört werden, nicht mit dem illusorischen Ziel, sie verschwinden zu lassen (sie entsteht unaufhörlich neu, solange das Leben dauert, das sie notwendig reproduziert), sondern um ihr ihre Wirksamkeit als epistemologisches Hindernis zu nehmen. Daher der Rückgriff auf eine *Psychoanalyse der objektiven Erkenntnis*, deren Verfahren eine minutiöse Beschreibung des Anderen der Wissenschaft ist: eine Vorbedingung, um ihre Anziehungskraft zu brechen.

Eine weitere Ausnahme: einige Hinweise von Marx, die von Lenin – z. B. in *Was tun* – weiterentwickelt wurden. Hier findet man den Gegensatz zwischen dem Historischen Materialismus und der spontanen Ideologie des Proletariats, einer Ideologie, die nicht als einfache Abwesenheit der Wissenschaft gedacht wird, sondern eine eigene Kohärenz (die des Reformismus, der eklektischen Illusion, der Lähmung der Widersprüche) und eine materielle Verankerung besitzt: die Klassenherrschaft, die Apparate, die diese durchsetzen, einen gewerkschaftlichen Kampf, der sich diesem Rahmen anpaßt. Auch hier läßt sich eine Theorie der Ideologie nur deshalb erarbeiten, weil man der Ideologie zunächst eine bestimmte Materialität zuerkannt und ihren Bruch mit dem Anderen nicht bloß auf der Ebene des Inhalts abgesteckt hat.

Es mag willkürlich erscheinen, hier den Philosophen der Wirkungskraft, den bolschewistischen Führer und den Epistemologen zu vergleichen. Aber dies ist kein Zufall: Ihre Verbindung ist einfach das Zeichen einer gemeinsamen Verwerfung der herrschenden Ideologie der Erkenntnis. In allen drei Perspektiven werden die Erkenntnisse gedacht, ohne sie auf ein Subjekt zu beziehen: Der Weg, um außerhalb der klassischen Transparenz eine Theorie des falschen Diskurses zu konstruieren, ist damit gebahnt.

5. Begehren, Leidenschaften, Vernunft

Die Akteure sind beschrieben, das Schauspiel kann beginnen. Das Schauspiel, denn im klassischen Zeitalter ist es sicherlich ein Theater, das, noch bevor es einen schwerfälligen experimentellen Apparat gibt, die Stelle der »Psychologie« vertritt. Ein Theater, auf dem sich die Leidenschaften und die Vernunft permanent bekämpfen. Da das eine das Gegenteil des anderen ist, gibt es an diesem Ort zwei symmetrische Entscheidungen: Der Libertin weigert sich, sich den Forderungen der Vernunft zu fügen und wendet sich den Leidenschaften zu; der Moralist oder der Weise beherrscht seine Leidenschaften, um ihre Absichten mit den entgegengesetzten Zielsetzungen der Vernunft zu konfrontieren. Entscheidend ist die Beherrschung: der Triumph der Tugend besteht in der Beschränkung; sie ist das Opfer, das das vernünftige Leben so beschwerlich macht und eben dadurch besonders auszeichnet.

Betrachten wir, wie das Stück bei Descartes gespielt wird. Einmal mehr ist es bei ihm der freie Wille, der die Teilung vornimmt; der freie Wille wählt zwischen dem Weg der Vernunft und dem Weg der Unterwerfung unter den Körper. Denn da für den Autor der *Leidenschaften der Seele* durch die Vermittlung der Zirbeldrüse eine Wirkung der Seele auf den Körper und umgekehrt besteht, wird der Sinn dieser Kausalität die Bereiche abstecken: Man lebt vernünftig, wenn der Geist dem Körper seinen Willen vorschreibt; beherrscht dagegen der Körper den Geist, verfällt man einem Leben der Leidenschaft. Es gibt keinen Mittelweg: eines muß herrschen, das andere muß nachgeben. Natürlich kann der Wille letzten Endes nicht von außen verändert werden; natürlich muß er manchmal abwegige Mittel benutzen, wenn er sich z. B. »Vorstellungen von Dingen« hingibt, »die mit den beabsichtigten Zuständen gewöhnlich verbunden sind, und die denen entgegen sind, die wir beseitigen wollen«. Er ist jedoch unter allen Umständen souverän, und durch ihn könnten die Menschen »eine unbedingte Herrschaft über ihre Leidenschaften gewinnen, wenn nur auf ihre Erziehung und Leitung die nötige Sorgfalt verwendet wird«.[45] Deshalb wird Spinoza in diesem Punkt Descartes mit den Stoikern vergleichen, die »meinten, die Affekte wären von unserem Willen unbedingt abhängig, und wir könnten ihnen unbedingt gebieten«. Descartes habe geglaubt, daß wir imstande sind, »mit jedem Willen jedwede Bewegung der (Zirbel-) Drüse und folglich auch der Lebensgeister (es handelt sich um »Lebensgeister«, die den Körper bewegen, P.-F. M.) zu verbinden, und da die Bestimmung des Willens allein von unserer Gewalt abhängt, so werden wir demnach eine unbedingte Oberherrschaft über unsere Leidenschaften dann erlangen, wenn wir unseren Willen durch gewisse und feste Urteile bestimmen, nach denen wir unsere Handlungen im Leben regeln wollen, und wenn wir mit diesen Urteilen die Bewegungen der Leidenschaften, die wir haben wollen, verbinden«.[46]

Aber entgegen der Meinung Descartes' und der Stoiker hängt die Determination des Willens nicht von unserer Macht ab. In der Theorie der Gefühle und der Moral wird diese Ablehnung wieder auftauchen: Zwischen Vernunft und Leidenschaften kann man nicht freier wählen als zwischen der adäquaten Idee und dem Bild; das eine oder das andere setzt sich durch im Zusammenhang mit einem Kräfteverhältnis. Diese Substituierung der Freiheit durch die Notwendigkeit wird natürlich in Begriffen der Wirkungskraft erfolgen; die Unterscheidung zwischen Vernunft und Leidenschaften wird dadurch nicht aufgehoben, sondern auf die verschiedenen Grade dieser Wirkungskraft bezogen. Die Leidenschaften, die nur inadäquaten Ideen entsprechen, lassen uns nicht unsere größte Wirkungskraft erreichen; nur die Vernunft – das Wesen unseres Geistes, insofern er klar und deutlich begreift – bestimmt uns zu Handlungen, die der Notwendigkeit unserer eigenen Natur folgen.

Welche gemeinsame Tendenz aber realisieren Leidenschaften und Vernunft mehr oder weniger wirksam? Aus der Ontologie des 1. Buches wird deduziert, daß »jedes Ding strebt, soviel an ihm ist, in seinem Sein zu beharren«. Der Geist wird dieses Bestreben weiterführen, ob er nun adäquate Ideen hat oder nicht. Man kann nun die Begierde definieren: »Begierde ist des Menschen Wesenheit selbst, sofern diese begriffen wird als durch jede gegebene Affektion ihrer bestimmt, etwas zu tun. (...) Hier verstehe ich also unter dem Wort Begierde jedes Streben, jeden Drang, jeden Trieb, jede Wollung, die je nach dem verschiedenen Zustand desselben Menschen verschieden und nicht selten einander dergestalt entgegengesetzt sind, daß der Mensch nach verschiedenen Richtungen hingezogen wird und nicht weiß, wohin er sich wenden soll.«[47] Nicht unser freies Urteil läßt uns ein Ziel wählen und es dann unserem Körper aufzwingen. Im Gegenteil, in unserem Geist und unserem Körper gibt es eine notwendige Tendenz zu diesem Ziel hin, und es ist diese Tendenz, die uns dazu determinieren wird, diese Sache gut zu finden: »Aus diesem allen geht nun hervor, daß wir nach nichts streben, nichts wollen, nichts erstreben, noch begehren, weil wir es als gut beurteilen, vielmehr umgekehrt, daß wir etwas darum als gut beurteilen, weil wir danach streben, es wollen, erstreben und begehren.«[48] Nicht der freie Wille, sondern die notwendige Disposition des Körpers und des Geistes führt uns also zum Wollen. Damit ist die klassische Transparenz, das Subjekt, das Herr seiner Determinationen ist, beseitigt. Zwar bin ich mir meiner Begierde bewußt. Aber wenn ich begehren kann, ohne zu wissen, warum ich begehre, so deshalb, weil das Denken zu großen Teilen das, was mir gegenwärtig ist, überschreitet. Oder wenn man eine sehr viel spätere Terminologie vorzieht: Das Psychische ist nicht auf das Bewußte beschränkt.

Nicht zufällig kann man diesen Vergleich ziehen. Wenn die Psychologie vor Freud in einem cartesianischen Rahmen gedacht werden kann, so kann die Psychoanalyse nur in einer spinozistischen Perspektive gedacht werden. Zwischen beiden Lehren gibt es zahlreiche Berührungspunkte, und wie wir sehen werden, wird ihre offensichtliche Nähe durch eine gemeinsame Tiefenposition ermöglicht. Zitieren wir z. B. jene erstaunlichen Texte, in denen die Macht des vom Geist unabhängigen Körpers und die Abwesenheit einer Willenskontrolle bei zahlreichen Handlungen bejaht werden: »Allerdings, was der Körper vermag, hat bisher noch niemand festgestellt, das heißt, noch niemand hat bisher bei der Erfahrung darüber Aufschluß erhalten, was der Körper bloß nach den Gesetzen der Natur, sofern sie nur als körperlich angesehen wird, zu tun vermag, und was er nicht vermag, außer wenn die Seele ihn bestimmt. Denn bisher kennt noch niemand den Bau des Körpers so genau, daß er alle seine Funktionen erklären könnte, davon zu geschweigen, daß man bei den Tieren vieles beobachtet, was die menschliche Sinnesschärfe weit übersteigt, und daß die Nachtwandler im Schlafe vieles tun, woran sie sich im wachen Zustand nicht wagen würden. Woraus zur Genüge hervorgeht, daß der Körper für sich bloß nach den Gesetzen seiner Natur vieles vermag, worüber seine eigene Seele sich wundert. (...)

Nun werden sie aber sagen: ob sie wüßten oder nicht wüßten, durch welche Mittel die Seele den Körper bewegt, jedenfalls machten sie doch die Erfahrung, daß der Körper unregsam wäre, wenn die Seele unfähig wäre, eine Handlung auszudenken. Sodann machten sie die Erfahrung, daß es in der alleinigen Gewalt der Seele stünde, zu reden und zu schweigen und vieles andere zu tun, wovon sie infolgedessen glauben, daß es von dem Beschluß der Seele abhängt.

Was nun das erste anlangt, so frage ich sie, ob die Erfahrung nicht ebenfalls lehrt, daß auch umgekehrt, wenn der Körper unregsam ist, zugleich die Seele unfähig zum Denken ist? Denn solange der Körper im Schlafe ruht, bleibt die Seele mit ihm zugleich im Schlummer und hat nicht, wie im wachen Zustand, das Vermögen, sich etwas auszudenken. (...)

Was ferner den zweiten Punkt anlangt, so würde es ja sicherlich um die Angelegenheiten der Menschen weit besser bestellt sein, wenn es gleichermaßen in des Menschen Gewalt stünde, zu schweigen wie zu reden. Indessen lehrt die Erfahrung genug und übergenug, daß die Menschen nichts so wenig in ihrer Gewalt haben als ihre Zunge, und nichts so wenig vermögen, als ihre Triebe zu bemeistern. Daher ist es gekommen, daß die meisten Menschen glauben, wir täten bloß das freiwillig, wozu wir uns gelinde angetrieben fühlen, weil der Trieb nach solchen Dingen durch die Erinnerung an ein anderes Ding, an das wir häufig zurückdenken, leicht beschwichtigt werden kann; dagegen gänzlich unfreiwillig täten wir das, wozu wir uns von einem großen Affekte angetrieben fühlen, der sich durch die Erinnerung an ein anderes Ding nicht beruhigen läßt. Ja, wenn sie nicht die Erfahrung gemacht hätten, daß wir vieles tun, was wir nachher bereuen, und daß wir oft, wenn entgegengesetzte Affekte uns bedrängen, das Bessere sehen und dem Schlechteren folgen, dann würde sie nichts abhalten, sogar zu glauben, wir täten alles freiwillig. So glaubt das Kind, es erstrebe freiwillig Rache, und der Ängstliche, er wolle freiwillig die Flucht. Imgleichen glaubt der Trunkene, er rede infolge eines freien Beschlusses seiner Seele, was er nachher in nüchternem Zustand lieber verschwiegen haben wollte. So glauben Wahnsinnige, Schwätzerinnen, Knaben und die vielen sonstigen Leute dieses Schlages, infolge eines freien Beschlusses ihrer Seele zu reden, während sie doch bloß dem Drang zu reden, den sie haben, nicht zu widerstehen vermögen.«[49] Die Rede, die auf diese Weise dem Wollen entgeht, wird nicht bedeutungslos: Im Gegenteil, man bereut sie, gerade weil sie einen gefährlichen Sinn einschreibt. Weil sie eine Ursache hat, kann sie begriffen werden, und zwar von denen, die diese Ursache kennen. Aber wer die Rede hält, verfügt über kein Privileg, zu dieser Kausalität zu gelangen: Es gibt kein Subjekt mehr. Diese Suche nach der unbekannten, aber notwendigen Ursache einer sichtbaren Wirkung ist, in der Freudschen Terminologie, die Interpretation. Anna O. kontrolliert ebensowenig diese Wirkungen, die ihre Symptome sind, wie das Kind oder der betrunkene Mann; und alleine hätte sie jenen ursprünglichen Ekel, der sie trotz ihres Durstes das Glas Wasser, das man ihr reichte, zurückweisen ließ, nicht wiedergefunden. In der Perspektive der voluntaristischen Reflexion ist es undenkbar, daß sich in meinen Körper buchstäblich das einschreibt, was ich nicht gewollt habe und das dennoch notwendig ist. Diese Perspektive dominierte jedoch noch im 19. Jahrhundert: Sie erklärt die Widerstände, auf die die entstehende Psychoanalyse traf. Der Bannfluch, mit dem sie belegt wurde, verdoppelt nur den Ausschluß des Spinozismus aus dem Feld des Wissens.

Was Spinoza und Freud in ihrer Analyse der Religion annähert, ist ihre Entdeckung, daß das Begehren nicht auf das Bewußtsein zurückgeführt werden kann: In beiden Fällen bezieht sich der Terminus Illusion zugleich auf die Idee des Irrtums und auf die Idee der Notwendigkeit. Keiner von beiden betrachtet die Illusion als eine bloße Verwirrung: »Die Illusion«, schreibt Freud, »ist nicht dasselbe wie ein Irrtum. (...) Für die Illusion bleibt charakteristisch die Ableitung aus menschlichen Wünschen.«[50] Beide setzen diesem Vorgehen die rigorose Suche nach der Ursache entgegen – weil beide glauben, daß eine Ursache existiert, selbst außerhalb des bewußten Feldes. Und schließlich kann dieser gemeinsame Ausschluß des Zufalls nur deshalb den Zugang zur Kausalität bahnen, weil man zuvor jeden Versuch zurückgewiesen hat, das Wissen im Namen der Unwissenheit abzulehnen – jener letzten Zuflucht des Obskurantismus. Gegen die Theologen erklärt Spinoza: »Ich darf hier auch nicht daran vorübergehen, daß die Anhänger dieser Lehre, die durch Angaben über die Zwecke der Dinge ihren Geist glänzen lassen wollen, um diese ihre Lehre zu begründen ein ganz neues Beweisverfahren aufgebracht haben, nämlich die Zurückführung nicht aufs Unmögliche, sondern auf die Unwissenheit; was denn zeigt, daß sie über kein anderes Beweismittel für diese Lehre verfügten.«[51] Und Freud sagt in nahezu den gleichen Begriffen: »Die Unwissenheit ist die Unwissenheit; kein Recht, etwas zu glauben, leitet sich aus ihr ab.«

Schließlich läßt sich von der spinozistischen Theorie des Urteils als einem Kräfteverhältnis her die Rolle der Kur und ihre Funktionsweise erklären. Die Notwendigkeit des Phänomens Übertragung/Gegenübertragung unterstreicht die Tatsache, daß die Wahrheit, um zu siegen, eine Kraft besitzen muß. Sollen die während der Therapie ans Tageslicht gebrachten Wahrheiten wirklich eine Wirkung haben, müssen sie in einer Beziehung ausgesprochen werden, die das Unbewußte des Analysanden einbezieht. Darin liegt sicherlich ein Unterschied zur These der *Ethik*: Dort besitzt die wahre Idee eine innere Kraft, während für den Freudschen Diskurs die Trennung von Wahrheit und Analytiker unumgänglich ist. Daß man ihn trotzdem nicht entbehren kann, beweist, daß man die analytische Kur ein wenig vorschnell als eine Heilung durch Erkenntnis charakterisiert hat (übrigens wird auch der Spinozismus häufig auf ein »Heil durch die Erkenntnis« reduziert): In beiden Fällen sollte man eher sagen, daß der Erfolg von der *Kraft* der Erkenntnis abhängt.

Diese Annäherung beabsichtigt nicht, über einen möglichen Einfluß Spinozas auf Freud zu spekulieren. Wichtig ist allein, daß die Logik des analytischen Diskurses selbst die Reduktion des Denkens auf das freie Bewußtsein ausschließt, daß er also nicht in einem Raum artikuliert werden kann, der auf diesem freien Bewußtsein beruht: Ebenso wie die spinozistische Wirkungskraft verbietet es der Begriff des Unbewußten und die damit verbundenen Begriffe (Widerstand, Verdrängung usw.), das Subjekt als Herr seiner Determinationen anzusehen. Man kann daher im Bereich der Analyse fast überall Berührungspunkte mit den Thesen der *Ethik* wiederfinden: sie erweitern nur die gemeinsamen Ausgangspositionen.

Kommen wir auf das Begehren zurück. Wenn sich jedes Individuum durch sein Streben nach Sein, d. h. nach Handeln definiert, so kann man in seinen Affektionen solche unterscheiden, die seine Wirkungskraft steigern, und solche, die sie vermindern. Die Tatsache, daß sich bei jeder Affektion des Körpers, d. h. bei jeder Begegnung, in der er durch einen anderen Körper modifiziert wird, die Denkkraft parallel zur Wirkungskraft entwickelt, entspricht einer Steigerung oder Verminderung der Denkkraft unseres Geistes. Die beiden grundsätzlichen Affekte werden also *Freude* und *Trauer* sein. Im weiteren Verlauf des 3. Buches werden die anderen Affekte von diesen elementaren Affektionen ausgehend zusammengesetzt: die Freude, die Trauer und die Begierde selbst. So wird z. B. die Liebe definiert als »Freude, begleitet von der Idee einer äußeren Ursache«, die Hoffnung als »eine unbeständige Freude, die aus der Idee eines zukünftigen oder vergangenen Dinges entspringt, über dessen Ausgang wir in gewisser Hinsicht zweifelhaft sind«, die Unschlüssigkeit der Seele als eine Mischung von zwei ursprünglichen Leidenschaften. (»Wenn wir uns vorstellen, daß ein Ding, das uns in einen Affekt der Trauer zu versetzen pflegt, irgendwelche Ähnlichkeit mit einem anderen Ding hat, das uns in einen gleich großen Affekt der Freude zu versetzen pflegt, dann werden wir es hassen und zugleich lieben.«) Es lassen sich nun allgemeine Sätze formulieren, die das menschliche Verhalten von der Notwendigkeit dieser Gefühle und ihrer Zusammensetzung her denken. Dem gesamten menschlichen Leben, sowohl dem, was man gewöhnlich »gut« nennt, als auch dem, was man als »schlecht« verurteilt, werden in dieser notwendigen Systematik Stellungen zugewiesen. Der Mensch wird nicht mehr als »Staat in einem Staate«, sondern als einer der Herrschaftsbereiche der Notwendigkeit betrachtet: Die Wirkungskraft bleibt weiterhin bestehen. Sie beherrscht die Gefühle und läßt sie überhaupt erst existieren, d. h. ihre notwendigen Konsequenzen produzieren, z. B. Liebe, Haß, Furcht, den Gewissensbiß – und die diese begleitenden Handlungen. In diesem unentwirrbaren Netz von verbundenen Ursachen wird der Mensch, zumindest zu großen Teilen, von außen determiniert. Er ist also nicht frei, weder im cartesianischen (illusorischen) noch im spinozistischen Sinne des Worte: Die ihn bestimmende Notwendigkeit ist nicht, wie bei Gott, nur eine innere Notwendigkeit. Dies hat zwei Konsequenzen: Der Mensch kann seinen Leidenschaften nicht entrinnen, d. h. der Einwirkung der Äußerlichkeit auf ihn. Aber man kann ihm diese Leidenschaften nicht vorwerfen, denn dieser Vorwurf setzt einen freien Willen voraus, entzieht den Menschen also dem allgemeinen Gesetz, das allein ihn seinen Leidenschaften ausliefert. Die traditionelle Moral sägt also den Ast, auf dem sie sitzt, selbst ab: Sie will die menschliche Ohnmacht verurteilen, aber diese Ohnmacht existiert nur durch Notwendigkeit. »Es ist unmöglich, daß der Mensch kein Teil der Natur sei, und daß er bloß solche Veränderungen erleiden könne, die durch seine Natur allein eingesehen werden können und deren adäquate Ursache er ist. (...) Hieraus folgt, daß der Mensch notwendigerweise immer Leidenschaften unterworfen ist, und daß er der gemeinsamen Ordnung der Natur folgt und ihr gehorcht und sich ihr, soweit die Natur der Dinge es verlangt, anpaßt.«[52]

Daß die Leidenschaften damit als Eigenschaften der menschlichen Natur deduziert werden, wird einen Skandal provozieren: bedeutet es doch das Ende der Verantwortlichkeit, auf der Moral und Recht begründet werden. Spinozas Briefpartner Oldenburg wird ihn darauf aufmerksam machen: Wenn alles notwendig ist, gibt es weder Verdienste noch Fehler, weder Belohnungen noch Strafen. »Wenn wir Menschen nämlich in allen unseren Handlungen, moralischen und physischen, so in der Gewalt Gottes sind, wie Ton in der Hand des Töpfers, mit welchem Rechte kann da, frage ich, jemand von uns angeklagt werden, weil er so oder so gehandelt hat, da es ihm doch ganz unmöglich war, anders zu handeln.«[53] Spinozas Antwort ist brutal: »Der Hund, der durch einen Biß toll wird, ist zwar zu entschuldigen und doch wird er mit Recht erstickt.«[54] Eine Antwort, die für die voluntaristische Ideologie noch schonungsloser und unerträglicher ist als die Gefahr, die sie abwehrt (dies beweist die Antwort Oldenburgs: er spricht von »Grausamkeit«...). Denjenigen, die ihm sagen: Durch Ihre Lehre der allgemeinen Notwendigkeit schaffen Sie die freie Entscheidung ab, und damit entziehen Sie Gott und der Gesellschaft das Recht auf Strafe, scheint Spinoza zu entgegnen: Beruhigen Sie sich, auch ich erkenne an, daß man die Macht (d. h. in einem Sprachgebrauch, der nicht der Ihre ist, das Recht) zu töten besitzt; aber verwerfen Sie die Illusion, daß derjenige, den man tötet, es durch seine freie Wahl verdient hat: Er war ebensowenig frei, seinen Leidenschaften zu entrinnen, wie einer Seuche. In einer spinozistischen Gemeinschaft läßt sich eine Rechtsinstitution beibehalten – aber nur, wenn man den Diskurs aufgibt, der sie normalerweise rechtfertigt. Wenn man den, der eine Gefahr darstellt, unterdrückt, so nicht, weil er es »verdient« hat, sondern weil man ihn mit der gleichen Notwendigkeit unterdrücken muß, die er selbst benötigte, um sein »Verbrechen« zu begehen. Diese Präzisierung beruhigt den Verfechter des freien Willens, Oldenburg, selbstverständlich nicht: Was die allgemein verbreitete Illusion in seiner Person beansprucht, ist nicht das der Gesellschaft zuerkannte Recht zu töten – das nimmt sie sich sowieso –, sondern eine Rechtfertigung dieses Rechts. Daß Spinoza die Praxis billigt, aber das zerstört, was diese Praxis normalerweise beschönigt, ist noch erschreckender, als wenn er sich darauf beschränkte, diese gleiche Praxis aus moralischen Gründen zu verurteilen, denn damit bliebe er auf dem gleichen Terrain. Was Oldenburg hier nicht akzeptieren kann, ist im Grunde das, was die Theoretiker des Liberalismus bei Machiavelli für unmoralisch hielten: daß man den Diskurs ihrer Praxis und nicht den ihrer Ideologie hält. Weder Machiavelli noch Spinoza bekämpfen die bürgerliche Gesellschaft, aber sie erklären sie – und dies ist wohl schon zu viel. Die Ideologie des Subjekts benötigt einen Diskurs über den Tod – selbst wenn es ein Diskurs gegen den Tod ist. Undenkbar ist es, daß man ihre Wahrheit ausspricht: den Tod ohne Phrasen.

Ist das Universum der Leidenschaften entworfen, bleibt die heikle Frage ihrer Beziehung zur Vernunft. Wenn die Leidenschaften unabwendbar sind, kann es keine freie Bekehrung zu einem vernünftigen Leben geben: Weise ist nicht der, der weise sein will. Sagen wir es gleich: Die Vernunft stellt sich nicht der Natur entgegen, weder in ihrer Produktion noch in ihren Forderungen.

Ihre Produktion: Die Herrschaft der Leidenschaften unterstellt den Menschen der Knechtschaft, und da er ein wesentlicher Teil der Natur ist, besitzt er kein Mittel, sich von ihr durch eine radikale Trennung zu lösen. Der Ursprung der Vernunft liegt nicht in einem Schritt aus der Natur heraus, sondern in einer natürlichen Produktion. Denn man darf nicht vergessen, daß die zufällige Begegnung der Körper zwar eine Reihe von Bildern produziert, aber auch eine Reihe von Gemeinbegriffen, die am Beginn der Deduktion der Ideen stehen. Mit der gleichen Geste gelangt man auch vom leidenschaftlichen zum vernünftigen Leben: In dem Maße, in dem der Geist beginnt, die Phänomene adäquat zu begreifen, wird er immer weniger der äußeren Kausalität unterworfen; er produziert immer mehr Konsequenzen, die aus seiner eigenen Natur folgen.

Ihre Forderungen: Was schreibt die einmal produzierte Vernunft vor? Wendet sie sich gegen die bisher herrschende Notwendigkeit? Nein, denn dies wäre eine Überschreitung, eine Wirksamkeit der Negation – die durch die gesamte *Ethik* widerlegt wird. Die Vernunft strebt das gleiche an wie die Leidenschaften: Sie ist das Bestreben des Individuums, sich zu erhalten, d. h. neue Wirkungen zu produzieren. Der Nominalismus geht hier im Individualismus auf, in einem Individualismus jedoch, in dem das Individuum kein Subjekt ist. Es wird durch seine Wirkungskraft erklärt, die sich immer mehr zu entfalten sucht. Was jedoch der von den Leidenschaften beherrschte Mensch nur schlecht verwirklichen konnte, weil die äußeren Kräfte ihn daran hinderten, indem sie ihn ihren Zwängen unterwarfen, wird der vernünftige Mensch um so gewisser erreichen, weil er nur seiner eigenen Natur unterworfen ist. Zwischen den beiden Aspekten des menschlichen Lebens existiert also kein Richtungsunterschied, sondern eine Differenz in der Vollkommenheit, d. h. der Wirksamkeit. Der tiefste Grad der Leidenschaft ist also der, in dem man am meisten von äußeren Kräften beherrscht wird, d. h. der Grad, in dem es den Leidenschaften gelingt, das Bestreben des Menschen, sich zu erhalten, vollständig zu zerstören: Der Selbstmord ist keine tugendhafte Handlung – denn man sollte nicht seine eigene Zerstörung wollen. Wie die Beschreibung der Welt der Affekte mit einer Kritik des Voluntarismus der Stoiker begann, so führt die Analyse der Vernunft zur Verurteilung derjenigen Handlung, die diese als letzte Zuflucht der Freiheit betrachteten. Beide Kritiken sind notwendig verbunden: Eben weil die Stoiker, wenn sie dem Menschen einen freien Willen zuschreiben – da sie die Ursachen seiner Handlungen nicht kennen – der Illusion nachgeben, glauben sie, daß er am freiesten ist, wenn er im Gegenteil am meisten beherrscht wird: auch hier verschließen sie ihre Augen vor den notwendigen Ursachen, die ihn zu seiner Zerstörung treiben. Die Vorschriften der Vernunft sind also immer identisch mit den Naturgesetzen des Individuums, und die Tugend kann nur in der Realisierung dieser Gesetze bestehen – und nicht in einer Askese, die das Leben zugunsten eines notwendig äußerlichen Endes verdrängen würde. »Da die Vernunft nichts wider die Natur fordert, so fordert sie demnach, daß jeder sich selber liebe, seinen Nutzen suche, so weit es wahrhaft sein Nutzen ist, und all das erstrebe, was den Menschen wahrhaft zu größerer Vollkommenheit führt; und überhaupt, daß jeder sein Sein, so viel an ihm liegt, zu erhalten strebt.

Dies ist ja so notwendig wahr, wie das Ganze größer ist, als sein Teil (...). Da sodann Tugend (...) nichts anderes ist als nach den Gesetzen der eigenen Natur handeln, und jedermann (...) sein Sein nur nach den Gesetzen seiner eigenen Natur zu erhalten strebt, so folgt daraus:

Erstens, daß die Grundlage der Tugend eben das Streben nach Erhaltung des eigenen Seins ist, und daß das Glück darin besteht, daß der Mensch sein Sein zu erhalten vermag.

Es folgt zweitens, daß die Tugend um ihrer selbst willen zu erstreben ist, und daß es nichts Wertvolleres gibt, und nichts, was nützlicher für uns ist, um dessentwillen sie erstrebt werden müßte.

Drittens endlich folgt, daß die Selbstmörder ohnmächtigen Gemüts sind und den äußeren Ursachen, die sich ihrer Natur entgegensetzen, völlig erliegen.«[55]

6. Die Politik

Gott, der Geist, das Begehren, die Moral: in all diesen Fragen bricht Spinoza offensichtlich mit der herrschenden Einstellung seiner Zeit. Es gibt jedoch einen Punkt, bei dem man versucht sein könnte, eine Übereinstimmung festzustellen: nämlich Spinozas politische Theorie, deren Zentralbegriff das *Naturrecht* ist, d. h. einer der Begriffe des voluntaristischen Raums. Stimmt er hier mit der Analyse überein, die man, mit kleinen Unterschieden, bei Hobbes, Locke und Rousseau findet? Die Frage läßt sich mit den ersten Zeilen eines Briefes an Jarig Jelles beantworten: »In Bezug auf die Politik besteht der Unterschied zwischen mir und Hobbes, nach dem sie fragen, darin, daß ich das Naturrecht immer unverletzt erhalte und der höchsten Obrigkeit in jeder Stadt nur so viel Rechte gegen die Untertanen zugestehe, als dem Maße der Macht, in der sie den Einzelnen übertrifft, entspricht, wie dies im Naturzustande immer Statt hat« (Brief an Jelles vom 2. 6. 1674).

Entscheidend wäre also der Unterschied zwischen dem erhaltenen und dem aufgehobenen Recht. Wie steht es damit bei Hobbes? Er geht vom Naturzustand aus, in dem die Individuen gegenseitig isoliert sind: Jeder handelt nach seinem Naturrecht und verwirklicht all das, was ihm sein Wille und sein Interesse diktieren. Der unerträgliche Charakter dieses Zustands, der wirkliche »Krieg aller gegen alle« ruft die Geburt der Gesellschaft hervor: Jedermann tritt sein ursprüngliches Recht in der Hoffnung ab, dafür Sicherheit zu erhalten. Nur in einer solchen Gesellschaft werden diejenigen Regeln respektiert werden, die es den Menschen erlauben, gemeinsam zu leben: »Wenn es keine sichtbare Gewalt gibt, die ihn (den Menschen) in Zucht hält und ihn durch die Furcht vor Strafe an die Erfüllung seiner Verträge bindet (...) laufen jene Naturgesetze – *Gerechtigkeit, Gleichheit, Bescheidenheit, Barmherzigkeit*, kurz alles, was in dem Satz zusammengefaßt werden könnte: *Handle deinem Mitmenschen gegenüber so, wie du wünschest, daß auch an dir gehan-*

delt werde – unseren natürlichen Trieben zuwider, denn diese führen uns, ohne den Zwang einer höheren Gewalt, zu Parteilichkeit, Stolz, Rachsucht und dergleichen.« Deshalb muß man einen Abtretungsvertrag schließen, um die bürgerliche Gesellschaft zu konstituieren: Nur der »Leviathan« – die Institution, an die man die Macht abgetreten hat – wird sein Naturrecht behalten und damit unbegrenzt seine Macht ausdehnen können: »Der einzige Weg, eine solche allgemeine Gewalt zu schaffen (...), liegt darin, daß alle Macht einem Einzigen übertragen wird – oder aber einer Versammlung, in der durch Abstimmung der Wille aller zu einem gemeinsamen Willen vereinigt wird. Das heißt soviel, wie einen Menschen oder eine Versammlung von Menschen zur Verkörperung ihrer Person zu bestimmen, wobei ein jeder als seine eigenen Handlungen und sich selbst als den Urheber alles dessen anerkennt, was der, der ihre Person derart verkörpert, hinsichtlich des allgemeinen Friedens und der allgemeinen Sicherheit tut oder veranlaßt – und dabei den eigenen Willen und das eigene Urteil seinem Willen und seinem Urteil unterwirft. (...) Jeder Einzelne sagt gleichsam: Ich gebe mein Recht, über mich selbst zu bestimmen, auf und übertrage es diesem anderen Menschen oder dieser Versammlung – unter der alleinigen Bedingung, daß auch du ihm deine Rechte überantwortest und ihn ebenfalls zu seinen Handlungen ermächtigst.«[56]

Bei Spinoza und den Vertretern des Naturrechts, für die Hobbes ein gutes Beispiel ist, ist das Problem das gleiche: Wie kann man ein Gemeinwesen und seine Autorität konstituieren, wenn man das Individuum und seine Kräfte als Ausgangspunkt genommen hat? Die zitierten Texte zeigen sehr gut die gemeinsamen Punkte und die Demarkationslinie zwischen beiden Problemlösungen.

Der wesentliche gemeinsame Punkt ist, daß ein Wesen geschaffen wird, das auf die Individuen Zwang ausübt. Und in beiden Fällen entspricht diese Einrichtung dem wohlverstandenen Interesse der Individuen selbst; denn auch wenn sie ihr, wie bei Hobbes, ihr Recht überlassen müssen, so gewinnen sie doch Frieden und Sicherheit. Auch Spinoza unterstreicht den Vorzug dieses Zusammenschlusses: »Es gibt demnach außerhalb unserer gar vielerlei, was nützlich für uns und darum zu erstreben ist. Und davon ist das denkbar Wertvollste das, was mit unserer Natur gänzlich übereinstimmt. Denn wenn z. B. zwei Individuen von ganz derselben Natur sich miteinander verbinden, so bilden sie ein

Individuum, das doppelt so mächtig ist als jedes einzelne für sich. Für den Menschen ist daher nichts nützlicher als der Mensch; nichts wertvolleres sage ich, können sich die Menschen zur Erhaltung ihres Seins wünschen, als daß alle in allem dergestalt übereinstimmen, daß die Seelen und Körper aller zusammen gleichsam eine einzige Seele und einen einzigen Körper bilden, daß alle zumal, soviel sie können, ihr Sein zu erhalten streben und alle zumal für sich den gemeinsamen Nutzen aller suchen«.[57]

Die Demarkationslinie verläuft ein weiteres Mal zwischen dem Willen und der Notwendigkeit: Sie betrifft die Verfassung des Gemeinwesens nur, weil der Terminus Naturrecht zunächst nicht den gleichen Sinn besitzt. Bei Hobbes, Locke oder Rousseau wird das Naturrecht auf dem Willen als der schöpferischen Kraft des Individuums – bei Hobbes genauer noch als der Fähigkeit zum »Künstlichen« – begründet, d. h. im Grunde auf jener Macht des Menschen, sich in einer ersten Geste den allgemeinen Gesetzen der Natur zu entziehen. Das kann für Spinoza, dessen gesamte Arbeit in der Zerstörung dieser Möglichkeit besteht, nicht zutreffen. Bei ihm erhält das Naturrecht seine Macht nicht aus einem voluntaristischen Akt, sondern aus den Gesetzen der Wirkungskraft: »Jeder existiert nach dem höchsten Recht der Natur, und folglich tut jeder nach dem höchsten Rechte der Natur all das, was aus der Notwendigkeit seiner Natur folgt: nach dem höchsten Rechte der Natur urteilt somit jeder darüber, was gut und was schlecht ist, sorgt jeder für seinen Nutzen nach seinem Sinne.«[58] Man versteht nun den im Brief an Jarig Jelles unterstrichenen Unterschied: Das aus einem Willensakt gewonnene Recht kann durch einen anderen Willensakt aufgehoben werden; das Recht, das eine Form der Notwendigkeit ist, kann nur durch die Zerstörung des Modus, dessen Kraft es ist, aufgehoben werden. Aber wie wir gesehen haben, ist diese Zerstörung nicht an den Willen des Individuums gebunden, sondern an seine Beherrschung durch äußere Kräfte. Es ist dem Individuum also nicht möglich, sein Naturrecht abzutreten, auch nicht an eine Institution, die es schützen kann. Damit wird eine zweite Abgrenzung vollzogen: Im klassischen Naturrecht ist die Verfassung des Gemeinwesens eine wirkliche *Schöpfung*: ein freier Akt der Rechtssubjekte. Diese treten in die bürgerliche Gesellschaft nur ein, weil sie, zumindest stillschweigend, ihren eigenen Vorteil suchen und der Opferung ihrer Individualität zustimmen. Die damit entstandene Gesellschaft erhält ihr Recht nur durch die Rechtssubjekte, oder, anders argumentiert: Man steht vor einer souveränen Gesellschaft; man muß ihre Souveränität erklären und dabei das Prinzip des Individualismus beibehalten. Der Mythos vom Naturzustand und vom Vertrag dient allein dazu, in das Individuum und seinen freien Willen etwas einzuführen, was auf jeden Fall dort wiedergefunden werden muß, weil es bereits vorhanden ist: den Staat und den Zwang, den er ausübt. Der Ursprung ist hier das Ziel. Beides wird an jenem Oszillationspunkt des Subjekts aufgehoben: seinem freien Willen, der dem Subjekt versichert, daß es nur unterdrückt wird, weil es eben unterdrückt werden will.

Bei Spinoza jedoch gibt es keinen Ursprung, weil es kein Ziel gibt. Die Gesellschaft wird in einem notwendigen Prozeß konstituiert, der vom Begehren der Individuen und nicht von ihrem Willen ausgeht – und deshalb können sie in ihm ihre Wirkungskraft bewahren: Einerseits wird der Gesellschaft das Recht zugestanden, »eine gemeinsame Lebensweise vorzuschreiben und Gesetze zu geben, und diese nicht durch die Vernunft, die (...) die Affekte nicht zu hemmen vermag, sondern durch Drohungen zu befestigen«. Die Staatsmacht trägt hier keine Maske: Sie integriert die Bürger durch Gewalt und nicht durch die Verpflichtung ihrer Willen. Zwar werden die Bürger später, wenn sie vernünftig geworden sind, aufgrund dessen, was ihnen die Vernunft befiehlt, in der Gesellschaft bleiben können; man braucht aber keine Vernunft zu besitzen, um sich ihr anzuschließen. Andererseits folgt aus der Erhaltung der Wirkungskraft ganz natürlich auch das Recht, d. h. die Kraft zum Aufstand: wenn der Staat nicht mehr stark genug ist, sein Gesetz durchzusetzen, kann er zerschlagen werden. Welches Versprechen könnte einer solchen Notwendigkeit standhalten?

Deshalb ist Spinoza, trotz der Identität der Worte, tatsächlich sehr weit von den voluntaristischen Lehren des Naturrechts entfernt: Wenn man unbedingt eine Annäherung machen will, so gleicht die Wirkungskraft Spinozas eher der *virtù* Machiavellis; Machiavelli, dessen Name durch den klassischen Diskurs mit Beschimpfungen und Verdrehungen verdeckt wird – und in dem Spinoza nahezu als einziger einen Verteidiger der Freiheit erkannte. Und er konnte es nur deshalb sein, weil er die Illusion verwarf und der Lehre der Theologen widersprach. So endet der Gang des Textes dort, wo er begann: beim Ausschluß der Diskurse, der die Erkenntnis von der Illusion trennt.

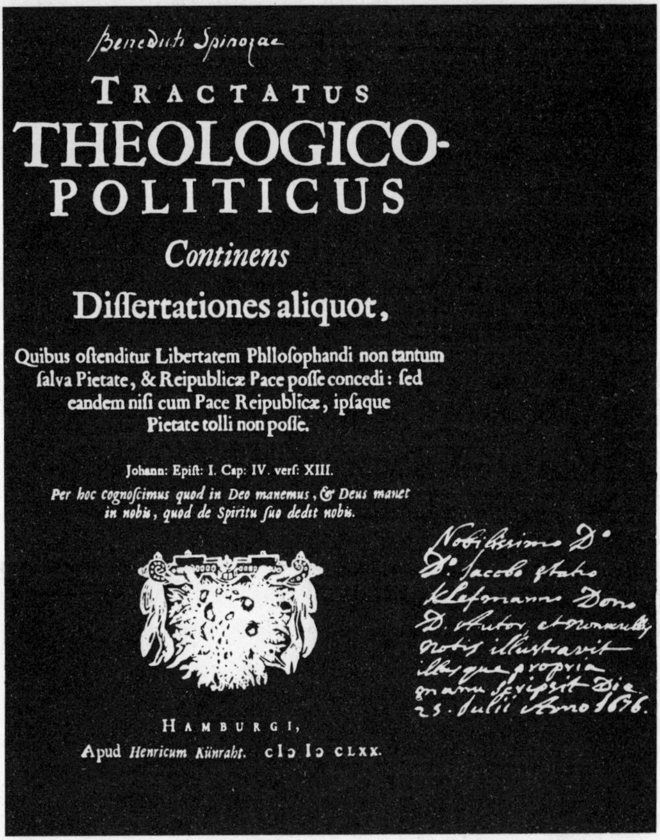
Benedicti Spinozae

TRACTATUS
THEOLOGICO-
POLITICUS
Continens
Dissertationes aliquot,
Quibus ostenditur Libertatem Philosophandi non tantum salva Pietate, & Reipublicæ Pace posse concedi: sed eandem nisi cum Pace Reipublicæ, ipsaque Pietate tolli non posse.

Johann: Epist: I. Cap: IV. vers: XIII.
Per hoc cognoscimus quod in Deo manemus, & Deus manet in nobis, quod de Spiritu suo dedit nobis.

Nobilissimo D°
D°. Jacobo Statio
Klefmanno Dono
D. Autor et eum nonnullis
notis illustravit
illasque propria
manu scripsit Die
25. Julii Anno 1676.

HAMBURGI,
Apud *Henricum Künraht.* CIↃ IↃ CLXX.

Originalausgabe des *Tractatus Theologico-Politicus*

7. Anschlüsse

Ein begrenzter Überblick: tatsächlich haben wir uns weniger für die Ordnung der Erklärungen der *Ethik* als für das interessiert, was diese Ordnung produziert hat und was sie selbst produziert. Was sie produziert hat: Sicher nicht das schreibende Subjekt, Baruch de Spinoza, sondern eine bestimmte Begriffsdisposition, oder genauer, ein aktiver Ausschluß. Was sie selbst produziert: nicht so sehr Theorie, als vielmehr eine bestimmte Art, theoretische Bereiche zu betrachten.

Natürlich hätte man der Strenge der Lehrsätze Schritt für Schritt folgen und ihre Verkettung verifizieren können, um ihre Aussagen zu bestärken und in jedem Punkt das notwendige Zeichen ihrer Exaktheit niederzuschreiben. Ein reizvolles und sicher nützliches Unternehmen, wenn auch nur, um daran zu erinnern, daß die Lehre nur in der rigorosen Einschreibung ihres Buchstabens besteht.

Ein Denken zu verstehen, heißt nämlich zunächst einmal zu untersuchen, womit es dem Druck und den Mißverständnissen, denen es ausgesetzt ist, *widersteht*, und sodann die Kettenglieder zu prüfen, die ihm diese Stärke geben. Man kann eine Philosophie mit einer anderen nur dann wirklich »vergleichen« – was letzten Endes jede Geschichte zu machen versucht –, wenn man diese Etappe nicht ausspart.

Was heißt in der Tat »vergleichen«? *Entweder* geht es darum, genügend Aspekte verschiedener Philosophien zu unterschlagen, um daraufhin eine gemeinsame Grundlage zu entdecken. Eine geläufige – und triste Übung: Es bleiben schließlich nur noch kraftlose Banalitäten übrig. *Oder aber* man versucht, eine Philosophie auf eine andere zu reduzieren, die als ihre Vollendung betrachtet wird, d. h. als die Norm dessen, was ihr vorhergeht. Man betont dann diejenigen Aspekte, die in beiden Denksystemen übereinstimmen, und isoliert sie, indem man sie aus ihrem Zusammenhang herauslöst und die zersplitterten Fragmente nach den Normen einer anderen Regel als der ihren verteilt. Man findet also nur das wieder, was man zu Anfang vorausgesetzt hat. Der Erkenntnisgewinn ist gleich Null.

Solchen Reduktionen gegenüber besteht die erste Verteidigungsmaßnahme darin, die Irreduzibilität der Philosophie Spinozas nachzuweisen. Und sicher rechtfertigt dies weitgehend das Vorhaben, sich in sie zu versenken und von Anfang bis Ende die Ordnung der Erklärungen nachzuzeichnen. Wir haben jedoch einen anderen Weg eingeschlagen: Wir haben von dieser formalen Perfektion Abstand genommen und sind davon ausgegangen, daß sich die Wirksamkeit dieser Ordnung nicht in der Verkettung der Theoreme erschöpft. Außerdem kann man die Begriffe des spinozistischen Raumes mit Begriffen konfrontieren, die die Funktionsweise anderer Räume tragen, um auf diese Weise ihre Irreduzibilität zu zeigen, oder vielmehr das Licht, in das sie jene stellen.

Es handelt sich also in der Tat um einen Vergleich, aber nicht um einen reduzierenden Vergleich, wie er oben kritisiert wurde. Es geht weder darum festzustellen, daß sich Spinoza ebenso wie Descartes auf die Mathematik bezieht, noch darum, hoffnungsvoll anzumerken, daß im Spinozismus der Marxismus bereits ein wenig erscheint. Im Gegenteil, in jener konfliktuellen Tradition, die die Philosophie ausmacht, definiert sich jeder Philosoph nicht durch sich selbst, sondern durch seine *Position* und die Frontlinie, die ihn von dem trennt, dem er sich entgegenstellt. Seine Konsistenz unterstreichen, heißt also, die Fragen zu formulieren, die er notwendigerweise an andere Philosophen gestellt hat. Spinoza ist weder Descartes noch Marx, aber die außergewöhnliche Strenge seiner theoretischen Anordnung erlaubt es uns, Descartes und Marx zu *verarbeiten*.

Im klassischen Zeitalter hat die im 14. Jahrhundert entstandene voluntaristische Weltsicht ihre stärkste Verbreitung gefunden. Sie setzt sich in der Erkenntnistheorie und in der Metaphysik durch, genauer noch, sie zwingt der Metaphysik die Form einer Erkenntnistheorie auf (Descartes); sie organisiert die Grundlagen des Rechts und der Politik (Grotius, Hobbes, Locke, Rousseau); sie bestimmt die Regeln der Aufklärung, und schließlich wird sie den Diskurs der französischen Revolution beherrschen und die Beziehungen der Menschen festlegen, wie sie z. B. in der Erklärung der Menschenrechte theoretisch formuliert sind. Denn man hat nicht immer gedacht, daß die Menschen de jure, wenn nicht sogar de facto frei und gleich geboren werden. Im Altertum und im Mittelalter begriff man ihre natürliche Ungleichheit als die andere Seite der notwendigen Differenzen, die aus dem Gemeinwesen ein organisches Ganzes machen. Trotz dieser Differenzen (und ohne sie abschaffen zu wollen) an eine angeborene Gleichheit zu glauben, ist nur in einem sehr bestimmten, sehr begrenzten Raum denkbar: einem Raum, in dem die Welt ursprünglich in Individuen aufgeteilt ist und in dem diese Individuen *Subjekte* sind.

Ist dieser doppelte Ausgangspunkt einmal gegeben – der Nominalismus, der die Welt vom Individuum her denkt, und der freie Wille, der aus jedem Individuum einen Ursprung macht –, so läßt sich ein kohärentes begriffliches System aufbauen, dessen Existenzformen zwar zahlreiche Variationen annehmen werden, in denen man jedoch immer die Einheit einiger Schlüsselbegriffe wiederfinden wird: Die Spaltung, die den Menschen von der Welt und das Sein vom Sein-Sollen trennt; die Reduktion der objektiven Welt auf ein System von Mitteln; eine bestimmte Konzeption der Kausalität, die im Gegensatz zum freien Willen steht: als rein äußerliche Wirksamkeit, die jeden Gedanken an eine innere Verbindung als unverständlich zurückweist. Es ist natürlich schwer, in einer solchen Perspektive die Totalität zu denken, geschweige denn ihre Einwirkung auf das Individuum. Die Totalität kann nur als schlechte Unendlichkeit, als abstrakte Ansammlung von Individuen begriffen werden: nicht als ihr Tod, sondern als ihre reine Verdopplung.

All diese Voraussetzungen bekämpft Spinoza. Sein gesamter Text kritisiert dieses Sein-Sollen und das, was damit verbunden ist. Wie wir gesehen haben, trifft sich seine Zurückweisung der klassischen Spaltung mit derjenigen Hegels: Gegenüber der politischen Gesellschaft z. B. nehmen beide die gleiche Haltung ein. Für sie geht es darum, das, was ist, rational zu erklären, anstatt vor ihm in die Nostalgie dessen, was war, oder in die Hoffnung auf das, was sein sollte, zu flüchten: Denken ist Denken dessen, was ist. Dennoch bleibt Spinoza auch hier isoliert: Für Hegel entwickelt sich das, was ist, durch die Integration dessen, was es spaltet; letzten Endes überwindet die Totalität die Spaltung nur, indem sie sie aufnimmt. Spinoza aber ist nichts fremder als die »*Aufhebung*«.

Man darf diese zweite Abgrenzung nicht unterschätzen. Wenn die spinozistische »*potentia agendi*« den klassischen Willen ausschließt, so schließt sie sich dafür nicht den Lehren an, die diesen individuellen Willen kritisieren, indem sie ihn in einer Totalität »aufheben«, in der er das ihn Spezifizierende verliert. Von dieser expressiven Kausalität, einem Sich-Ausdrücken, das zur Transparenz führt, grenzt sich Spinoza ebenso entschieden ab wie von der linearen Wirksamkeit. Wie Louis Althusser gezeigt hat, behauptet die Hegelsche Dialektik die Einheit des Ganzen nur, indem sie die Differenzen unterdrückt. Sämtliche Widersprüche verweisen aufeinander wie auf einen einzigen Widerspruch, der mehrfach, unendlich oft wiederaufgegriffen wird. Jedes Moment spiegelt nur das innere Wesen des Ganzen wider und erschöpft sich in dieser Widerspiegelung.

Wenn der römische Geist sich durch den Verlust der für die Griechen typischen inneren Einheit aller Dinge charakterisiert, so wird man diesen Charakterzug in allen Momenten der römischen Geschichte und in allen Institutionen wiederfinden: Die Religion steht nun im Dienste des Staates, während sie früher die griechische Polis belebte; durch ihren künstlichen Charakter steht die Gründung der Stadt Rom durch Romulus im Gegensatz zum Ursprung anderer Völker; der Raub der Sabinerinnen illustriert den den Institutionen zugrundeliegenden Zwang. Ist das Wesen der Totalität also erst einmal erkannt, findet man es als solches in jedem ihrer Teile wieder. Kein Teil kann die Totalität entscheidend modifizieren – während in der *Ethik* der Modus nur Realität besitzt, wenn er eine bestimmte Modifikation der Substanz ist. In der »expressivistischen« Strömung geschieht im Grunde nichts innerhalb eines Prozesses: Alles ist gegeben, und jedes Moment ist nur ein besonderer Gesichtspunkt. Leibniz bemerkt in der *Monadologie*, daß »jede einfache Substanz Beziehungen enthält, welche die Gesamtheit der anderen zum Ausdruck bringen«. Sie ist »infolgedessen ein lebendiger, immerwährender Spiegel des Universums«. Und er fügt hinzu: »Wie eine und dieselbe Stadt, von verschiedenen Seiten betrachtet, immer wieder ganz anders und gleichsam in perspektivischer Vielfalt erscheint, so gibt es auch – zufolge der unendlichen Menge der einfachen Substanzen – gleichsam ebenso viele verschiedene Welten, die jedoch nur die Perspektiven einer einzigen unter den verschiedenen Gesichtspunkten jeder Monade sind.«[59] Wir wollen Hegel nicht mit Leibniz gleichsetzen, aber man muß ihre übereinstimmende Haltung in den

Fragen der Totalität und ihrer kausalen Macht unterstreichen: Trotz aller Differenzen gibt es hier eine Kontinuität der Erklärung, die, anstatt wie die voluntaristische Strömung, das Ganze vom Individuum her zu denken, im Gegenteil das Teil auf das Ganze zurückführt. Nicht weil sie das Teil als eine Illusion betrachtet, sondern weil sie ihm jedes Prinzip der Opazität abspricht, das ihm eigene und spezifische Gesetze geben würde, die im Rahmen der Gesetze des Ganzen wirken, ohne sich jedoch wie ein Bild auf das, was es widerspiegelt, auf diese Gesetze reduzieren zu lassen.

Man sieht also, wie sich während eines langen Zeitraums (und nichts spricht dafür, daß er bereits abgeschlossen ist) zwei theoretische Räume gegenüberstehen: Auf der einen Seite ein Raum, der von den Einzeldingen her denkt, indem er sie durch eine rein äußerliche Verbindung der wirksamen Kausalität verknüpft; und auf der anderen Seite ein Raum, der, auch wenn er das Individuum nicht auf das Ganze reduziert, doch zumindest seine Spezifizität nur als »Gesichtspunkt« des Ganzen denkt. In dieser Auseinandersetzung, die im Hintergrund zahlreicher Polemiken über andere Gegenstände steht, befindet sich die *Ethik* weder auf der einen noch auf der anderen Seite: Zwar kämpft sie für die Zerstörung der Illusion des freien Willens, aber dennoch definiert sie das Individuum (durch seine Kraft). Die rein expressive Kausalität, wie man sie in der Tradition von Böhme bis Hegel findet, ist mit der spinozistischen Verknüpfung von Endlichem und Unendlichem also ebenfalls unvereinbar.

Diese außergewöhnliche Situation bleibt nicht ohne Konsequenzen. Wenn auch die liberale/voluntaristische Ideologie noch weitgehend unseren theoretischen (und praktischen: das *Bürgerliche Gesetzbuch*) Horizont bestimmt, so sind dennoch Disziplinen entstanden, die ihre Stärke erschüttern. Aber die Versuchung ist groß, innerhalb dieser Diskurse die Karte der expressiven Kausalität gegen den Individualismus und die linearen Relationen des klassischen Denkens auszuspielen. Die Geschichte des Marxismus kann dafür als Beispiel dienen, vorausgesetzt man versucht, die Logik der in seinem Innern einander gegenüberstehenden vielfältigen Interpretationen zu ermessen. So könnte man darin einerseits einen voluntaristischen Erklärungsstil finden, der – im Innern des Historischen Materialismus selbst – nahezu eine gewaltsame Rückkehr des liberalen und individualistischen Erbes bedeutet. Man würde darin aber auch eine gegen diese erste Abweichung gerichtete andere Methode der Analyse finden, die auf hegelianische Weise in Begriffen des Sich-Ausdrückens denkt. Dies ist nur eine sehr allgemeine Charakterisierung, die sehr verschiedene Interpretationen umfassen kann, die nicht unbedingt explizit auf Hegelsche Begriffe zurückgreifen. Das expressive Denken selbst aber setzt sich durch und unterminiert die Erklärung. Besonders folgenreich wird dies, sobald es darum geht, die Ideologie und ihre Beziehung zum gesellschaftlichen Ganzen zu analysieren. In einem berühmten Text, dem »Vorwort« zur *Kritik der Politischen Ökonomie*, spricht Marx von einer Verbindung zwischen zwei »Ebenen« der Gesellschaft: Das gesellschaftliche Sein bestimmt das Bewußtsein. Man kann nun sehr leicht – unter dem Vorwand dieser Determination durch die Politik oder die Ökonomie – in den Ideen nur deren einfache Umschrift erblicken. Man wird dann in der »Basis« und im »Bewußtsein« dieselbe Struktur entdecken, eine nahezu vollständige Wiederholung. Die Weltanschauung ist dann der Gesellschaft gegenüber redundant. Man wird kaum noch erkennen können, worin der Unterschied zwischen dieser in mehreren Regionen identisch präsenten Struktur und dem Geist einer Epoche oder dem inneren Wesen des Ganzen der spekulativen Philosophie besteht. Die einzige Nuance läge darin, daß man für diese Struktur die Ökonomie als »ursprünglichen« Ort bestimmt. Da man jedoch nicht sagt, worin sie sich spezifiziert, impliziert diese Behauptung eine *petitio principii*. Ob man es will oder nicht: Solange man nicht die relative Wirksamkeit jeder Instanz innerhalb des Ganzen bestimmt, steht man im Gegensatz zu Marx, auch wenn man die gleichen Worte benutzt wie er.

Als Beispiel für diese Methode mag die Art und Weise dienen, in der Lucien Goldmann in *Der verborgene Gott* die tragische Weltanschauung der Jansenisten analysiert, deren Ursprung in der Situation der französischen Parlamentsmitglieder des 17. Jahrhunderts gesehen und deren Entwicklung im Werk von Pascal und Racine dargelegt wird. Sicherlich besitzt diese Form der Analyse einen immensen Vorteil: Die Konstanten einer Ideologie auf die Konstanten einer Basis zu beziehen, erlaubt, dem Nominalismus der Ideengeschichte zu entgehen. Sobald man erkannt hat, daß zwischen verschiedenen Denkern etwas anderes als eine mechanische Verbindung besteht, ist man davon befreit, sich dem sterilen Spiel der Suche nach »Einflüssen« zu widmen. Da die verschiedenen Realisationen einer Ideologie eine einzige Gestalt veranschaulichen, gewinnen sie eine gemeinsame Konsistenz. Aber der Individualismus wird nur um den Preis des Verschwindens des Individuums überschritten. Wenn man, anstatt zu sagen, daß Pascal Racine beeinflußt hat, nämlich behauptet, daß beide in ihrer Weltanschauung die Situation des Amtsadels ausdrücken, so hat man damit zwar die rein lineare Kausalität ausgeschaltet – jedoch um den Preis einer merkwürdigen Regression. Von nun an kann man die Unterschiede zwischen beiden Autoren nur noch illustrativ analysieren: Der Zugang vom einen zum anderen ist durch die Transparenz versperrt. Wenn alles nur noch das gleiche Wesen entfaltet, gibt es keine Konjunktur: Überall läßt sich das gleiche Prinzip unmittelbar erkennen. Man erfaßt das Ganze nur, weil man seine Teile darin auflöst.

Das einzige Mittel, den Thesen des Historischen Materialismus nicht ihren Sinn zu nehmen, besteht offenbar darin, jeder Instanz eine eigene Wirksamkeit zuzugestehen – auch wenn man, um nicht in den Eklektizismus zu verfallen, die Wirkung der Totalität dabei beibehalten muß. Man muß also ein System mit doppelter Kausalität konstruieren. Das Modell dieses Systems findet man bei Spinoza: In der *Ethik* gibt es in der Tat zwei Determinationsordnungen für einen einzigen endlichen Modus. Einerseits die immanente Kausalität Gottes, d. h. die *natura naturans*, ohne die es keine Wirkungskraft geben könnte; andererseits die lineare Kausalität der endlichen Modi untereinander: Um existieren zu können, benötigt jeder einzelne Modus zugleich das Ganze und die anderen transformierten Formen dieses Ganzen. Diese komplexe Struktur entspricht offenbar der tatsächlichen Praxis von Marx. Zum Beispiel analysiert er in den Artikeln über den Sezessionskrieg nicht nur die ökonomischen Interessen der Südstaaten, sondern auch die Art und Weise, in der die englische Presse – oder ein Teil dieser Presse – diese Interessen verteidigt; sie verteidigt sie, weil sie zugleich eine Beziehung zu ihnen hat und weil sie eine bestimmte Wirkung besitzt, die diese Interessen benötigen; anders gesagt, sie ist kein reines Sprachrohr. Um ein Phänomen zu situieren, werden hier also zwei Ursachen miteinander »montiert«. Marx gibt uns keine Theorie dieser Montage – daher unser Interesse für Spinoza, als dem Anderen von Descartes und Leibniz: Er könnte vielleicht das systematisieren helfen, was in den Texten des Historischen Materialismus wirksam ist.

Man kann trotzdem nicht leugnen, daß eine direkte »Anwendung« unmöglich ist. Bevor die Begriffe in diese Problematik eingehen können, müssen sie neu bearbeitet werden. Aber entscheidend ist, daß der theoretische Raum des Spinozismus in dieser Richtung Wege bahnt, daß er *Wirkungen* besitzt: Er deckt die Voraussetzungen auf, mit denen wir heute noch weitgehend leben; er macht noch deutlicher, was diese Voraussetzungen umstürzt – dies zeigt am besten seine Lebendigkeit. Die heutige Lektüre Spinozas ist nicht der Historiographie, sondern der Theorie unterstellt, d. h. der Politik.

Dort ist seine Wirkungskraft am größten.

8. Das philosophische Feld

Es ist üblich, einen Autor zu präsentieren, indem man die Urteile anführt, die über ihn in Umlauf sind, oder auch, die er über andere in Umlauf gebracht hat. Man hofft auf diese Weise, seine Rolle in der Ideengeschichte aufzuklären, vielleicht sogar in der Geschichte überhaupt. Man muß wohl einräumen, daß es sich dabei um ein zweideutiges Verfahren handelt, und das um so mehr, je weniger man seine Gründe erläutert, so als verstünden sie sich von selbst. Welches ist der Ort dieser Erwähnungen? Führt man sie als Meinungen oder als Erkenntnisse an? Die Aufstellung birgt stets das Risiko einer pointillistischen Konzeption in sich, für die sich die Analyse einer Theorie darauf beschränkt, den Einfluß eines Individuums auf ein anderes zu ermitteln. Auf diese Weise aber reduziert man die Gemeinsamkeit auf eine Übereignung. Genauer, man betrachtet den Diskurs als Eigentum eines Subjekts und glaubt, daß er Verträgen oder Erbgesetzen unterworfen ist, die es einen hinnehmen lassen, sich einem Einfluß zu öffnen oder sich ihm zu verweigern oder sich für ihn nur unter dem Vorbehalt der Prüfung empfänglich zu zeigen. Alles ereignet sich auf der Oberfläche, jeder kann Rechenschaft darüber ablegen, was er einem anderen schuldet, und es ist nicht nötig, die Urteile zu diskutieren, damit sie einleuchten. Schlimmstenfalls wird man in ihnen das Zeugnis der Wirkung eines großen Mannes auf einen anderen sehen – an einem Himmel, an dem alles, was aufgestiegen ist, sich mühelos gegenseitig durchdringt.

Das ist allerdings kein Grund, um dieses Verfahren ein für allemal abzulehnen; es genügt, seine Reichweite zu präzisieren, die unterschiedlich ist, z. B. je nach den Quellen der Erwähnungen.

Wenn man die Geschichte der Ideen nicht als eine Abfolge individueller und irreduzibler Problematiken betrachtet, sondern als ein Feld, auf dem sich bestimmte theoretische Räume gegenüberstehen, so kann man darin geradezu eine *Anordnung der Kräfte* feststellen, die etwas ganz anderes ist als die Haltung eines Autors gegenüber einem anderen: Für diese unsichtbare Anordnung können dann Zitate Indizien sein, und insofern ist ihr Gebrauch gerechtfertigt. Auch muß man hinzufügen, daß solche Urteile gleichermaßen die Geschichtskonzeption dessen ausdrücken, der sie gibt, wie die Situation, in die sich seine Differenz zu denen, die er beurteilt, einschreibt: Diese Tiefengeschichte ist nicht immer direkt an der Oberfläche der Texte zu lesen, und bestimmte theoretische Anordnungen ermöglichen besser als andere ein klares Urteil. Zwei Bedingungen zumindest müssen dafür erfüllt sein: eine Konzeption des theoretischen Kampfes, die eher auf die Wurzeln der ausgedrückten Positionen als auf deren individuelle Formulierungen zielt; und eine gewisse Vorsicht gegenüber der allzu unmittelbaren Gegenwart und der empirischen Geschichte. Wir haben gesehen, daß der spinozistische Diskurs die erste dieser Bedingungen weitgehend erfüllt; in bezug auf die zweite Bedingung muß seine Beziehung zur Geschichte hinterfragt werden.

Spinoza und die Geschichte... es wäre etwa voreilig zu glauben, daß sie abwesend ist. Zwar verhindert die Unterscheidung von Ewigkeit (als einem »Vernunftwesen«) und Dauer einen bestimmten Rückgriff auf die unmittelbare Chronologie: Aber gerade dieser Rückgriff auf den linearen Ablauf der Zeit begründet die empirische Geschichtsschreibung, so daß diese ihn ständig wiederholt. In der Tat gibt es also bei Spinoza eine abwesende – und zwar notwendig abwesende – Geschichte: die Geschichte des Details und der Akzidenz, der linearen Kontinuität und der sie tragenden Illusion. Aber welchen Status hat die Vergangenheit? Einerseits verleiht sie den Tatsachen, die sie enthält, keine autoritative Kraft (dies zu glauben hieße, dem Vorstellungsvermögen nachzugeben); andererseits hat sie trotzdem einen Inhalt, und die Tatsachen, die die Geschichte aufweist, belegen die Kraft dieses Inhalts. Natürlich kann dieser Inhalt auch für sich selbst dargestellt werden – genau dies geschieht in der *Ethik* (mit nur einer Ausnahme, auf die wir noch eingehen werden); aber er kann auch im Zusammenhang mit einer historischen Polemik dargestellt werden, und in diesem Fall gewinnen die Gegensätze der Vergangenheit eine Bedeutung, weil die Analyse nun den Kampf zwischen Verstand und Vorstellungsvermögen deutlich werden läßt.

Auch hier noch ist es lehrreich, die Texte Spinozas mit denen Descartes' zu vergleichen: Bei beiden finden wir die gleiche Ablehnung sowohl der Kraft der Zeit und der auf ihr begründeten Autorität als auch des Vorurteils. Aber bei Descartes besetzt diese Ablehnung den gesamten Schauplatz: Nahezu jede Illusion wird mit der Wirkung der Zeit auf das Subjekt verbunden; das Vorurteil kommt entweder von den antiken Vorfahren oder aus der Kindheit. Die Geschichte der Ideen kann hier nur schlichte Ablehnung sein, eine Geste, die alle früheren Diskussionen ins Nichts verweist, indem man ihre Unfruchtbarkeit aufzeigt und sie durch eine radikale Neuerung ersetzt. Der erste Artikel der *Leidenschaften der Seele* macht dies deutlich: »Nichts zeigt besser, wie mangelhaft die von den Alten auf uns gekommenen Wissenschaften sind, als deren Schriften über die Leidenschaften. Obgleich es sich dabei nämlich um einen Gegenstand handelt, dessen Kenntnis immer sehr geschätzt worden ist, und der nicht schwer scheint, da jeder diese Leidenschaften in sich selbst fühlt und deshalb die Beobachtung nicht von anderen zu entnehmen braucht, um ihre Natur zu erfassen, so ist doch das von den Alten hierüber Gelehrte so unbedeutend und meist so wenig glaubwürdig, daß ich nur dann hoffen kann, mich der Wahrheit zu nähern, wenn ich die von ihnen betretenen Wege verlasse.« Bei Spinoza dagegen besitzt die Vergangenheit eine Kohärenz: Die Geschichte der Ideen wird als ein Spiel von Gegensätzen verstanden, und jedesmal wird einer der Gegensätze von einer bestimmten Kraft durchdrungen: der Kraft der Wissenschaft.

Wir haben bereits auf die von Spinoza analysierte Beziehung zwischen ihm selbst und dem voluntaristischen Denken verwiesen. In seinen Stellungnahmen zu den antiken Vorfahren und zu Machiavelli werden wir diese Beziehung wiederfinden.

1. Getreu dem weiter oben angegebenen Prinzip bemühte sich Descartes, die verschiedenen Strömungen der antiken Philosophie en bloc zurückzuweisen: Der Widerspruch zwischen Aristoteles und Demokrit schien ihm buchstäblich unbedeutend. In § 202 des Vierten Teils der *Prinzipien* erklärt er: »Meine Prinzipien sind von denen Demokrits ebensoweit entfernt, wie von denen des Aristoteles oder anderer«; und er zeigt dies, indem er behauptet, daß die Annahme von Größe, Gestalt und Bewegung allein keinen hinreichenden Berührungspunkt bilde, was im übrigen jedermann zugestehe – daß sie also keine *Demarkationslinie* darstelle: »Und weil sowohl Aristoteles und alle anderen, als auch Demokrit, von dem ich alles verwerfe, was er darüber hinaus noch vorausgesetzt hat, ebenso wie ich ganz allgemein alles verwerfe, was die anderen vorausgesetzt haben, Größe Gestalt und Bewegung angenommen haben, ist es offensichtlich, daß diese Art der Philosophie nicht mehr Ähnlichkeit mit der Philosophie Demokrits als mit der aller anderen besonderen Sekten besitzt.«* Es gibt also möglicherweise Differenzen zwischen Demokrit und Aristoteles, aber da es Differenzen innerhalb des Irrtums sind, können sie kein Anzeichen für eine Aufspaltung der Geschichte sein: Ihre Mannigfaltigkeit (»besondere Sekten«) wird en bloc der Einheit des Wahren und der alle umfassenden Ablehnung gegenübergestellt (»ich verwerfe ganz allgemein«).

Aber es gibt zumindest einen Text, in dem Spinoza vor dem gleichen Gegensatz steht, und er entdeckt hier die Bedeutung eines Kampfes, den Descartes unterschlägt. Das Thema ist interessant, weil es einer der Punkte sein wird, den der Rationalismus (besonders des 18. Jahrhunderts) bekämpft: der Aberglaube. In mehreren Briefen verteidigt Hugo Boxel hartnäckig die Existenz von Gespenstern; nachdem ihn Spinoza mehrfach widerlegt, verschanzt er sich schließlich hinter der Tatsache, daß »alle Philosophen alter und neuer Zeit überzeugt sind, daß es Geister gibt«, und er zitiert neben anderen die Platoniker und die Peripatetiker. Spinozas Antwort: »Die Autorität des Plato, Aristoteles und Sokrates gilt bei mir nicht viel. Ich hätte mich gewundert, wenn Sie Epikur, Demokrit, Lucretius oder einen Atomisten oder Anhänger des Atomismus angeführt hätten. Es wäre nicht wunderbar, wenn die Leute, die verborgene Qualitäten, absichtsvolle Arten, substantiale Formen und tausend andre Hirngespinste ersonnen haben, auch Gespenster und Schatten sich ausgedacht und alten Weibern Glauben geschenkt hätten, um die Autorität des Demokrit zu schwächen, auf dessen Ruhm sie so neidisch waren, daß sie alle seine Bücher, die er mit so viel Beifall herausgegeben hatte, verbrannten.« Es gibt also gute und schlechte »Vorfahren« – und die »guten« sind die Materialisten, jene, in denen Marx die ersten Denker der Aufklärung erkennen wird.

Das hier formulierte doppelte Urteil hat also einen Wert. Weil es

* Dieses Zitat mußte direkt aus dem Französischen übersetzt werden, da die deutsche Übersetzung der *Prinzipien* im Gegensatz zur französischen Ausgabe diesen Passus – eine »eigenhändige Korrektur und Ergänzung Descartes'« – nicht enthält. (A. d. Ü.)

doppelt ist: die Zeit bestätigt nicht, aber sie läßt auch nicht veralten. Jenseits der Chronologie wird sie, gestern wie heute, von einem Kampf zweier Tendenzen durchzogen; und es ist dieser Kampf selbst, der die weitere Geschichte erklärt: die fortgesetzte Geste der Verneinung, der die Materialisten der Antike zum Opfer fallen. Dieser Eliminierungsversuch erinnert an jenen anderen, den Spinoza den Helfershelfern der Tyrannen in ihrem Kampf gegen die Vernunft vorwirft; beide Kämpfe haben die gleiche Bedeutung: Jeweils eine der beiden Tendenzen gibt dem Vorstellungsvermögen nach (in demselben Brief an Boxel heißt es: »Was Gespenster und Schatten anlangt, so ist mir bisher noch keine verstandesgemäße Eigenschaft von ihnen zu Ohren gekommen, sondern bloß Phantasien, die niemand begreifen kann«), während die andere Tendenz die Vernunft verkörpert. Wie vollzieht sich diese Teilung? Den Materialisten wird ihr Atomismus gutgeschrieben – d. h. der doppelte Bezug zu den Einzelindividuen und zur Notwendigkeit, d. h. der Ausschluß des Finalismus und auch des Willens. Spinoza versucht zwar nicht, sich in ihnen vollständig wiederzufinden, aber er entdeckt die gleiche allgemeine Tendenz. Dabei ist es unwichtig, daß es im Atomismus keinen Rückgriff auf die Mathematik gibt. Weniger sein System als der dahinterstehende Geist ließ ihn zum Angriffspunkt werden, und gerade dies rettet ihn in den Augen Spinozas.

2. Man kann sich davon überzeugen, daß die Demarkationslinie auf der Ebene der Prinzipien verläuft, wenn man den Beginn des 5. Buches der *Ethik* über die Stoiker liest. Nachdem Spinoza daran erinnert hat, daß wir unsere Affekte nicht vollständig beherrschen, fährt er fort: »Die Stoiker freilich meinten, die Affekte wären von unserem Willen unbedingt abhängig, und wir könnten ihnen unbedingt gebieten. Indessen der Widerspruch der Erfahrung, keineswegs etwa ihre Prinzipien, zwang sie, wenigstens zuzugestehen, daß zur Hemmung und Bemeisterung der Affekte eine nicht geringe Übung und Mühe erforderlich sei.« Der gegen die theoretische Basis der Stoiker (und nicht gegen die in Verbindung mit etwas anderem daraus abgeleiteten Problematiken – hier empirisch als der »Widerspruch der Erfahrung« gekennzeichnet) erhobene Vorwurf erhellt indirekt das Lob der Materialisten: Einmal mehr werden die Tendenzen am besten durch die Illusion des freien Willens oder aber durch dessen Verwerfung gekennzeichnet.

3. Im Anhang des 1. Buches wird behauptet, daß ohne die Mathematik die Wahrheit dem menschlichen Geschlecht auf immer verborgen geblieben wäre: Weil sie sich mit der Wesenheit und den Eigenschaften von Figuren – und nicht mit deren Zwecken – beschäftigt, hat sie der Erkenntnis den Weg gewiesen. Im folgenden Satz wird hinzugefügt: »Und neben der Mathematik könnten noch andere Ursachen bezeichnet werden (sie hier aufzuzählen ist überflüssig), die es ermöglichten, daß die Menschen sich über diese gemeinen Vorurteile klar wurden und zur wahren Erkenntnis der Dinge gelangten.« Welches sind diese anderen Ursachen? Sie verweisen auf eine Irruption im Wissen, die der durch die Mathematik produzierten Irruptionen analog ist. Und wenn es überflüssig ist, sie an dieser Stelle aufzuzählen, so findet man sie vielleicht woanders: Zu Beginn der *Abhandlung vom Staate* formuliert Spinoza die wahre Methode, die Gesellschaft zu untersuchen: »Ich wollte nur das mit der Praxis am meisten Übereinstimmende auf sichere und unanfechtbare Weise darstellen oder es aus der Beschaffenheit der menschlichen Natur selbst herleiten.« (1. Kap., § 4) Kurz vorher hat er die Analysen betrachtet, die der seinen vorhergingen und einmal mehr zwei Tendenzen unterschieden. Einerseits die »Philosophen«, deren Irrtum sich im Grunde auf den Glauben an den freien Willen zurückführen läßt, denn dieser ist es, der sie dazu treibt, Satiren oder Utopien zu entwerfen, d. h. den Menschen so zu betrachten, wie er sein sollte, und nicht so, wie er ist. Andererseits die Männer mit politischer Erfahrung, die diese Erfahrung gelehrt hat, »daß es keine Menschen ohne Fehler gibt« – was tatsächlich bedeutet, daß die angeblichen Fehler unumgängliche Konsequenzen der natürlichen Notwendigkeit sind. Über diese Staatsmänner (und er scheint vor allem an Machiavelli zu denken) schreibt Spinoza: »Zweifellos aber haben gerade die Staatsmänner viel treffender über Staatslehre geschrieben als die Philosophen, denn weil sie die Erfahrung zur Lehrmeisterin hatten, haben sie nichts gelehrt, was mit der Praxis nicht im Einklang gestanden wäre.« Der einzige Einwand, den man gegen ihre Methode erheben könnte, ist keiner: Er besteht darin, ihren Widerspruch gegenüber den Theologen zu unterstreichen. Anscheinend denkt Spinoza am Ende des Anhangs zum 1. Buch also an diese ersten wissenschaftlichen Analysen der Politik: Und tatsächlich finden sich bei Machiavelli die gleichen Eigenschaften, die Spinoza der Mathematik zuschreibt: die Verachtung oder vielmehr Unkenntnis der Zwecke, eine reale Analyse der Eigenschaften der Dinge, eine Theorie der Individuen, die auf der Macht und nicht auf einer juristischen Gleichheit begründet ist. Auch hier ist also die Anordnung der Kräfte eindeutig: Plato gegen Demokrit, die Theologen gegen Machiavelli, die Illusion des freien Willens gegen eine Philosophie der Notwendigkeit und der Wirkungskraft. Seine eigene Position ermöglicht Spinoza diese strategische Klarheit.

Insoweit ist Spinozas Haltung gegenüber seinen Vorläufern oder Zeitgenossen also nicht ganz unwichtig: Da die bloße Chronologie zurückgewiesen wird, werden die angegebenen Positionen in der Entwicklung der Lehre selbst aufgezeigt. Die historische Streuung der Ideen wird im eindeutigen Rahmen einer entscheidenden Divergenz geordnet: derjenigen der Illusion des Willens.

Auch die Urteile der anderen über Spinoza sind aufschlußreich, nicht nur in ihrer Wahrheit, sondern sogar in ihrem Verkennen: Dieses Verkennen verweist auf die Anordnung der Stellungen; das Urteil markiert die Distanz zwischen dem Urteilenden und dem Beurteilten. In der Unterschiedlichkeit der Urteile läßt sich jedesmal begreifen, was je nach der eingenommenen Position akzeptiert, bekämpft oder umgangen werden muß. Tatsächlich ist ein Widersinn nicht nur ein Irrtum: In der Beharrlichkeit eines Umweges und eines Vergessens zeigen sich die großen Achsen einer *theoretischen* Geschichte; in der Aufeinanderfolge der Ideen, bzw. *unter* dieser Aufeinanderfolge liegt etwas ganz anderes als die unendliche Aufsplitterung der Meinungen – allerdings etwas, das die Ideengeschichte häufig verdeckt. Die theoretischen Verhältnisse, in die die Menschen eintreten, sind weder mit bloßem Auge sichtbar, noch sind sie weniger notwendig als die anderen (ökonomischen, politischen usw.) Verhältnisse. Einer der eindeutigsten Beweise für ihre Konsistenz besteht in der Notwendigkeit, mit der die gegenseitige Lektüre der Philosophen eher eine Brechung als eine Widerspiegelung hervorbringt: Die Gesetze, die die Meinungen bestimmen, umreißen nicht nur bestimmte theoretische Räume, sondern zwingen auch denen, die das aufzugreifen glauben, was aus anderen Räumen stammt, Regeln auf. Bekanntlich ändert ein Lichtstrahl, wenn er durch eine Oberfläche hindurchgeht, die zwei verschiedene durchsichtige Elemente trennt, plötzlich seine Richtung. Diese Veränderung ist vorhersehbar und nicht Wirkung eines Zufalls: Sie hängt von der *Brechungszahl* des Elements ab, in das er eindringt, und zwar in bezug auf das

Element, aus dem er kommt. Der Strahl wird nicht auf die gleiche Weise abgelenkt, wenn er, aus der Luft kommend, durch Wasser oder durch Glas dringt. Andererseits wird er jedesmal, wenn er auf Glas trifft, auf die gleiche Weise abgelenkt. Man kann sagen, daß dies eine optische Täuschung ist – allerdings eine notwendige und berechenbare Täuschung. Das gleiche geschieht in theoretischen Räumen: Was eine bestimmte Form der Rationalität innerhalb ihrer Grenzen nicht erfassen kann, bricht sie; eine These, die in einer bestimmten Problematik produziert wurde, wird manchmal – oft unmerklich – wieder aufgegriffen, aber meistens unterliegt sie einer Richtungsänderung, die sie den Fragestellungen und der Ausrichtung des Feldes, in das sie übersetzt wird, anpaßt.

Wir haben zu zeigen versucht, daß im klassischen Zeitalter, und auch noch später, zwei große Typen von Diskursen unterschieden werden können, gegen die sich in einer einzigen Geste das Denksystem der *Ethik* wendet. Einerseits der Raum der Wirksamkeit, andererseits der Raum des Ausdrucks. Diese Teilung ist außerordentlich schematisch. Tatsächlich ordnet sich die konkrete Geschichte der Ideen nach zahlreichen Strömungen, Brüchen und Abspaltungen, und gewisse Positionen können nur durch eine unglaublich komplexe Verschränkung der entgegengesetzten Strömungen erklärt werden. Will man jedoch nur die Stellung Spinozas abgrenzen, so kann man dennoch provisorisch bei diesem großen Gegensatz bleiben; und man kann dies um so besser, als sogar die Vertreter dieser Räume selbst diese Schematisierung betreiben: Jeder wählt sich den anderen als Gegner, und sie beherrschen dieses Spiel so gut, daß sie diejenigen darauf reduzieren, die nicht von selbst an diesem Spiel teilnehmen würden. Zum Zeitpunkt der Französischen Revolution nimmt dieser Zusammenstoß seine deutlichste (und unmittelbar politische) Form an. Burke und dann de Bonald stellen schonungslos folgende Alternative: Entweder das Individuum oder das, was es überschreitet. Gleichzeitig ändert sich der Status der Totalitäten, d. h. der Institutionen: Entweder werden sie durch das Subjekt geschaffen, das sie dann natürlich auch umstürzen kann, oder aber sie sind Ursache ihrer selbst und Träger von Determinationen, die sich im Laufe der Zeit entwickelt haben, d. h. vom individuellen Verstand allein nicht beurteilt werden können. Wenn diese Trennung erst einmal vollzogen ist (und tatsächlich fallen darunter ganz mühelos zahlreiche Problematiken), was wird dann aus Spinoza? Ob man ihn dabei beleidigt oder nicht, man wird in der

Regel versuchen, seine Thesen abzuschwächen, um ihn einer der geläufigen Strömungen anzunähern: Entweder, indem man ganz einfach sein System entstellt, oder aber viel subtiler, indem man seine Differenzen gegenüber einem der Modelle als bloße Inkonsequenz abtut. Wird das Andere erst einmal als Zeichen der Rationalität begriffen, erscheinen die Abstände zu ihm als ebenso viele Abweichungen. Die Interpretationen des Spinozismus werden also innerhalb fest umrissener *Grenzen der Verschiebung* bleiben: Es sind Grenzen, die dem Universum Spinozas die Frontlinien der abgeschlossenen Diskussion zwischen den Verfechtern des Individuums und den Verfechtern der Totalität aufzwingen werden.

1. Der erste Versuch besteht darin, Spinoza zu »cartesianisieren« oder zu »kantianisieren«. Ein ganzer Zweig der französischen Philosophie versucht, ihn als schlichten Nachfolger Descartes' zu präsentieren. Dazu stützt man sich auf die frühen Schriften und unterstreicht die Lobreden Spinozas auf Descartes (schaut man genauer hin, bemerkt man freilich, daß sie sich fast nur auf die Bedeutung beziehen, die Descartes der Mathematik einräumt; aber daneben stehen die heftigen Angriffe auf den freien Willen); vor allem aber läßt man den tiefen Unterschied zwischen ihren beiden Kritiken an der Finalität außer acht. Zahlreiche, aus ihrem Kontext gerissene Formulierungen der *Ethik* werden folglich einen cartesianischen Beiklang bekommen. Man hat außerdem häufig versucht, die Beziehung zwischen der Substanz und ihren Attributen als Beziehung zwischen dem, was ein Ding »an sich« ist, und dem, als was es im menschlichen Geist erscheint, zu interpretieren: Die Attribute werden dann zu *Gesichtspunkten* der Substanz, die *Ethik* ist folglich die Darstellung einer Philosophie des Subjekts. Eine solche (von Hegel eingeleitete und von den Kommentatoren gegen Ende des 19. Jahrhunderts wiederaufgegriffene) Interpretation stützt sich auf falsch ausgelegte Texte Spinozas (die 4. Definition des 1. Buches versteht unter dem Attribut das, »was der Verstand an der Substanz als deren Wesenheit ausmachend wahrnimmt«, aber bei Spinoza ist der Verstand keine Form im Kantischen Sinne, sondern – als das Gegenteil des Vorstellungsvermögens – die Instanz des Wahren[60]); aber ihre Kraft verdankt diese Interpretation vor allem der damit gegebenen Möglichkeit, die *Ethik* in jenes große Lager einzureihen, das sie bekämpft: in den subjektiven Idealismus.

Eine andere, von diesem Vorgehen scheinbar entfernte, ihm jedoch in Wirklichkeit sehr nahestehende Variante ist diejenige der Materialisten des 18. Jahrhunderts, die im Wechselspiel von *natura naturans* und *natura naturata* den ersten Begriff tendenziell beseitigen. Weil sie aus Spinoza einen Atheisten machen wollen? Vielleicht, vielleicht aber auch, weil die *natura naturans,* da sie logisch den Modi vorausgeht, deren Abhängigkeit beweist. Läßt man sie verschwinden, stellt man den spinozistischen Diskurs wieder in die Perspektive des *konkreten Subjekts,* dem gemeinsamen Feld des Sensualismus und des Materialismus des klassischen Zeitalters. Infolgedessen wird der Parallelismus als ein Determinismus begriffen (der Körper beherrscht den Geist: auch dafür lassen sich Texte heranziehen).

Die Einheit dieser beiden Lektüren ist die Einheit von klassischem Idealismus und »seinem« Materialismus: die Tendenz, die Welt vom Subjekt her zu denken. Das Individuum ist der *Ursprung*: der Erkenntnis (entweder durch die Sinne oder durch den Verstand), des Staats und der Zivilisation. Ob diese *juristische* Macht, Ursprung zu sein, durch den Willen (cartesianische Strömung) oder durch seinen »materialistischen« Einsatz – die Sprache als Macht der Zeichen (Hobbes, Helvetius) – hervortritt: jene Konzeption kann insoweit kohärent bleiben, als sie die Radikalität des Menschen durch eine zugleich einfache und ursprüngliche Differenz begründet, die diesem die Möglichkeit gibt, Rechtssubjekt zu sein. Bei Spinoza dagegen wird das Verhältnis des Menschen zum Menschen konstruiert; und zwar auf dem Boden einer gemeinsamen Komplexität und nicht aufgrund einer ursprünglichen Simplizität. Diese Komplexität ist selbst eine der Anwendungsformen der natürlichen Notwendigkeit: sie kann folglich keinen Bruch einführen. Der beste Beweis dafür ist zweifellos die *antijuristische* Konzeption des Naturrechts, wie sie im 4. Buch der *Ethik* entwickelt wird.

2. Diesen individualistischen Lektüren stehen diejenigen gegenüber, die das Gewicht der Totalität innerhalb des spinozistischen Textes zeigen. Sie glauben jedoch, dies nur tun zu können, indem sie deren Verbindung mit den endlichen Modi ignorieren oder verdrängen. Die geläufigste dieser Lektüren läßt sich am besten in der Anklage des »Pantheismus« zusammenfassen: Die Individuen sind unmittelbar in Gott aufgehoben, Determinationen und Widersprüche des Realen haben keine Bedeutung (Bayle wird sagen: »Der in Armenier modifizierte

Gott hat den in zehntausend Türken modifizierten Gott getötet«). Auf die gleiche Haltung lassen sich die Lektüren von Hegel und Schelling beziehen, die Spinoza Mechanizismus und Trägheit seiner Totalität vorwerfen. Spinoza zu beurteilen, indem man ihm die Abwesenheit des *Lebens* in seinem System vorwirft, bedeutet aber eben, ihn an einem anderen Begriff von Totalität zu messen, die als höherstehend und normativ vorausgesetzt wird: dem transparenten System der expressiven Totalität. Schelling erklärt, daß die Argumente Spinozas deterministischer Natur sind: »Daher die Leblosigkeit seines Systems, die Gemüthlosigkeit der Form, die Dürftigkeit der Begriffe und Ausdrücke, das unerbittliche Herbe der Bestimmungen, das sich mit der abstrakten Betrachtungsweise vortrefflich verträgt; daher auch ganz folgerichtig seine mechanische Naturansicht. (...) Wenn die Lehre vom Begriffenseyn aller Dinge in Gott der Grund des ganzen Systems ist, so muß sie zum wenigsten erst belebt und der Abstraktion entrissen werden, ehe sie zum Princip eines Vernunftsystems werden kann« (*Philosophische Untersuchungen über die Natur der menschlichen Freiheit*). Und Hegel schreibt: »Die starre Substantialität ist das Letzte bei Spinoza, nicht die unendliche Form; diese kannte er nicht« (*Vorlesungen über die Geschichte der Philosophie*). Die Beharrlichkeit des Vorwurfs zielt eigentlich nicht auf eine unterstellte Abwesenheit der Bewegung und des Übergangs, sondern auf die Form, die diese annehmen: Das mathematische Modell und die Lehre von der Wirkungskraft machen aus der Beziehung zwischen der Totalität und den Modi eine geregelte und determinierte Beziehung: eine gegliederte Verschiedenheit.

3. Als Lenin von den »Kreisen« in der Philosophie sprach, konfrontierte er Descartes mit Gassendi und Spinoza (*Zur Frage der Dialektik*) – sollte uns dies verwundern? Lenin sieht die Geschichte der Philosophie auf eine Art, die der Spinozas sehr ähnlich ist: als Widerspruch zweier Tendenzen, der in jeder Epoche in verschiedenen Formen neu entsteht. Daß auch die marxistische Lektüre Spinozas eine Auswahl impliziert, ist sicher. Aber was Marx und Lenin bei Spinoza finden können, ist z. B. – außer der gegliederten Verschiedenheit, von der wir eben gesprochen haben – eine materialistische Theorie der Ideologie: unter diesem Gesichtspunkt ist die spinozistische Kritik der Illusion sehr viel weitreichender als die Kritik des 18. Jahrhunderts. Gewiß, die Illusion wird in einer unveränderbaren menschlichen Natur verankert

– aber um diesen Preis werden Gesetze formuliert. Deshalb wollen wir, ohne Paradox, schließen, indem wir, anstatt das im *Kapital* tausendfach wiederholte Zitat zu kommentieren (»Omnis determinatio est negatio«), ein Urteil zitieren, das Marx nicht über Spinoza, sondern über die Physiokraten fällt; es bestätigt eine Form der Abgrenzung, die beiden gemeinsam ist: Was über sie gesagt wird, gilt auch für Spinoza: »Für sie erscheinen notwendig die bürgerlichen Formen der Produktion als die Naturformen derselben. Es war ihr großes Verdienst, daß sie diese Formen als physiologische Formen der Gesellschaft auffaßten; als aus der Naturnotwendigkeit der Produktion selbst hervorgehende Formen, die von Willen, Politik usw. unabhängig sind. Es sind materielle Gesetze; der Fehler nur, daß das materielle Gesetz einer bestimmten historischen Gesellschaftsstufe als abstraktes, alle Gesellschaftsformen gleichmäßig beherrschendes Gesetz aufgefaßt wird« (*Theorien über den Mehrwert*, MEW 26,1; Zweites Kapitel, 1).

Anhang

Texte Spinozas

Die Illusion

Hiermit habe ich die Natur Gottes und seine Eigenschaften entwickelt, nämlich daß er notwendig existiert, daß er einzig ist, daß er allein kraft der Notwendigkeit seiner Natur ist und handelt, daß er die freie Ursache aller Dinge ist und in welcher Weise er es ist, daß alles in Gott ist und von ihm derart abhängt, daß es ohne ihn weder sein noch begriffen werden kann, und schließlich, daß alles von Gott vorher bestimmt ist, und zwar nicht durch Freiheit des Willens oder durch ein unbedingtes Gutdünken, sondern durch Gottes unbedingte Natur oder unendliche Macht. Des weiteren habe ich bei jeder gegebenen Gelegenheit Sorge getragen, die Vorurteile wegzuräumen, die der Auffassung meiner Beweise hinderlich sein konnten.

Da jedoch noch eine ganze Reihe von Vorurteilen bleibt, die ebenso, ja sogar von allen am meisten es hindern konnten und können, daß die Menschen die Verkettung der Dinge in der Weise, wie ich sie entwickelt habe, zu erfassen vermögen, so habe ich es der Mühe wert gehalten, sie hier einer Prüfung durch die Vernunft zu unterziehen. Und da alle Vorurteile, die ich hier zu besprechen gedenke, von dem einen abhängen, daß nämlich die Menschen gemeiniglich annehmen, alle Dinge in der Natur handelten, wie sie selber, um eines Zweckes willen, und sogar als gewiß behaupten, daß Gott selbst alles auf einen bestimmten Zweck hinleite – sagen sie doch, Gott habe alles um des Menschen willen gemacht, den Menschen aber, damit dieser ihn verehre –, so werde ich zuvörderst dies eine Vorurteil betrachten; und zwar will ich fürs erste die Ursache aufsuchen, weshalb die meisten sich in diesem Vorurteil befriedigt fühlen, und alle von Natur so sehr geneigt sind, es sich zu eigen zu machen. Sodann werde ich zeigen, daß es falsch ist, und schließlich, wie aus ihm die Vorurteile über Gut und Schlecht, Verdienst und Verbrechen, Lob und Tadel, Ordnung und Verwirrung, Schönheit und Häßlichkeit und über anderes dieser Gattung entsprungen sind.

Dies aus der Natur der menschlichen Seele abzuleiten, ist freilich hier nicht der Ort. Hier wird genügen, wenn ich zugrunde lege, was jedermann anerkennen muß, nämlich, daß alle Menschen ohne Kenntnis von den Ursachen der Dinge zur Welt kommen, und daß alle den Trieb haben, ihren Nutzen zu suchen, und sich dieses Triebes bewußt sind. Hieraus folgt nämlich erstens, daß die Menschen frei zu sein meinen, da sie sich ihrer Wollungen und ihres Triebes bewußt sind und an die Ursachen, von denen sie veranlaßt werden, etwas zu erstreben und zu wollen, weil sie ihrer unkundig sind, nicht im Traume denken. Es folgt zweitens, daß die Menschen alles um eines Zweckes willen tun, nämlich um des Nutzens willen, den sie erstreben; daher kommt es, daß sie von dem Vergangenen immer nur die Zweckursachen zu wissen wünschen und, sobald sie sie vernommen haben, befriedigt sind; weil sie nämlich keine Ursache haben, sich weitere Fragen vorzulegen. Wenn sie aber diese Zweckursachen von niemand vernehmen können, bleibt ihnen nichts übrig, als sich an sich selbst zu wenden und an die Zwecke zu denken, von denen sie selbst zu ähnlichem bestimmt zu werden pflegen, und so beurteilen sie die Sinnesweise eines anderen notwendig nach ihrer eigenen Sinnesweise. Da sie ferner in sich und außer sich eine große Menge Mittel vorfinden, die zur Erreichung ihres Nutzens erheblich beitragen, wie z. B. die Augen zum Sehen, die Zähne zum Kauen, die Kräuter und Tiere zur Nahrung, die Sonne zum Leuchten, das Meer, Fische zu ernähren usw., so ist es gekommen, daß sie alles in der Natur als Mittel für ihren Nutzen ansehen. Und weil sie wissen, daß diese Mittel von ihnen selbst nur vorgefunden und nicht hergerichtet sind, nahmen sie hieraus Veranlassung, zu glauben, es sei irgend jemand anders, der diese Mittel zu ihrem Nutzen hergerichtet habe. Denn nachdem sie einmal die Dinge als Mittel betrachteten, konnten sie nicht glauben, daß diese sich selbst gemacht hätten, sondern aus den Mitteln, die sie selber für sich herzurichten pflegen, mußten sie schließen, daß es einen oder mehrere mit menschlicher Freiheit begabte Lenker der Natur gebe, die alles für sie besorgt und alles zu ihrem Nutzen gemacht hätten. Und ebenso mußten sie die Sinnesweise dieser Lenker, da sie ja niemals etwas darüber vernommen hatten, nach ihrer eigenen

Sinnesweise beurteilen; und infolge hiervon behaupteten sie, daß die Götter alles zum Nutzen der Menschen lenken, um sich die Menschen zu verpflichten und bei ihnen der höchsten Ehre zu genießen. Daher ist es gekommen, daß jeder sich eine besondere Art der Gottesverehrung nach seinem Sinne ausgedacht hat, damit Gott ihn vor allen anderen liebe und die ganze Natur zum Nutzen für seine blinde Begierde und unersättliche Habsucht lenke. Und so hat sich dies Vorurteil in Aberglauben verwandelt und in den Seelen tiefe Wurzeln geschlagen; dies war die Ursache, daß jeder das größte Streben darein setzte, von allen Dingen die Zweckursachen zu erkennen und diese zu erklären. Aber indem sie zu zeigen suchten, daß die Natur nichts vergebens tue (das heißt nichts, was nicht zum Nutzen der Menschen diente), haben sie, wie mir scheint, damit bloß gezeigt, daß die Natur und die Götter ebenso wahnsinnig sind wie die Menschen. Man sehe nur, wohin die Sache schließlich führte! Unter so vielem Nützlichen in der Natur mußten sie eine Menge Schädliches finden, wie Stürme, Erdbeben, Krankheiten usw., und nun behaupteten sie, dies käme daher, weil die Götter über Beleidigungen zürnten, die ihnen von den Menschen zugefügt seien, oder über Verbrechen, die sie bei ihrer Verehrung begangen hätten. Und obgleich die Erfahrung tagtäglich laut widersprach und durch unzählige Beispiele zeigte, daß Nützliches und Schädliches ohne Unterschied Frommen sowie Gottlosen begegne, ließen sie deswegen von dem eingewurzelten Vorurteil doch nicht ab. Denn es war leichter für sie, solche Vorkommnisse unter anderes Unerkannte, dessen Nutzen sie nicht wußten, zu rechnen, und so ihren gegenwärtigen und angeborenen Zustand der Unwissenheit zu behalten, als jenes ganze Gebäude niederzureißen und ein neues zu erdenken. Daher erklärten sie es als gewiß, daß die Urteile der Götter die menschliche Fassungskraft weit übersteigen. Dieser Grund allein hätte sicherlich dazu geführt, daß die Wahrheit dem menschlichen Geschlecht in Ewigkeit verborgen geblieben wäre, wenn nicht die Mathematik, in der es sich nicht um Zwecke, sondern nur um die Wesenheit und die Eigenschaften von Figuren handelt, den Menschen eine andere Wahrheitsnorm gezeigt hätte; und neben der Mathematik könnten noch andere Ursachen bezeichnet werden (sie hier aufzuzählen ist überflüssig), die es ermöglichten, daß die Menschen sich über diese gemeinen Vorurteile klar wurden und zur wahren Erkenntnis der Dinge gelangten.

Hiermit habe ich mich über das, was ich an erster Stelle besprechen wollte, genugsam verbreitet. Um nun aber zu zeigen, daß die Natur sich keinen Zweck vorgesetzt hat, und daß alle Zweckursachen nichts weiter sind als menschliche Einbildungen, bedarf es nur weniger Worte. Denn ich glaube, es ergibt sich dies bereits hinlänglich sowohl aus der Betrachtung der Grundlagen und Ursachen, von denen dieses Vorurteil, wie ich gezeigt habe, seinen Ursprung genommen hat, als auch aus Lehrsatz 16 und den Folgesätzen zu Lehrsatz 32 und außerdem aus all den Sätzen, in denen ich gezeigt habe, daß alles in der Natur mit einer ewigen Notwendigkeit und mit höchster Vollkommenheit vor sich geht. Doch will ich noch folgendes hinzufügen, nämlich, daß diese Lehre vom Zweck die Natur gänzlich auf den Kopf stellt. Denn was in Wahrheit Ursache ist, sieht sie als Wirkung an, und umgekehrt. Sodann macht sie das der Natur nach Frühere zum Späteren. Und endlich verwandelt sie das Höchste und Vollkommenste in das Unvollkommenste. Denn (ich lasse die ersten beiden Punkte beiseite, weil sie von selbst klar sind), wie sich aus den Lehrsätzen 21, 22 und 23 ergibt, ist die Wirkung am vollkommensten, die von Gott unmittelbar hervorgebracht wird, und je mehr Mittelursachen etwas zu seiner Hervorbringung bedarf, desto unvollkommener ist es. Wenn aber die Dinge, die von Gott unmittelbar hervorgebracht sind, aus dem Grunde gemacht wären, damit Gott seinen Zweck erreiche, dann wären notwendig die letzten, derentwegen die früheren gemacht sind, von allen die wertvollsten. Sodann hebt diese Lehre Gottes Vollkommenheit auf: Denn wenn Gott um eines Zwecks willen handelt, so erstrebt er notwendig etwas, woran es ihm fehlt. Und obwohl die Theologen und Metaphysiker zwischen dem Zweck des Bedürfnisses und dem Zweck der Anähnlichung unterscheiden, gestehen sie trotzdem, daß Gott alles nur seinetwillen und nicht der zu erschaffenden Dinge wegen getan habe; können sie doch vor der Schöpfung nichts außer Gott angeben, um dessentwillen Gott hätte handeln sollen; und folglich sind sie notwendig gezwungen einzugestehen, daß es Gott an dem, wofür er die Mittel herrichten wollte, gefehlt hat, und daß er es begehrt hat, wie ja von selbst klar ist. Ich darf hier auch nicht daran vorübergehen, daß die Anhänger dieser Lehre, die durch Angaben über die Zwecke der Dinge ihren Geist glänzen lassen wollten, um diese ihre Lehre zu begründen ein ganz neues Beweisverfahren aufgebracht haben, nämlich die Zurückführung nicht aufs Unmögliche, sondern auf die Unwissenheit; was denn zeigt, daß sie über kein anderes Beweismittel für diese Lehre verfügten. Wenn z. B. ein Stein von einem Dach jemand auf den Kopf gefallen ist und ihn getötet hat, so beweisen sie auf folgende Art, daß der Stein gefallen sei, um den Menschen zu töten: Wenn er nicht nach dem Willen Gottes zu diesem Zweck gefallen ist, wie kam es, daß zufällig gerade so viel Umstände (oft nämlich treffen viele zusammen) zusammentrafen? Man wird etwa antworten, es sei daher gekommen, weil der Wind wehte, und weil den Menschen sein Weg dort vorbeigeführt hat. Sie aber werden nicht locker lassen: Warum wehte der Wind gerade zu jener Zeit? Warum führte den Menschen sein Weg zu ganz derselben Zeit dort vorbei? Wenn man wiederum antwortet, der Wind habe sich damals erhoben, weil das Meer am vorangegangenen Tage, als das Wetter noch ruhig war, in Bewegung geriet, und daß der Mensch von einem Freunde eingeladen war, so werden sie, da des Fragens kein Ende ist, einem wiederum zusetzen: Warum bewegte sich dann aber das Meer, warum war der Mensch zu jener Zeit eingeladen? Und so werden sie nicht ablassen, weiter nach den Ursachen der Ursachen zu fragen, bis man seine Zuflucht zum Willen Gottes genommen hat, das heißt, zur Freistatt der Unwissenheit. Ebenso staunen sie, wenn sie den Bau des menschlichen Körpers betrachten, und weil ihnen die Ursachen von soviel Kunst unbekannt sind, so schließen sie, daß er nicht durch mechanische, sondern durch eine göttliche oder übernatürliche Kunst gebildet und so eingerichtet sei, daß kein Teil den anderen verletzt. Und daher kommt es, daß wer nach den wahren Ursachen der Wunder sucht und die Dinge in der Natur als ein Gelehrter zu verstehen und nicht als ein Tor sich über sie zu wundern bemüht ist, allenthalben als ein Ketzer und Gottloser gilt und als solcher von denen verschrien wird, in denen das Volk die Dolmetscher der Natur und der Götter verehrt. Denn sie wissen, daß mit dem Aufhören der Unwissenheit auch das Staunen aufhört, das heißt das einzige Mittel, das sie haben, um ihre Beweise zu führen und ihr Ansehen zu erhalten. – Doch ich verlasse jetzt diesen Punkt und gehe zu dem über, was ich hier an dritter Stelle zu behandeln beabsichtige.

Sobald die Menschen sich einmal eingeredet hatten, daß alles, was geschieht, um ihretwillen geschehe, mußten sie als die Hauptsache bei jedem Ding das beurteilen, was ihnen daran am meisten nützte, und alles das als das wertvollste schätzen, wovon sie am angenehmsten affiziert wurden. Daher mußten sie, um die Natur der Dinge zu erklären, Begriffe bilden, wie Gut, Schlecht, Ordnung, Verwirrung, Warm, Kalt, Schönheit und Häßlichkeit. Und weil sie sich für frei hielten, entstanden daraus Begriffe wie Lob und Tadel, Verbrechen und Verdienst. Diese letzteren will ich jedoch erst weiter unten nach der Untersuchung der menschlichen Natur besprechen. Jene dagegen werde ich hier kurz erklären. Alles, was zur Gesundheit und zur Gottesverehrung beiträgt, haben die Menschen gut, und das Gegenteil davon schlecht genannt. Und weil, wer die Natur der Dinge nicht verstandesmäßig erkennt, sondern die Dinge nur vorstellt, das Vorstellungsvermögen für den Verstand nimmt und sich bei der Vorstellung beruhigt, so glauben sie fest daran, daß eine Ordnung in den Dingen selbst befindlich sei, während sie doch die Dinge und ihre Natur gar nicht kennen. Denn wenn die Dinge so verteilt sind, daß wir, sobald sie uns durch unsere Sinne vergegenwärtigt werden, sie ohne Mühe vorstellen, und folglich uns ihrer ohne Mühe erinnern können, dann nennen wir sie gut geordnet; im umgekehrten Falle dagegen nennen wir sie schlecht geordnet oder verworren. Und da uns besonders angenehm ist, was wir ohne Mühe vorstellen können, so ziehen die Menschen die Ordnung der Verwirrung vor, als ob die Ordnung etwas in der Natur, abgesehen von der Beziehung auf unser Vorstellungsvermögen, wäre; und sie sagen, Gott habe alles geordnet geschaffen und legen auf diese Art, ohne es zu wissen, Gott ein Vorstellungsvermögen bei, es müßte denn sein, daß sie annehmen, Gott habe aus Vorsorge für das Vorstellungsvermögen der Menschen alle Dinge so verteilt, daß sie sie ohne die geringste Mühe vorstellen können; und sie werden sich wohl auch nicht weiter darüber aufhalten, daß sich unendlich viel findet, was unser Vorstellungsvermögen weit übersteigt, und sehr viel, was unser Vorstellungsvermögen, weil es zu schwach ist, verwirrt. Doch genug hiervon. Die übrigen Begriffe sodann sind ebenso weiter nichts, als Arten des Vorstellens, durch die das Vorstellungsvermögen in verschiedener Weise affiziert wird; und doch gelten sie bei den Unwissenden als wichtige Attribute der Dinge; denn sie glauben, wie wir schon sagten, daß alle Dinge ihretwegen gemacht seien; und so nennen sie die Natur eines Dinges gut oder schlecht, gesund oder faul und verdorben, je nachdem sie von ihm affiziert werden. Wenn z. B. die Bewegung, die die Nerven von Objekten, die mit den Augen wahrgenommen werden, erhalten, zur Gesundheit beiträgt, so heißen die einwirkenden Objekte schön; dagegen solche, die eine entgegengesetzte Bewegung hervorrufen, nennt man häßlich. Objekte sodann, die durch die Nase unsere Sinne erregen, heißen wohlriechend oder stinkend, die durch die Zunge, süß oder bitter, wohlschmeckend oder unschmackhaft usw.; die aber durch den Tastsinn hart oder weich, rauh oder glatt usw. Und von solchen endlich, die das Ohr reizen, sagt man, ginge ein Geräusch, ein Ton oder eine Harmonie aus, wovon die letztere die Menschen derart außer sich brachte, daß sie glaubten, auch Gott ergötze sich an der Harmonie. Und es gibt sogar Philosophen, die fest überzeugt sind, daß die Bewegungen der Himmelskörper eine Harmonie bilden. Dies alles zeigt zur Genüge, daß jeder die Dinge nach der Beschaffenheit seines Gehirns beurteilt oder vielmehr die Affektionen des Vorstellungsvermögens für die Dinge selbst genommen hat. Darum ist es kein Wunder (um auch dies im Vorbeigehen zu bemerken), daß unter den Menschen die vielen Streitigkeiten, von denen wir erfahren, entstanden sind, und daraus schließlich der Skeptizismus. Denn obwohl die Körper der Menschen sich in vielen Stücken gleichen, so weichen sie doch in den meisten voneinander ab, und deshalb erscheint das selbe dem einen gut und dem anderen schlecht; dem einen geordnet, dem anderen verworren; dem einen angenehm, dem anderen unangenehm, und ebenso im übrigen, worauf ich hier nicht eingehe, weil es dieses Orts nicht ist, diese Dinge erschöpfend abzuhandeln, und weil zudem alle dies genügend erfahren haben. Denn in aller Munde sind die Redensarten: viel Köpfe, viel Sinne; jedem gefällt seine Kappe; jeder hat seine eigene Ansicht sowie seinen eigenen Geschmack. Diese Sprüche zeigen hinlänglich, daß die Menschen die Dinge je nach der Anlage ihres Gehirns beurteilen, und sie lieber vorstellen, als sie verstandesmäßig erkennen. Denn wenn sie die Dinge verstandesmäßig erkannt hätten, würden diese sie alle, wie die Mathematik bezeugt, wenn nicht für sich gewinnen, so doch wenigstens überzeugen.

Wir sehen also, daß alle Begriffe, durch die die große Menge die Natur zu erklären pflegt, nur Vorstellungsweisen sind, und keines Dinges Natur, sondern allein den Zustand des Vorstellungsvermögens anzeigen; und weil sie Namen haben, die lauten, als ob sie außerhalb des Vorstellungsvermögens existierende Wesen bedeuteten, nenne ich sie nicht Vernunftwesen, sondern Wesen des Vorstellungsvermögens. Und so lassen sich alle Beweisgründe, die gegen uns von ähnlichen Begriffen hergenommen werden, leicht zurückschlagen. Viele nämlich pflegen ihren Beweis so zu führen: Wenn alles aus der Notwendigkeit der vollkommensten Natur Gottes gefolgt ist, woher sind dann doch soviel Unvollkommenheiten in der Natur entstanden, als da sind: Fäulnis der Dinge, bis sie stinken, Häßlichkeit, die Ekel erregt, Verwirrung, Übel, Verbrechen usw.? Aber, wie ich eben sagte, sie lassen sich leicht widerlegen. Denn die Vollkommenheit der Dinge ist allein nach ihrer Natur und Kraft abzuschätzen, und darum sind die Dinge deswegen nicht mehr oder minder vollkommen, weil sie die Sinne der Menschen ergötzen oder beleidigen, oder weil sie der menschlichen Natur zusagen oder ihr widerstreiten. Wer aber fragt, warum Gott nicht alle Menschen so geschaffen hat, daß sie allein der Leitung der Vernunft gehorchen, dem antworte ich nichts anderes als: weil er Stoff genug hatte, alles zu schaffen, vom höchsten Grade der Vollkommenheit bis zum niedrigsten; oder eigentlicher zu reden: weil die Gesetze seiner Natur so umfassend waren, daß sie ausreichten alles hervorzubringen, was von einem unendlichen Verstande begriffen werden kann, wie ich im Lehrsatz 16 bewiesen habe.

Dies sind die Vorurteile, die ich hier anmerken wollte. Falls noch einige von diesem Schlage übrig sind, werden sie leicht von einem jeden bei einigem Nachdenken berichtigt werden können. (*Ethik*, I. Teil, Anhang)

Die Rolle des Aberglaubens

Aus der angegebenen Ursache des Aberglaubens geht klar hervor, daß alle Menschen von Natur dem Aberglauben unterworfen sind – was auch andere sagen mögen, die meinen, es komme daher, daß alle Sterblichen bloß eine verworrene Idee von der Gottheit haben. Weiter geht daraus hervor, daß der Aberglaube wie alle Wahngebilde des Geistes und Eingebungen der Verblendung sehr verschiedenartig und unbeständig sein muß, und schließlich, daß er nur in Hoffnung, Haß, Zorn und Betrug seine Stütze findet, weil er ja nicht aus der Vernunft, sondern allein aus dem Affekt, und zwar dem allerwirksamsten, entspringt. So leicht es also ist, den Menschen jede Art des Aberglaubens einzuflößen, so schwer läßt sich dagegen erreichen, daß sie in ein und derselben Art verharren. Weil das Volk doch immer gleich elend bleibt, ist es nie lange in Ruhe; sondern das nur kann ihm recht gefallen, was noch neu ist und es noch nicht getrogen hat. Diese Unbeständigkeit ist die Ursache vielen Aufruhrs und schrecklicher Kriege gewesen. Denn, wie aus dem Gesagten hervorgeht und wie Curtius Buch IV, Kap. 10 sehr gut bemerkt, *»nichts beherrscht die Menge wirksamer als der Aberglaube«*. So kommt es, daß sie sich unter dem Schein der Religion leicht dazu verleiten läßt, bald ihre Könige wie Götter zu verehren, bald sie zu verfluchen und gleich einer Pest der Menschheit zu verabscheuen.

Um solchem Übel vorzubeugen, hat man große Mühe darauf verwandt, die Religion, gleichviel ob wahr oder falsch, mit so vielen Formen und Gebräuchen auszustatten, daß sie über alles bedeutungsvoll erschiene und jedermann ihr stets die höchste Ehrerbietung entgegenbrächte. Am besten ist dies den Türken gelungen, die selbst eine bloße Erörterung über sie für Sünde halten und die Urteilskraft des einzelnen mit so vielen Vorurteilen einnehmen, daß in seinem Geist kein Raum für die gesunde Vernunft, nicht einmal zum Zweifeln mehr, übrigbleibt.

Aber mag es auch das letzte Geheimnis einer monarchischen Regierung bleiben und völlig in ihrem Interesse liegen, die Menschen in der Täuschung zu erhalten, und die Furcht, durch die sie im Zaum gehalten werden sollen, unter dem schönen Namen Religion zu verbergen, damit sie für ihre Knechtschaft kämpfen, als sei es für ihr Heil, und damit sie es nicht für eine Schande, sondern für die höchste Ehre halten, für den Ruhm eines Menschen Blut und Leben hinzugeben, so kann doch in einem freien Staatswesen nichts Unglücklicheres ersonnen oder versucht werden als dieses; denn es widerstreitet der allgemeinen Freiheit ganz und gar, das freie Urteil eines jeden durch Vorurteile einzunehmen oder irgendwie zu beschränken. (*Theologisch-Politischer Traktat*, Vorrede)

Vollendung und Finalität

Wenn jemand sich vorgenommen hat, irgendein Ding herzustellen, und er hat es dann vollendet, so wird nicht bloß er selber sagen, daß das Ding vollendet sei, sondern auch sonst wird es jeder sagen, der den Gedanken des Urhebers dieses Werks und seinen Zweck richtig kennt oder zu kennen glaubt. Wenn z. B. jemand ein Werk (von dem ich voraussetze, daß es noch nicht fertig ist) gesehen hat, und weiß, daß es die Absicht des Urhebers dieses Werkes ist, ein Haus zu bauen, so wird er sagen, das Haus sei unvollendet; dagegen wird er sagen, es sei vollendet, sobald er gesehen hat, daß das Werk bis zu der Endgestalt fortgeführt ist, die der Urheber sich vorgenommen hatte, ihm zu geben. Wenn aber jemand ein Werk sieht, dessen gleichen er noch niemals gesehen hat, und er auch den Gedanken des Werkmeisters nicht kennt, so wird er offenbar nicht wissen können, ob dieses Werk vollendet sei oder unvollendet. Und dies scheint die erste Bedeutung dieser Wörter gewesen zu sein. Nachdem aber die Menschen begonnen hatten, allgemeine Ideen zu bilden, sich Musterbilder von Häusern, Gebäuden, Türmen usw. auszudenken und die einen Musterbilder den anderen vorzuziehen, ist es gekommen, daß jeder als vollendet oder vollkommen das bezeichnete, was er mit der allgemeinen Idee, die er sich von derartigen Dingen gebildet hatte, übereinstimmen sah, und umgekehrt als unvollendet oder unvollkommen das, was er mit seinem vorgefaßten Musterbild in geringerem Grade übereinstimmen sah, obwohl es nach der Ansicht des Werkmeisters vollständig fertiggestellt war. Und es scheint kein anderer Grund zu sein, weswegen auch die natürlichen Dinge, Dinge also, die nicht von Menschenhand gemacht sind, gewöhnlich vollkommen oder unvollkommen genannt werden; denn von den natürlichen Dingen pflegen die Menschen ebenso wie von den künstlichen allgemeine Ideen zu bilden, die sie dann gleichsam für die Musterbilder der Dinge halten und von denen sie glauben, daß die Natur (die nach ihrer Ansicht alles eines Zweckes halber tut) auf sie hinschaue und sie sich als Musterbilder vorsetze. Wenn sie daher etwas in der Natur entstehen sehen, was mit dem vorgefaßten Musterbild, das sie von derartigen Dingen haben, nicht übereinstimmt, so glauben sie, daß dann die Natur selbst gefehlt oder ein Versehen begangen und dieses Ding unvollkommen gelassen habe. Wir sehen daher, daß die Menschen gewöhnt sind, die natürlichen Dinge mehr einem Vorurteile zufolge vollkommen oder unvollkommen zu nennen, als auf Grund der wahren Erkenntnis von ihnen. Wir haben ja im Anhang zum 1. Teil nachgewiesen, daß die Natur nicht um eines Zweckes willen handelt; denn jenes ewige und unendliche Wesen, das wir Gott oder die Natur heißen, handelt mit derselben Notwendigkeit, mit der es existiert; handelt es doch, wie wir nachgewiesen haben (Lehrsatz 16 des 1. Teils), infolge derselben Notwendigkeit, derzufolge es existiert. Der Grund also oder die Ursache, warum Gott oder Natur handelt und warum sie existiert, ist eine und dieselbe. Wie sie also keines Zweckes halber existiert, so handelt sie auch keines Zweckes halber; wie ihr Existieren, so hat auch ihr Handeln kein Prinzip oder keinen Zweck. Was man aber Zweckursache nennt, ist nichts weiter als der menschliche Trieb selbst, sofern er als das Prinzip oder als die vornehmliche Ursache irgendeines Dinges angesehen wird. Wenn wir z. B. sagen, die Wohnung sei die Zweckursache dieses oder jenes Hauses, dann meinen wir offenbar damit nichts anderes, als daß ein Mensch infolge davon, daß er sich die Annehmlichkeiten des häuslichen Lebens vorstellte, den Trieb hatte, das Haus zu bauen. Demnach ist die Wohnung, sofern sie als Zweckursache angesehen wird, nichts weiter als dieser besondere Trieb, der in Wahrheit eine bewirkende Ursache ist, die als erste Ursache angesehen wird, weil die Menschen gemeiniglich um die Ursachen ihrer Triebe nicht wissen. Denn sie sind, wie ich bereits oft gesagt habe, zwar ihrer Handlungen und Triebe sich bewußt, aber unkundig der Ursachen, von denen sie bestimmt werden, etwas zu erstreben. Was man noch außerdem gemeinhin redet, daß die Natur bisweilen fehle oder ein Versehen begehe und unvollkommene Dinge hervorbringe, zähle ich unter die Einbildungen, über die ich im Anhang des 1. Teils gehandelt habe.

Vollkommenheit also und Unvollkommenheit sind in Wahrheit nur Modi des Denkens, nämlich Begriffe, die wir uns auf Grund davon einzubilden pflegen, daß wir die Individuen derselben Art oder derselben Gattung miteinander vergleichen: und aus dieser Ursache habe ich oben (Definition 6 des 2. Teils) gesagt, daß ich unter Realität und Vollkommenheit dasselbe verstehe. Wir pflegen nämlich alle Individuen in der Natur auf eine Gattung zurückzuführen, die wir die allgemeinste nennen: auf den Begriff des Wesens, der sich auf alle Individuen in der Natur überhaupt erstreckt. Sofern wir daher die Individuen in der Natur auf diese Gattung zurückführen, sie dann miteinander vergleichen und dabei bemerken, daß die einen mehr Wesensgehalt oder Realität haben als die anderen, insofern sagen wir, daß die einen vollkommener sind als die anderen. Und sofern wir ihnen etwas beilegen, was Verneinung enthält, wie Grenze, Ende, Ohnmacht usw., insofern nennen wir sie unvollkommen, weil sie unsere Seele nicht ebenso affizieren, als die, die wir vollkommen heißen, und nicht etwa darum, weil ihnen etwas fehlte, was zu ihnen gehörig wäre, oder weil die Natur ein Versehen begangen hätte. Denn nichts kommt der Natur eines Dinges zu, als was aus der Notwendigkeit der Natur der bewirkenden Ursache folgt; und alles was aus der Notwendigkeit der Natur einer bewirkenden Ursache folgt, das geschieht notwendig. (*Ethik*, IV. Teil, Vorwort)

Die Eigenschaften Gottes

Gibt es bloß ein Wesen, das aus eignem Genügen oder aus eigner Kraft besteht? Das bejahe ich nicht nur, sondern unternehme auch es zu beweisen, und zwar daraus, daß seine Natur notwendige Existenz in sich schließt. Man kann es auch sehr leicht aus Gottes Verstand beweisen (wie ich in Lehrsatz 2 meiner geometrischen Beweise zu Descartes' Principien getan habe) oder aus andren Attributen Gottes. Um nun zur Sache zu kommen, will ich zuvörderst kurz dartun, welche Eigenschaften ein Wesen haben muß, das notwendige Existenz in sich schießt:

1. Es muß *ewig* sein; denn wenn man ihm eine bestimmte Dauer zuerkennen wollte, so müßte man dieses Wesen außerhalb der bestimmten Dauer als nicht existierend oder als nicht eine notwendige Existenz einschließend begreifen. Das aber würde ein Widerspruch mit seiner Definition sin.

2. Es muß *einfach* sein, nicht aus Teilen zusammengesetzt. Denn diese Teile, die es zusammensetzen, müßten der Natur und der Erkenntnis nach früher sein als das, was aus ihnen zusammengesetzt ist. Das kann aber bei etwas, das seiner Natur nach ewig ist, nicht der Fall sein.

3. Man muß es nicht als begrenzt, sondern als *unendlich* begreifen können. Denn wenn die Natur dieses Wesens begrenzt wäre und auch als begrenzt begriffen würde, so wäre diese Natur als außerhalb ihrer

Grenzen nicht existierend begriffen. Das widerstreitet gleichfalls seiner Definition.

4. Es muß *unteilbar* sein. Wäre es nämlich teilbar, so könnte es in Teile entweder von derselben oder von verschiedener Natur geteilt werden; in diesem Falle aber würde es zerstört und könnte so nicht existieren, was der Definition entgegen ist. Im ersteren Falle hingegen würde jeder beliebige Teil eine an sich notwendige Existenz einschließen, und auf diese Weise könnte das eine ohne das andere existieren und folglich begriffen werden, und demgemäß könnte man jene Natur als eine endliche verstehen, was nach dem Vorausgegangenen der Definition zuwiderläuft. Daraus ist zu ersehen, daß wir, wenn wir einem derartigen Wesen irgendeine Unvollkommenheit zuschreiben wollten, sogleich in einen Widerspruch verfielen. Denn bestünde die Unvollkommenheit, die wir einer solchen Natur zuschreiben wollten, in irgendeinem Fehler oder in irgendwelchen Grenzen, die eine derartige Natur besäße, oder in einer Veränderung, die sie aus Mangel an Kräften von äußeren Ursachen erleiden müßte, jedenfalls werden wir dadurch immer darauf zurückgeführt werden, daß eben die Natur, die notwendige Existenz in sich schließt, nicht existiert oder nicht notwendig existiert. Darum schließe ich:

5. Alles, was notwendige Existenz einschließt, kann keine Unvollkommenheit in sich haben, sondern muß bloße Vollkommenheit ausdrücken.

6. Ferner, da es nur aus der Vollkommenheit kommen kann, daß ein Wesen aus eigenem Genügen, aus eigner Kraft existiert, so folgt daraus, wenn wir annehmen, daß ein Wesen, das nicht alle Vollkommenheiten ausdrückt, aus seiner Natur heraus existiert, daß wir dann auch annehmen müssen, auch jenes Wesen existiere, das alle Vollkommenheiten in sich faßt. Denn wenn ein mit minderer Macht begabtes Wesen aus eigenem Genügen existiert, wieviel mehr existiert dann ein mit größerer Macht begabtes.

Um nun endlich zur Sache zu kommen, so behaupte ich, daß es nur ein einziges Wesen geben kann, dessen Existenz zu seiner Natur gehört, nämlich bloß das Wesen, das alle Vollkommenheiten in sich hat und das ich Gott nennen will. Denn wenn man ein Wesen annimmt, zu dessen Natur die Existenz gehört, so kann dieses Wesen keine Unvollkommmenheit ausdrücken (gemäß Satz 5). Und darum muß die Natur jenes Wesens Gott zugehören (dessen Existenz wir nach Satz 6 annehmen müßten), weil er alle Vollkommenheiten und keine Unvollkommenheiten in sich hat. Außer Gott kann ein solches Wesen nicht existieren; denn wenn es außer Gott existierte, dann existierte ein und dieselbe Natur, die notwendige Existenz einschließt, doppelt. Das ist aber nach dem obigen Beweis widersinnig. Es ist also nichts außer Gott, vielmehr ist es einzig Gott, der notwendige Existenz in sich schließt. Was zu beweisen war. (Brief an Johannes Hudde v. 16. 4. 1666)

Theorie des Irrtums

Damit haben wir hinweggeräumt, was man gemeinhin für die Ursache des Irrtums hält. Wir haben oben gezeigt, daß die Falschheit bloß in dem Mangel besteht, den die verstümmelten und verworrenen Ideen in sich schließen. Darum schließt die falsche Idee, sofern sie falsch ist, keine Gewißheit ein. Wenn wir daher sagen, ein Mensch sei bei falschen Ideen befriedigt und zweifle nicht an ihnen, so sagen wir darum noch nicht, daß er gewiß sei, sondern nur, daß er nicht zweifle oder daß er bei falschen Ideen befriedigt sei, weil keine Ursachen da sind, die sein Vorstellungsvermögen ins Schwanken bringen. Man sehe hierüber die Anmerkung zu Lehrsatz 44 dieses Teils. Gesetzt also, ein Mensch hänge noch so sehr am Falschen, so werden wir doch niemals sagen, daß er dessen gewiß sei. Denn unter Gewißheit verstehen wir etwas Positives (siehe Lehrsatz 43 dieses Teils mit seiner Anmerkung) und nicht den Mangel des Zweifels. Dagegen unter Mangel an Gewißheit verstehen wir Falschheit.

Es ist nun zur ausführlichen Erläuterung des vorigen Lehrsatzes noch einiges zu erinnern übrig. Des weiteren muß ich noch auf die Einwürfe antworten, die sich gegen diese unsere Lehre machen lassen. Und endlich, um alle Bedenken zu entfernen, habe ich es der Mühe wert gehalten, einiges von dem Nutzen dieser Lehre anzugeben; einiges, sage ich, denn das Wichtigste läßt sich auf Grund der Ausführungen des 5. Teils besser verstehen.

Ich beginne also mit dem ersten und erinnere die Leser daran, daß sie zwischen der Idee oder dem Begriff der Seele und den Vorstellungsbildern der Dinge, die wir uns vorstellen, genau unterscheiden müssen.

Sodann ist es nötig, daß sie zwischen den Ideen und den Worten unterscheiden, mit denen wir die Dinge bezeichnen. Denn weil diese drei, nämlich Vorstellungsbilder, Worte und Ideen, von vielen entweder ganz und gar verwirrt werden oder nicht genau genug oder auch nicht vorsichtig genug voneinander unterschieden werden, ist die hier gegebene Lehre vom Willen gänzlich unbekannt geblieben, so unumgänglich notwendig zur Spekulation wie zur weisen Führung des Lebens ihre Kenntnis auch ist. Alle nämlich, die da meinen, die Ideen bestünden in den Vorstellungsbildern, die in uns durch die Einwirkung der Körper entstehen, halten sich überzeugt, daß Ideen von solchen Dingen, von denen wir uns kein ähnliches Vorstellungsbild machen können, nicht Ideen sind, sondern nur Einbildungen, die wir uns aus freier Willkür einbilden; sie betrachten also die Ideen gleichsam als stumme Gemälde auf einer Tafel, und durch dies Vorurteil voreingenommen sehen sie nicht, daß die Idee, sofern sie Idee ist, Bejahung und Verneinung in sich schließt. Die sodann, die die Worte mit der Idee oder mit der Bejahung, die die Idee in sich schließt, verwirren, glauben im Widerstreit zu dem, was sie empfinden, wollen zu können, sobald sie etwas mit bloßen Worten im Widerstreit zu dem, was sie empfinden, bejahen oder verneinen. Diese Vorurteile kann aber jeder leicht ablegen, der auf die Natur des Denkens acht hat, die den Begriff der Ausdehnung nicht im mindesten in sich schließt; auf diese Art wird er klar erkennen, daß die Idee (da sie ja ein Modus des Denkens ist) weder in dem Vorstellungsbilde eines Dinges noch in Worten besteht. Denn die Wesenheit der Worte und Vorstellungsbilder besteht in bloßen körperlichen Bewegungen, die den Begriff des Denkens nicht im mindesten in sich schließen.

Diese wenigen Erinnerungen hierüber mögen genügen. Ich gehe darum zu den vorher erwähnten Einwürfen über.

Der erste von ihnen ist der: man glaubt, es sei ausgemacht, daß der Wille sich weiter erstreckt als der Verstand, und folglich, daß er von ihm verschieden ist. Der Grund aber, warum man glaubt, daß der Wille sich weiter erstreckt als der Verstand, ist folgender: unsere eigene Erfahrung zeigt, sagt man, daß wir kein größeres Vermögen der Zustimmung oder der Bejahung und Verneinung brauchen als wir bereits haben, um noch unendlich vielen Dingen, von denen wir jetzt gar keine Wahrnehmung haben, zuzustimmen; wohl aber brauchten wir dazu ein größeres Verstandesvermögen. Wille und Verstand unterscheiden sich also dadurch, daß dieser endlich, jener dagegen unendlich ist.

Zweitens kann man uns einwerfen, daß die Erfahrung nichts klarer zu lehren scheint, als daß wir vermögend seien, unser Urteil zurückzuhalten und den Dingen, die wir wahrnehmen, unsere Zustimmung nicht zu geben; was denn auch darin eine Bestätigung findet, daß man von niemandem sagt, er täusche sich, sofern er etwas wahrnimmt, sondern nur, sofern er Zustimmung oder Verwerfung äußert. Wer sich z. B. ein geflügeltes Pferd einbildet, räumt deswegen noch nicht ein, daß es ein geflügeltes Pferd gibt, das heißt, er täuscht sich deswegen noch nicht, sondern er tut dies erst dann, wenn er zugleich einräumt, daß es ein geflügeltes Pferd gibt. Die Erfahrung scheint also nichts klarer zu lehren, als daß der Wille oder das Vermögen der Zustimmung frei und von dem Vermögen des Verstandes verschieden ist.

Drittens kann man einwerfen, daß allem Ansehen nach eine Bejahung nicht mehr Realität enthält als die andere, das heißt, daß wir allem Ansehen nach kein größeres Vermögen brauchen um das, was wahr ist, als wahr zu bejahen, wie um etwas als wahr zu bejahen, das falsch ist. Dagegen nehmen wir sehr wohl wahr, daß eine Idee mehr Realität oder Vollkommenheit hat als die andere; denn um den Grad, um den ein Objekt wertvoller ist als das andere, ist auch die Idee des einen vollkommener als die des anderen. Auch hieraus also scheint ein Unterschied zwischen Verstand und Willen hervorzugehen.

Viertens kann man einwerfen: Wenn der Mensch nicht aus Freiheit des Willens handelt, was wird dann geschehen, wenn er sich im Gleichgewicht befindet, wie Buridans Esel? Wird er nicht vor Hunger und Durst umkommen? Gebe ich dies zu, so wird man meinen, ich dächte mir einen Esel oder die Bildsäule eines Menschen, nicht aber einen wirklichen Menschen. Verneine ich es dagegen, so heißt es sogleich: also bestimmt er sich selbst, und folglich hat er das Vermögen zu gehen und zu tun, was er will.

Man kann außer diesen vielleicht noch andere Einwürfe machen; doch ich bin nicht verpflichtet, hier alles beizubringen, was jeder beliebige sich träumen läßt, und so werde ich nur die angeführten Einwürfe zu beantworten suchen, und zwar so kurz als ich vermag.

Was also den ersten Einwurf betrifft, so gebe ich zu, daß der Wille sich weiter erstreckt als der Verstand, wenn man unter Verstand nur die klaren und deutlichen Ideen versteht; ich verneine jedoch, daß der Wille sich weiter erstreckt, als die Wahrnehmungen oder das Vermögen zu begreifen. Auch sehe ich wahrlich nicht, warum das Vermögen zu wollen mehr verdient, unendlich zu heißen, als das Vermögen zu empfinden. Denn so gut wir unendlich vieles (jedoch eins nach dem anderen, denn unendlich vieles zugleich können wir nicht bejahen) kraft desselben Vermögens zu wollen bejahen können, so gut können wir auch unendlich viele Körper (nämlich einen nach dem anderen) kraft desselben Empfindungsvermögens empfinden oder wahrnehmen. Sagt man darauf, es gebe unendlich vieles, was wir nicht wahrnehmen können, so erwidere ich, daß wir eben dieses mit keinem Gedanken und folglich auch mit keinem Vermögen zu wollen erreichen können. Nun sagt man aber weiter: wenn Gott bewirken wollte, daß wir auch dies wahrnähmen, so müßte er uns zwar ein größeres Wahrnehmungsvermögen geben, aber kein größeres Willensvermögen als er uns gegeben hat. Das ist aber dasselbe, als wenn man sagte: wenn Gott bewirken wollte, daß wir unendlich viele andere Wesen erkennen sollten, so würde es zwar nötig sein, daß er uns einen größeren Verstand, nicht aber, daß er uns eine allgemeinere Idee des Wesens gäbe, als er uns gegeben hat, um diese unendlich vielen Wesen zu umfassen. Denn wir haben gezeigt, daß der Wille ein allgemeines Wesen oder eine Idee ist, durch die wir alle einzelnen Wollungen, das heißt das, was diesen allen gemein ist, erklären. Wenn unsere Gegner daher diese gemeinsame oder allgemeine Idee aller Wollungen für ein Vermögen halten, so ist es weiter gar nichts Wunderbares, wenn sie behaupten, daß dieses Vermögen sich über die Grenzen des Verstandes hinaus ins Unendliche ausdehne. Denn das Allgemeine gilt gleichermaßen von einem, wie von mehreren, wie auch von unendlich vielen Individuen.

Auf den zweiten Einwurf antworte ich damit, daß ich verneine, daß wir die freie Gewalt haben, unser Urteil zurückzuhalten. Denn wenn wir sagen: jemand hält sein Urteil zurück, so sagen wir nichts anderes als: er sieht, daß er die Sache nicht adäquat wahrnimmt. Die Urteilsenthaltung ist also in Wahrheit eine Wahrnehmung und kein freier Wille. Um dies klar einzusehen, wollen wir uns einen Knaben denken, der sich ein geflügeltes Pferd vorstellt, sonst aber weiter nichts wahrnimmt. Da diese Vorstellung (nach Folgesatz zu Lehrsatz 17 dieses Teils) die Existenz des Pferdes in sich schließt und der Knabe keine Wahrnehmung hat, die die Existenz des Pferdes aufhöbe, so wird er notwendig das Pferd als gegenwärtig betrachten und an dessen Existenz nicht zweifeln können, obwohl er ihrer nicht gewiß ist. Dies erfahren wir ja tagtäglich in unseren Träumen, und es wird wohl kaum jemanden geben, der da glaubt, er habe, während er träumt, die freie Gewalt, einem Traumbilde gegenüber das Urteil zurückzuhalten und zu bewirken, daß er das, was zu sehen er träumt, nicht träumt; doch kommt es vor, daß wir auch im Traum unser Urteil zurückhalten, nämlich wenn wir träumen, daß wir träumen. Ich gebe ferner zu, daß niemand sich täuscht, sofern er wahrnimmt, das heißt, ich gebe zu, daß die Vorstellungen der Seele an sich betrachtet keinen Irrtum in sich schließen (siehe die Anmerkung zu Lehrsatz 17 dieses Teils); dagegen verneine ich, daß der Mensch, sofern er wahrnimmt, nichts bejaht. Denn ist ein geflügeltes Pferd wahrnehmen etwas anderes, als die Flügel von dem Pferde bejahen? Wenn nämlich die Seele außer dem geflügelten Pferd nichts weiter wahrnähme, würde sie dieses als gegenwärtig betrachten, und sie würde weder eine Ursache haben, an seiner Existenz zu zweifeln, noch ein Vermögen, ihre Zustimmung nicht zu geben, es sei denn, daß die Vorstellung des geflügelten Pferdes mit einer Idee verbunden wäre, die die Existenz eben dieses Pferdes aufhebt, oder daß die Seele wahrnähme, daß die Idee des geflügelten Pferdes, die sie hat, inadäquat ist; und dann wird sie entweder die Existenz des Pferdes notwendig verneinen, oder sie wird an ihr notwendig zweifeln.

Und hiermit glaube ich auch auf den dritten Einwurf geantwortet zu haben, nämlich: der Wille ist etwas Allgemeines, das allen Ideen beigelegt wird und nur das bezeichnet, was allen Ideen gemeinsam ist, nämlich die Bejahung, deren adäquate Wesenheit deswegen, sofern sie derart abstrakt begriffen wird, in jeder Idee sein muß und in allen Ideen als dieselbe, aber eben nur in dieser Hinsicht, dagegen nicht, sofern sie als die Wesenheit einer Idee ausmachend angesehen wird, denn insofern unterscheiden sich die einzelnen Bejahungen ebenso voneinander wie die Ideen selbst. Die Bejahung z. B., die die Idee des Kreises in sich schließt, ist von der, die die Idee des Dreiecks in sich schließt, ebenso verschieden, wie die Idee des Kreises von der Idee des Dreiecks. Sodann verneine ich unbedingt, daß wir einer gleich großen Kraft des Denkens bedürfen, um als wahr zu bejahen, was wahr ist, wie um als wahr zu bejahen, was falsch ist. Denn diese beiden Bejahungen verhalten sich hinsichtlich ihrer Bedeutung zueinander wie Wesen zu Nichts. Denn in den Ideen ist nichts Positives, was die Form der Falschheit ausmacht. (Siehe Lehrsatz 35 dieses Teils mit der Anmerkung dazu und die Anmerkung zu Lehrsatz 47 dieses Teils). Und darum ist hier ganz besonders darauf aufmerksam zu machen, wie leicht wir uns täuschen, wenn wir das Allgemeine mit dem Einzelnen und Vernunft und abstrakte Wesen mit realen Wesen verwirren.

Was endlich den vierten Einwurf anlangt, so erkläre ich durchaus zuzugeben, daß ein Mensch, der sich in einem solchen Gleichgewicht befindet (der also nichts anderes wahrnimmt als Hunger und Durst und solche Speise und solchen Trank, die gleich weit von ihm entfernt sind), vor Hunger und Durst umkommen wird. Fragt man mich daraufhin, ob ein solcher Mensch nicht eher für einen Esel als für einen Menschen zu erachten ist, so gestehe ich, daß ich es nicht weiß, wie ich auch nicht weiß, für was jemand zu erachten ist, der sich erhängt, und wofür Kinder, Toren, Wahnsinnige usw. zu erachten sind.

Endlich ist noch übrig, anzuzeigen, wie nützlich die Kenntnis dieser Lehre für das Leben ist. Wir können das leicht aus dem folgenden abnehmen. Sie ist nämlich von Nutzen:

Erstens, sofern sie uns lehrt, daß wir allein nach dem Wink Gottes handeln und daß wir teilnehmen an der göttlichen Natur, und dies um so mehr, je vollkommener die Handlungen sind, die wir tun, und je mehr und mehr wir Gott erkennen. Abgesehen davon also, daß diese Lehre das Gemüt ganz friedlich stimmt, hat sie auch noch den Nutzen, daß sie uns lehrt, worin unser höchstes Glück oder unsere Glückseligkeit besteht, nämlich allein in der Erkenntnis Gottes, die uns anleitet, nur das zu tun, was Liebe und Pflichtgefühl erheischen. Von hier aus erkennen wir klar, wie weit von der wahren Schätzung der Tugend die entfernt sind, die für ihre Tugend und für ihre guten Handlungen wie für die schwerste Knechtschaft von Gott mit den größten Belohnungen ausgezeichnet zu werden erwarten, als ob Tugend und Gottes Knecht sein nicht selbst schon das Glück und die höchste Freiheit wären.

Zweitens, sofern sie uns lehrt, wie wir uns gegen die Fügungen des Schicksals oder gegen das, was nicht in unserer Gewalt steht, das heißt gegen die Dinge, die nicht aus unserer Natur folgen, verhalten müssen: nämlich beiderlei Antlitz des Schicksals mit Gleichmut erwarten und ertragen, weil ja alles nach dem ewigen Beschluß Gottes mit derselben Notwendigkeit folgt, wie aus der Wesenheit des Dreiecks folgt, daß seine drei Winkel gleich zwei rechten sind.

Drittens ist diese Lehre von Nutzen für das Gemeinschaftsleben, sofern sie uns lehrt, niemanden zu hassen, geringzuschätzen, zu verspotten, niemandem zu zürnen und niemanden zu beneiden. Außerdem sofern sie uns lehrt, daß ein jeder mit dem Seinigen zufrieden und dem Nächsten behilflich sein soll, nicht aus weibischer Barmherzigkeit, aus Parteilichkeit oder aus Aberglauben, sondern allein nach der Leitung der Vernunft, nämlich je nachdem Zeit und Umstände es erfordern, wie ich im 3. Teil zeigen werde.

Viertens endlich ist diese Lehre auch von nicht geringem Nutzen für die staatliche Gemeinschaft, sofern sie lehrt, auf welche Weise die Bürger zu regieren und zu leiten sind, nämlich so, daß sie nicht als Knechte dienen, sondern freiwillig tun, was das beste ist.

Damit habe ich erledigt, was ich in dieser Anmerkung behandeln wollte, und so schließe ich diesen unseren 2. Teil. Ich glaube darin die Natur der menschlichen Seele und ihre Eigenschaften ausführlich genug und so klar auseinandergesetzt zu haben, als die Schwierigkeit der Sache es irgend erlaubt; zugleich glaube ich Einsichten mitgeteilt zu haben, aus denen sich viel Vortreffliches, höchst Nützliches und zu wissen Notwendiges ableiten läßt, wie teilweise aus dem Folgenden hervorgehen wird. (*Ethik*, II. Teil, Lehrsatz 49, Anmerkung)

Freiheit, Notwendigkeit

Unser Freund J. R. hat mir den Brief übersandt, den Sie so freundlich waren an mich zu richten, zugleich mit dem Urteil Ihres Freundes über meine und des Descartes Ansicht vom freien Willen; ich habe mich sehr darüber gefreut. Obwohl ich gegenwärtig, abgesehen davon, daß meine Gesundheit nicht die beste ist, durch andre Dinge sehr in Anspruch genommen werde, so sehe ich mich doch durch Ihre ausnehmende Freundlichkeit oder, was ich am höchsten schätze, durch den Eifer für die Wahrheit, der Sie beseelt, genötigt, Ihren Wunsch nach meinen schwachen Kräften zu erfüllen.

Was Ihr Freund meint, bevor er sich an die Erfahrung wendet und genaue Aufmerksamkeit fordert, weiß ich nicht. Wenn er dann hinzufügt: »wenn von zweien der eine etwas von einer Sache behauptet, der andre aber bestreitet usw.«, so ist das wahr, wenn er meint, daß die beiden zwar dieselben Worte gebrauchen, aber an verschiedene Dinge denken. Ich habe davon schon früher an Freund J. R. einige Beispiele gesandt und will ihm jetzt schreiben, daß er sie Ihnen mitteilen möge.

Ich gehe also über zu der Definition der Freiheit, die Sie mir zuschreiben. Ich weiß aber nicht, woher Sie diese genommen haben. Ich nenne also ein Ding frei, wenn es nur aus der Notwendigkeit seiner Natur existiert und handelt; gezwungen aber, wenn es von einem andren Dinge bestimmt wird, in einer gewissen bestimmten Weise zu existieren und zu handeln. Gott z. B. existiert notwendig zwar und dennoch frei, weil er allein aus der Notwendigkeit seiner Natur existiert. So begreift Gott in freier Weise sich selbst und alle Dinge überhaupt, weil es allein aus der Notwendigkeit seiner Natur folgt, daß er alles begreift. Sie sehen also, daß ich die Freiheit nicht in den freien Willen, sondern in die freie Notwendigkeit setze.

Aber wir wollen zu den geschaffenen Dingen herabsteigen, die alle von äußeren Ursachen bestimmt werden, auf eine gewisse, bestimmte Weise zu existieren und zu handeln. Um das klar zu verstehen, wollen wir ein sehr einfaches Ding ins Auge fassen. Ein Stein empfängt durch eine äußere Ursache, die ihn stößt, ein gewisses Quantum an Bewegung, durch welches er dann, auch wenn der Anstoß der äußeren Ursache aufhört, notwendig fortfährt, sich zu bewegen. Das Verharren des Steines in der Bewegung nun ist gezwungen, nicht weil es notwendig ist, sondern weil es durch den Anstoß der äußeren Ursache definiert werden muß. Und was hier vom Stein gilt, das gilt von jedem besondern Dinge, wie zusammengesetzt und zu Vielfachem fähig man es sich auch denken mag, daß nämlich jedes Ding von einer äußeren Ursache bestimmt wird, auf eine gewisse bestimmte Weise zu existieren und zu wirken.

Denken Sie sich nun, bitte, der Stein denke, indem er fortfährt, sich zu bewegen, und er wisse, daß er nach Möglichkeit in der Bewegung zu verharren strebt. Dieser Stein wird sicherlich, da er sich doch nur seines Strebens bewußt und durchaus nicht indifferent ist, der Meinung sein, er sei vollkommen frei und verharre nur darum in seiner Bewegung, weil er es so wolle. Und das ist jene menschliche Freiheit, auf deren

Besitz alle so stolz sind und die doch nur darin besteht, daß die Menschen sich ihres Begehrens bewußt sind, aber die Ursachen, von denen sie bestimmt werden, nicht kennen. So hält sich das Kind für frei, wenn es nach Milch begehrt, der Knabe, wenn er im Zorne die Rache, der Furchtsame, wenn er die Flucht will. Auch der Betrunkene glaubt, er rede aus freiem Entschluß seines Geistes, wenn er Dinge sagt, die er später im nüchternen Zustande lieber verschwiegen haben wollte. So glauben die Leute im Fieberwahn, die Schwätzer und andre von der Sorte, sie handelten nach freiem Entschluß ihres Geistes, und sie glauben nicht, daß sie von einem Anstoß getrieben werden. Und da dieses Vorurteil allen Menschen eingeboren ist, machen sie sich nicht leicht davon los. Denn die Erfahrung lehrt uns zwar genug und übergenug, daß die Menschen zu nichts so wenig imstande sind als dazu, ihre Begierden zu mäßigen, und daß sie oft, eine Beute widerstrebender Affekte, das Bessere sehen und dem Schlechteren folgen, und doch glauben sie, frei zu sein, und zwar deshalb, weil sie manches nur oberflächlich begehren und ihre Begierde danach leicht durch die Erinnerung an etwas anderes herbeigeführt wird, dessen wir uns oft erinnern.

Hiermit habe ich, wenn ich nicht irre, meine Meinung über die eingebildete menschliche Freiheit genugsam auseinandergesetzt. Danach lassen sich die Einwürfe Ihres Freundes leicht beantworten. Denn wenn er in Übereinstimmung mit Descartes sagt, der sei frei, der nicht von einer äußeren Ursache gezwungen wird, so gebe ich zu: wenn er unter einem gezwungenen Menschen den versteht, der gegen seinen Willen handelt, so sind wir in manchen Dingen in keiner Weise gezwungen und haben in dieser Hinsicht einen freien Willen. Wenn er aber unter gezwungen den versteht, der zwar nicht gegen seinen Willen, aber doch notwendig handelt (wie ich oben dargelegt habe), so bestreite ich, daß wir irgendwie frei sind.

Ihr Freund behauptet dagegen, daß wir von unsrer Vernunft vollkommen freien, d. h. unbedingten Gebrauch machen könnten, eine Behauptung, auf der er mit genügender, um nicht zu sagen übermäßiger Zuversicht besteht. »Denn wer«, sagt er, »möchte es leugnen, ohne seinem eigenen Bewußtsein zu widersprechen, daß ich mir in meinen Gedanken denken kann, daß ich schreiben will oder nicht will.« Ich möchte gerne wissen, von was für einem Bewußtsein er spricht, wenn nicht von jenem, das ich vorhin durch das Beispiel des Steines klargelegt habe. Ich wenigstens bestreite, um nicht gegen mein Bewußtsein, d. h. gegen Vernunft und Erfahrung zu sprechen und um nicht Vorurteile und Unwissenheit zu begünstigen, ich bestreite, daß ich mir mit irgendeinem Denkvermögen denken kann, daß ich schreiben will und daß ich es nicht will. Ich berufe mich aber auf sein eigenes Bewußtsein; denn er hat ohne Zweifel die Erfahrung gemacht, daß er in Träumen nicht die Fähigkeit hat zu denken, daß er schreiben will und nicht will; und er hat, wenn er träumt, schreiben zu wollen, nicht die Fähigkeit, nicht zu träumen, daß er schreiben wolle; und nicht minder glaube ich, daß er die Erfahrung gemacht hat, daß der Geist nicht immer in gleicher Weise geeignet ist, über denselben Gegenstand nachzudenken, sondern vielmehr je nachdem der Körper geeigneter ist, daß in ihm das Bild dieses oder jenes Gegenstandes wachgerufen wird, so ist auch der Geist geeigneter, diesen oder jenen Gegenstand zu betrachten.

Wenn er außerdem hinzufügt, die Gründe, aus denen er seinen Sinn auf das Schreiben richtet, veranlaßten ihn zwar zum Schreiben, zwängen ihn aber nicht dazu, so bedeutet das nichts anderes (wenn man die Sache objektiv prüfen will), als daß es sich damals mit seinem Sinne so verhielt, daß die Gründe, die ihn sonst, wenn er einem großen Affekte gegenübergestanden wäre, nicht hätten bestimmen können, jetzt leicht bestimmen konnten, d. h. die Gründe, die ihn sonst nicht hätten zwingen können, zwangen ihn jetzt, nicht um gegen seinen Willen zu schreiben, sondern um notwendig Lust zum Schreiben zu bekommen.

Wenn er ferner behauptet: »Wenn wir von äußeren Ursachen gezwungen würden, könnte niemand zu einem tugendhaften Zustand gelangen«, so weiß ich nicht, wer ihm eigentlich gesagt hat, daß es nicht aus Schicksalsnotwendigkeit, sondern nur durch freien Entschluß des Geistes geschehen kann, daß wir festen und beständigen Sinnes seien.

Und wenn er schließlich sagt: »In diesem Falle wäre jede Schlechtigkeit entschuldbar« – was ergibt sich daraus? Schlechte Menschen sind doch nicht weniger zu fürchten und nicht weniger schädlich, wenn sie notwendig schlecht sind. Aber hierüber sehen Sie bitte meinen Anhang zu Buch 1 und 2 der Principien Descartes', in geometrischer Ordnung bewiesen, Teil 2, Kapitel 8.

Schließlich hätte ich gerne, daß Ihr Freund, der mir diese Einwände macht, mir die Frage beantwortete, auf welche Weise er die aus dem freien Entschlusse des Geistes hervorgehende menschliche Tugend mit der Vorherbestimmung Gottes vereinigt. Wenn er mit Descartes gesteht, daß er beides nicht zu vereinigen wisse, dann will er eben die Lanze, die ihn selbst schon durchbohrt hat, gegen mich erheben. Aber vergebens. Denn wenn Sie meine Meinung aufmerksam prüfen wollen, werden Sie alles in Übereinstimmung finden; usw. (Brief an Schuller, v. Herbst 1674)

Die Vereinigung der Menschen

Ferner folgt aus Forderung 4 des 2. Teils, daß wir es niemals dahin bringen können, zur Erhaltung unseres Seins nichts außerhalb unserer zu bedürfen und ohne jeden Verkehr mit den Dingen außer uns zu leben; und ziehen wir außerdem unsere Seele in Betracht, so wäre sicherlich unser Verstand weniger vollkommen, wenn die Seele mit sich selbst allein wäre und nichts erkennte als sich selbst. Es gibt demnach außerhalb unserer gar vielerlei, was nützlich für uns und darum zu erstreben ist. Und davon ist das denkbar Wertvollste das, was mit unserer Natur gänzlich übereinstimmt. Denn wenn z. B. zwei Individuen von ganz derselben Natur sich miteinander verbinden, so bilden sie ein Individuum, das doppelt so mächtig ist als jedes einzelne für sich. Für den Menschen ist daher nichts nützlicher als der Mensch; nichts Wertvolleres, sage ich, können sich die Menschen zur Erhaltung ihres Seins wünschen, als daß alle in allem dergestalt übereinstimmen, daß die Seelen und Körper aller zusammen gleichsam eine einzige Seele und einen einzigen Körper bilden, daß alle zumal, soviel sie können, ihr Sein zu erhalten streben und alle zumal für sich den gemeinsamen Nutzen aller suchen; woraus folgt, daß die Menschen, die sich durch die Vernunft lenken lassen, das heißt die Menschen, die nach der Leitung der Vernunft ihren Nutzen suchen, nichts für sich erstreben, was sie nicht auch für die übrigen Menschen begehren, und mithin, daß sie gerecht, redlich und ehrbar sind. (*Ethik*, IV. Teil, Lehrsatz 18, Anmerkung)

Es erhellt hieraus, daß jenes Gesetz, das kein Tier zu schlachten erlaubt, mehr in einem eitlen Aberglauben und in weibischer Barmherzigkeit als in der gesunden Vernunft begründet ist. Das Gebot der Vernunft, unseren Nutzen zu suchen, lehrt zwar, daß wir uns mit den

Menschen verbinden müssen, nicht aber mit den Tieren oder mit Dingen, deren Natur von der menschlichen Natur verschieden ist; wir haben vielmehr ihm zufolge dasselbe Recht auf die Tiere, das diese auf uns haben. Ja, da eines jeden Recht durch seine Tugend oder Kraft definiert wird, haben die Menschen ein weit größeres Recht auf die Tiere, als diese auf die Menschen. Damit verneine ich jedoch nicht, daß die Tiere Empfindungen haben, wohl aber verneine ich, daß es deswegen nicht erlaubt sein soll, für unseren Nutzen zu sorgen und sie nach Belieben zu gebrauchen und so zu behandeln, wie es uns am besten paßt, da sie ja der Natur nach nicht mit uns übereinstimmen und ihre Affekte von den menschlichen Affekten der Natur nach verschieden sind (*Ethik*, IV. Teil, Lehrsatz 37, Anmerkung 1)

Anmerkungen

1 J. Colerus, Kurze, aber wahrhaftige Lebensbeschreibung von Benedictus de Spinoza. In: C. Gebhardt (Hrsg.), *Spinoza, Lebensbeschreibungen und Gespräche*, Hamburg 1977, S. 65.
2 Brief von Albert Burgh an Spinoza (11. 9. 1675).
3 *Correspondance de Dortous de Mairan et Malebranche*. Ed. Vrin. S. 102 f. und 105 f.
4 Brief von Spinoza an Jarig Jelles (2. 6. 1674).
5 Brief von Schuller an Spinoza (14. 11. 1675).
6 Brief von Spinoza an Schuller (18. 11. 1675).
7 Brief von Spinoza an Albert Burgh (Anfang 1676).
8 Descartes, *Meditationen*, I.
9 Ebd.
10 Spinoza, *Ethik*, I. Teil. Anhang.
(Wir zitieren nach: Baruch de Spinoza: *Die Ethik, nach geometrischer Methode dargestellt*. Übersetzung, Anmerkungen und Register von O. Baensch. Hamburg 1976. A. d. Ü.).
11 Ebd., II. Teil, Lehrsatz 35, Anmerkung.
12 Ebd., II. Teil, Lehrsatz 3, Anmerkung.
13 Descartes, *Die Prinzipien der Philosophie*, Erster Teil, §§ 37 und 39.
14 Descartes, *Meditationen*, IV.
15 Descartes, *Brief an Mersenne* (15. 4. 1630).
16 Descartes, *Die Prinzipien der Philosophie*, Erster Teil, § 37.
17 Spinoza, *Ethik*, III. Teil, Vorwort.
18 Descartes, Brief an P. Mesland (9. 11. 1645).
19 Spinoza, *Ethik*, V. Teil, Lehrsatz 42.
20 Ebd., I. Teil, Anhang.
21 Spinoza, *Abhandlung vom Staate*, Erstes Kapitel, § 1 und 4.
22 Brief von Spinoza an Tschirnhaus (15. 7. 1676).
23 Spinoza, *Ethik*, I. Teil, Anhang.
24 Ebd., I. Teil, Lehrsatz 8, Anmerkung 2.
25 Ebd., I. Teil, Lehrsatz 15, Anmerkung.
26 Ebd., I. Teil, Lehrsatz 17, Anmerkung.
27 L. Feuerbach, *Das Wesen des Christentums (1841)*, Frankfurt 1976, S. 19.
28 Ebd., S. 410. Nota bene: Zu dieser Frage vgl. die Einleitung von Pierre

Osier zu seiner Übersetzung von *Das Wesen des Christentums*, Paris 1968, S. 7–78.

29 Spinoza, *Ethik*, I. Teil, Anhang.
30 Ebd.
31 Ebd. I. Teil, Lehrsätze 14 und 15.
32 Spinoza, *Kurze Abhandlung von Gott, dem Menschen und seinem Glück*, Hamburg 1965, S. 32 ff.
33 Zur Frage der Immanenz und ihrem Verhältnis zur Emanation vgl. G. Deleuze, bes. *Spinoza und das Problem des Ausdrucks in der Philosophie*, München 1993, Kapitel IX.
34 Spinoza, *Ethik*, I. Teil, Definition 3.
Descartes, *Die Prinzipien der Philosophie*. Erster Teil, § 51.
35 Spinoza, *Ethik*, I. Teil, Lehrsatz 16, Beweis.
36 Spinoza, *Metaphysische Betrachtungen*, 2. Teil, 7. Kapitel.
37 Brief von Spinoza an Tschirnhaus (17. 7. 1676).
38 Spinoza, *Ethik*, II. Teil, Lehrsatz 40, Anmerkung 1.
39 Ebd., II. Teil, Lehrsatz 48, Anmerkung.
40 Spinoza, *Kurze Abhandlung von Gott, dem Menschen und seinem Glück*, a. a. O., S. 94.
41 Spinoza, *Ethik*, II. Teil, Lehrsatz 49, Beweis.
42 Ebd., II. Teil, Lehrsatz 35. Beweis.
43 Ebd., II. Teil, Lehrsatz 35, Anmerkung.
44 Ebd., II. Teil, Lehrsatz 16.
45 Descartes, *Über die Leidenschaft der Seele*. Erster Teil. Artikel 45 und 50.
46 Spinoza, *Ethik*, V. Teil, Vorrede.
47 Ebd., III. Teil, Definition der Affekte, Definition I. und Erläuterung.
48 Ebd., III. Teil, Lehrsatz 9, Anmerkung.
49 Ebd., III. Teil, Lehrsatz 2, Anmerkung.
50 S. Freud, *Die Zukunft einer Illusion*. In: S. Freud, *Studienausgabe*, Bd. IX, S. 164 f.
51 Spinoza, *Ethik*, I. Teil, Anhang.
52 Ebd., IV. Teil, Lehrsatz 4 und Folgesatz.
53 Brief von Oldenburg an Spinoza (14. 1. 1676).
54 Brief von Spinoza an Oldenburg (7. 2. 1676).
55 Spinoza, *Ethik*, IV. Teil, Lehrsatz 18, Anmerkung.
56 Th. Hobbes, *Leviathan*, Zweiter Teil, Kap. XVII.
57 Spinoza, *Ethik*, IV. Teil, Lehrsatz 18, Anmerkung.
58 Ebd., IV. Teil, Lehrsatz 37, Anmerkung 2.
59 G. W. Leibniz, *Monadologie*, §§ 56 und 57.
60 Vgl. M. Guéroult, *Spinoza*, Bd. 1, Paris 1968, Anhang 3.

Schriften Spinozas

Kurze Abhandlung von Gott, dem Menschen und seinem Glück. Ein Text, der aus Darlegungen Spinozas vor einem kleinen Freundeskreis zwischen 1651 und 1660 hervorgegangen ist. Er ist eine mehr oder weniger genaue Mitschrift eines Zuhörers, über die wir nur in einer holländischen Version verfügen. Sucht man das Denken des jungen Spinoza in diesem Text, muß man also sehr behutsam vorgehen.

Abhandlung über die Verbesserung des Verstandes, 1661. Ein unvollendeter Text. Eine Einführung in die Philosophie, d. h. in die Suche nach »einem wahrhaftigen Gut«, an dem »sich Theil nehmen lasse«, was beinhaltet, »den Verstand zu heilen und ihn (...) zu reinigen«. Entscheidend dafür: »Daraus kann schon jeder sehen, daß ich alle Wissenschaften auf einen Zweck und ein Ziel hinleiten will, nämlich damit man zu der höchsten menschlichen Vollkommenheit (...) gelange.«

Die Prinzipien der Philosophie von Descartes. In geometrischer Weise demonstriert, gefolgt von den *Metaphysischen Betrachtungen,* 1663. Eine für einen Schüler Spinozas, Casearius, geschriebene Abhandlung. Auch hier ist Vorsicht bei der Lektüre angezeigt: »Daher möge niemand glauben, daß er hier das Seinige lehre oder nur das, was er selbst billigt; denn, obgleich er Manches für richtig hält und noch Manches eigen hinzugefügt zu haben gesteht, findet sich doch Vieles, was er als falsch verwirft, und wovon er eine durchaus abweichende Ansicht hegt« (Vorwort von L. Meyer). Und vor allem: »Den Casearius brauchen Sie nicht zu beneiden, denn es gibt niemanden, der mir unangenehmer ist und vor dem ich mich mehr in acht zu nehmen habe als ihn. Darum möchte ich Sie und alle Bekannten ersuchen, ihm meine Gedanken nicht eher mitzuteilen, als bis er zu reiferen Jahren gekommen ist« (Brief an S. de Vries aus dem Jahre 1663).

Die Ethik, nach geometrischer Methode dargestellt, 1661–1675. Spinozas Hauptwerk, das er nur seinen engsten Freunden zugänglich macht. Er denkt erst gegen 1675 an eine Veröffentlichung, verzichtet jedoch aus Sicherheitsgründen darauf (»Die Sache scheint aber von Tag zu Tag eine schlimmere Wendung zu nehmen«).

Theologisch-politischer Traktat, 1670. Eine Apologie der Toleranz: Sie muß an zwei Fronten kämpfen, denn sie bekämpft eine Mischung aus Aberglaube und politischem Vorurteil. Dieser Traktat ist eines der beiden von Spinoza zu seinen Lebzeiten veröffentlichten Werke. Läßt sich sein Denken darin auf direktere Art als in den *Prinzipien der Philosophie von Descartes* entdecken? Wahrscheinlich nicht: Es handelt sich darum, eine gemeinsame Sprache mit den liberalen Christen zu finden, und nicht darum, sie zur vollständigen Wahrheit zu führen.

Abhandlung vom Staate, 1675–1677. Ein unvollendeter, durch den Tod Spinozas unterbrochener Text.

Briefwechsel. 88 Briefe von und an Spinoza aus den Jahren zwischen 1661 und 1676. Einige von ihnen sind für das Verständnis der *Ethik* äußerst wichtig (besonders der Brief an L. Meyer vom 20. 4. 1663 über die Zeit, der Brief von H. Schuller vom 29. 7. 1675 über die unendlichen Modi).

Abriß der hebräischen Grammatik. Unvollendet.

Über die Wahrscheinlichkeitsrechnung. Über den Regenbogen. Der Zeitpunkt der Entstehung dieser beiden in Holländisch verfaßten Texte ist unbekannt.

Noch im Todesjahr Spinozas erscheinen die meisten seiner fertigen oder unvollendeten Schriften, einschließlich des nahezu vollständigen Briefwechsels. Es fehlt die *Kurze Abhandlung*, die erst im 19. Jahrhundert veröffentlicht werden wird. Für die deutsche Ausgabe der Werke Spinozas verweisen wir auf die 1977/1978 erschienenen *Sämtlichen Werke in sieben Bänden* des Meiner Verlags, Hamburg.

Friedrich Balke

Die größte Lehre in Häresie
Über die Gegenwärtigkeit der Philosophie Spinozas

»Serons-nous jamais mûrs pour une inspiration spinoziste?«
Gilles Deleuze / Felix Guattari

I.

Es gibt einen antimetaphysischen Affekt. Dort, wo er philosophiehistorisch reflektiert wird, sieht man schnell, daß er weniger den vermeintlichen oder wirklichen Überspanntheiten philosophischen Systemdenkens Rechnung trägt als vielmehr der Intuition entspringt, daß wir in einem wissenschaftlichen, eben: nachmetaphysischen Zeitalter leben, wie es in der ersten Hälfte des letzten Jahrhunderts Auguste Comte angekündigt hatte. Die Vorstellung vom Fortschritt in der Geschichte der Philosophie, der sie schließlich selbst zum Opfer fallen mag, hält sich – aller Kritik an den *grands récits* zum Trotz – hartnäckig. Auch wenn sich gegenwärtig kaum noch jemand wie zu den Hochzeiten des logischen Positivismus die Diagnose vom Ende der Philosophie (bzw. ihrer Aufhebung in Wissenschaftstheorie) zutraut, gibt es eine geläufige Beschreibung des Ablaufs der abendländischen Philosophiegeschichte, die – in Analogie zu Vorgängen in der Wissenschaftsgeschichte – von »Paradigmenwechsel« oder – in Anlehnung an eine zivilisationsgeschichtliche Kategorie Max Webers – von »Rationalisierungsprozessen« spricht. So lautet denn das zeitgenössische Dreistadiengesetz: von der Ontologie über den Mentalismus zur Sprachphilosophie, vom Sein über das Bewußtsein zur Rede. Handelt es sich bei der Transformation der antiken und mittelalterlichen Ontologie in den cartesianischen und postcartesianischen Mentalismus, der im deutschen Idealismus seine steilste Ausprägung erhält, noch um einen Wechsel der leitenden Begrifflichkeit, der das metaphysische Metaparadigma intakt ließ, so verspricht die »linguistische Wende« eine Verwissenschaftlichung der Philosophie, ohne die Philosophie doch in Wissenschaft aufzulösen. Der Abschied von der Metaphysik scheint jedenfalls unwiderruflich. Nun muß auch das nachmetaphysische Denken zunächst mit einer Beschreibung des metaphysischen Denktyps beginnen, den es ablösen will. Hier wird man allerdings die Frage nach der Angemessenheit oder, genauer, nach der Komplexität des Bildes stellen, das eine in den letzten Jahrzehnten linguistisch transformierte Philosophie von einer über zweitausendjährigen Denkformation zeichnet. Wobei sich von selbst versteht, daß die Anciennität dieses »abendländischen Diskurses« nicht schon seine überzeitliche Gültigkeit verbürgt.

Jürgen Habermas hat in verschiedenen Aufsätzen das Bild der Metaphysik entworfen, von dem ein nachmetaphysisches Denken sich abwendet. Die Privilegierung des Einen vor dem Vielen, des Ganzen vor dem Teil, der Identität vor der Differenz; die pyramidale Abstufung des Seins, die von einer entsprechenden Organisation der Ideen reflektiert wird und die formlose Materie dem Nicht-Sein zuschlägt; die für die neuzeitliche Philosophie charakteristische Verwandlung der formgebenden Ideen in die kategorialen Bestimmungen einer leistenden Subjektivität; schließlich die Auszeichnung der Theorie als einer exemplarischen Lebensform – es sind diese vier »Aspekte«, denen Habermas die Ergebnisse seiner Rekonstruktion des metaphysischen Denkens zuordnet.[1] Das Verfahren ist ein offensichtlich *idealtypisierendes*, und das heißt auch: es kommt nicht ohne erhebliche *Idealisierungen* aus; statt auf die Brüche und Differenzen zwischen den metaphysischen Konzeptionen zu achten und sie – im Gegenzug gegen den philosophiegeschichtlichen Mainstream – womöglich noch zu vervielfachen, destilliert es einen durch vergleichende Abstraktion gewonnenen Geistestyp, dessen Identität alle Differenzen seiner Ausprägung übergreifen soll. Auch wenn uns heute die Autorität der Metaphysiker nicht mehr viel gilt – schon Spinoza stellte lakonisch fest: »Die Autorität des Plato, Aristoteles und Sokrates gilt bei mir nicht viel« (*Brief* 56, an Hugo Boxel)[2] –, zeigen gerade die ambitioniertesten Versuche der Metaphysikkritik seit der Mitte des letzten Jahrhunderts, daß jeder Versuch einer Überwindung der Metaphysik die Form intensiven Durcharbeitens ihrer unterschiedlichen Begriffe annimmt. Nirgendwo ist die Metaphysik so präsent wie in den Texten ihrer großen Kritiker: das gilt für Nietzsche ebenso wie für Heidegger, es gilt für Adorno und heute für Derrida. Nur den logischen Positivisten war es zu Beginn dieses Jahrhunderts vorbehalten, die gesamte vorwissenschaftstheoretische Philosophie dem Verdacht der Sinnlosigkeit auszusetzen – diese Haltung des ›Kannitverstan‹ mochte kurzfristig durchaus produktive Wirkungen in einer philosophischen Universitätskultur entfalten, der die bedingungslose Unterwerfung unter den Anspruch der tradierten Texte als oberstes Gebot hermeneutischer Praxis galt. Gab es nicht durchaus Werke der klassischen Metaphysik, die unserem Zeitalter so fern standen, daß ihre Lektüre auf den modernen Leser wie dadaistische Sprachexperimente wirkten? Doch wie so oft bei provokanten Gesten, sie erlahmen schnell und ändern kaum etwas am Betrieb. Die frontale Negation der metaphysischen Konzeptionen Alteuropas, ihre »Abschüttelung«, beruhte, wie man bald sah, ihrerseits auf massiven metaphysischen Grundannahmen (z. B. der einer reduktionistischen Erkenntnistheorie) und ersetzte die seit Nietzsche – durchaus in ›destruierender‹ Absicht[3] – unternommenen Versuche einer Genealogie metaphysischer Denkhaltungen, einer Erforschung ihrer historischen Möglichkeits- und Wirkungsbedingungen durch neue Tabus und schlichte Polemik.

Und wenn die Annahme eines Platon, Descartes, Locke, Kant und Hegel übergreifenden metaphysischen Denkens nun auf einer philosophiegeschichtlichen Konstruktion beruhte? Vielleicht bedarf es eines neuen Foucault, der die Philosophie aus ihrem ideengeschichtlichen Schlummer reißt, indem er ihre diskursiven Formierungsregeln offenlegt, so wie es Foucault selbst für die Geschichte der Humanwissenschaften versucht hatte. Es gibt zweifellos eine spezifische Gegenwärtigkeit des philosophischen Diskurses, eine ›Konkulturalität‹, die den vormodernen Philosophen das Schicksal ihrer ›naturwissenschaftlichen‹ Kollegen, die keinerlei Bedeutung mehr für die zeitgenössische Forschungspraxis haben, erspart. Diese Gegenwärtigkeit noch der historisch entferntesten philosophischen Anstrengungen darf allerdings nicht als Hinweis auf oder gar Beweis für die Existenz eines homogenen, sich in der Geschichte kontinuierlich entwickelnden (›sich auseinanderfaltenden‹) Denktyps aufgefaßt werden. Ohne die Frage nach der merkwürdigen Konkulturalität der philosophischen Positionen und Begriffe hier erschöpfend beantworten zu wollen, sei doch soviel angemerkt: offensichtlich verfährt die Geschichte der Philosophie anders als die der Wissenschaften, die sich als ein Prozeß beschreiben läßt, in dessen Verlauf Irrtümer ausgeschaltet und frühere Erkenntnisse in den Zusammenhang neu erworbener Erkenntnisse integriert werden. Anders die Philosophie: in einem seiner bedeutendsten Texte hat Louis Althusser die Auseinandersetzung zwischen unterschiedlichen philosophischen Richtungen als einen Kampf beschrieben, der niemals zur Stillegung einer vergangenen philosophischen Formation führt. Es gibt in der Philosophie keinen Irrtum im Sinne der naturwissenschaftlichen Erkenntnispraxis: »Der Gegner wird nie völlig besiegt, also auch nie *völlig beseitigt* bzw. völlig *aus seiner historischen Existenz gestrichen*. Er wird lediglich *beherrscht*, und er besteht unter der Herrschaft der neuen philosophischen Formation fort, die ihn nach einem sehr langen Kampf abgesetzt hat: Er besteht fort in einer *beherrschten* Philosophie, die natürlich jederzeit bereit ist, wieder aufzusteigen, sobald die Situation ihr dazu nur das kleinste Zeichen gibt und sich eine Gelegenheit bietet.«[4] Das heißt aber, daß die Philosophie, anders als Habermas meint, immer schon mehr war als die fortschreitende Ausdifferenzierung einer *idealistischen* Grundposition, daß sich ihre verschiedenen Tendenzen und Schulen keineswegs symbolisch wie die Äste und Zweige eines Stammbaums vorstellen lassen, der im Mythos wurzelt.

Die Kämpfe zwischen den Philosophen sind zu keiner Zeit Schaukämpfe gewesen. Man muß mit einem hegelianischen Schema der Philosophiegeschichtsschreibung brechen, dem zufolge die »verschieden erscheinenden Philosophien [...] nur *eine* Philosophie auf verschiedenen Ausbildungsstufen« sind und die »besonderen *Prinzipien*« einer jeden Philosophie nur ebenso viele »*Zweige* eines und desselben Ganzen«. Hegel resümiert seine Konzeption der Philosophiegeschichte als stufenweiser Entwicklung der »Idee« in einer suggestiven metaphorischen Wendung: »das Ganze stellt sich daher als ein Kreis von Kreisen dar, deren jeder ein notwendiges Moment ist.«[5] Obwohl Hegel durchaus Unterschiede und Brüche, Konflikte und Kämpfe zwischen den philosophischen Richtungen zugibt, relativiert er diese Differenzen zu »Momenten« einer temporalisierten und vektorialisierten Identität: die hierarchisch geordnete Begriffspyramide nimmt die Gestalt der »Entwicklungstufen der Idee« an, die Spitze dieser dynamisierten Pyramide wird von der jeweils ›fortgeschrittensten‹, d. h. die Resultate der vorangegangenen Philosophien in sich aufnehmenden Philosophie besetzt. Gaston Bachelard hat den Philosophiehistorikern (und damit den Philosophen überhaupt, insoweit jede Philosophie ihre Position nur über den Umweg der vergangenen Gestalten des Denkens definieren kann) ins Stammbuch geschrieben: »Aber es ist immer das gleiche, der Philosoph erreicht die Zonen der wirksamen Diskontinuität nicht; er behauptet also ruhig die Kontinuität des Wissens.«[6] Ein epistemologisch reflektierter Umgang mit der Geschichte der Philosophie bestünde darin, genau jene »Zonen der wirksamen Diskontinuität« freizulegen, die durch die Arbeit der nachfolgenden Philosophen zugedeckt werden. Wenn Althusser zufolge die Kämpfe zwischen den Philosophien niemals mit dem Sieg einer der kämpfenden Parteien enden können, wenn die gegnerische Position niemals historisch ausgestrichen, sondern nur niedergehalten werden kann, dann gibt es keine wirksamere Strategie der philosophischen Niederhaltung als die Hegelsche, die die konkurrierenden philosophischen Systeme und Schulen als Elemente und Ingredienzien ihrer eigenen, nicht zufällig »Enzyklopädie« genannten Lehre anerkennt und *auf diese Weise* beherrscht.

Es spricht viel dafür, daß es sich bei der Annahme eines *homogenen metaphysischen Denktyps*, der sich zwar variantenreich zu artikulieren vermag, dabei aber niemals die Grenzen des einheitsstiftenden Paradigmas sprengt, um eine Fiktion handelt, die das Geschäft einer Freilegung der Zonen wirksamer Diskontinuität zwischen den philosophischen Diskursen erschwert. Die Philosophie Spinozas vermag vielleicht auch deshalb heute noch zu faszinieren und zu neuen Begriffsschöpfungen anzuregen, weil sie sich wie kaum eine andere Philosophie gegen ihre metaphysikgeschichtliche Disziplinierung sperrt. Spinozas Philosophie mag zahlreiche Züge des metaphysischen Denktyps aufweisen, das, was sie an neuen Denkmöglichkeiten hervorgebracht hat, verbietet es, sie als eine bloße Variante dieses Typs darzustellen. Spinoza ist ein Beispiel dafür, daß die ›internen‹ Differenzen zwischen bestimmten metaphysischen Konzeptionen größer sein können als die Unterschiede zwischen ›der Metaphysik‹ als ganzer und einem erklärtermaßen nachmetaphysischen Denken. Die Beschäftigung mit Spinozas Philosophie nährt den Verdacht, daß es sich bei der Rede von *der* Metaphysik um ein »Musterbild« (*exemplar*), einen Gattungsbegriff handelt, der bestimmte (vielleicht besonders auffällige) Merkmale der in Rede stehenden Theorien unter sich vereint, dabei aber diesen Theorien und ihren »Kräften‹ äußerlich bleibt. Die zeitgenössischen Metaphysiker und Metaphysikkritiker sind sich der Einheit ihres Gegenstandes allzu gewiß. Und vielleicht befähigen gerade die

Denkbewegungen, die sich dem philosophiehistorisch abstrahierten Bild *der* Metaphysik nicht fügen, die großen metaphysischen Entwürfe zu einer überraschenden Antizipation späterer wissenschaftlicher Theorien, einer Antizipation, die zwar im Medium der Philosophie verbleibt (und deshalb auch die Wissenschaft niemals ersetzen kann), aber darum oft intensiver als die wissenschaftlichen Theorien die ›Kulturbedeutsamkeit‹ ihrer Entdeckungen spüren läßt.

Außerhalb des Verhältnisses zu den Wissenschaften »könnte die Philosophie nicht existieren«[7], dieses Verhältnis definiert nicht ihren Gegenstand (denn die Philosophie hat keinen Gegenstand), sondern ihre »Spezifik«. Die Philosophie ›beutet‹ die Wissenschaft ›aus‹, indem sie deren Wachstumskrisen bzw. Paradigmawechsel zum Anlaß für einen Diskurs über die »Grenzen« des Wissenschaftlichen nimmt, *oder* sie hält ihr dadurch den Rücken frei, daß sie gegen das intuitive, lebensweltlich eingeübte Wissen, die »spontane Philosophie« der Angehörigen einer Kultur (zu der auch die Wissenschaftler selbst ›mit einem Teil‹ ihrer Existenz gehören) ein neues, zunächst ›kontraintuitives‹ Wissen zur Geltung bringt. Die massive Reaktion auf die »Lehrsätze« Spinozas erklären sich aus ihrem entschiedenen Bruch mit den in seiner Kultur zirkulierenden »Erkenntnissen erster Gattung«, den Vorstellungen, Bildern und Meinungen über die Dinge, die zu Zeiten Spionzas ihre Sanktion durch die religiöse Praxis und ihre theologische Kodifizierung erfuhren. Die Philosophie operiert also im »Außen« der Wissenschaft, aber dieses Außen hat eine konstitutive Beziehung zu ihrem »Innen«: »Die Wissenschaftler müssen sich vor allem auf ihre eigenen Kräfte verlassen; aber *ihre* eigenen Kräfte liegen nicht vollständig in ihren eigenen Händen oder in ihren Köpfen; ein großer Teil dieser Kräfte *existiert außerhalb von ihnen* in der Welt der Menschen, in ihren Arbeiten, ihren Kämpfen und ihren Gedanken. Ich würde hier noch hinzufügen: auch in der Philosophie – und zwar nicht jeder beliebigen Philosophie, also nicht jener, die die Wissenschaften ausbeutet, sondern jener, die ihnen dient, die als ein Teil von ihnen zu ihren eigenen Kräften gehören kann.«[8] Es gibt Philosophien, die eine Beziehung zu noch nicht existierenden Wissenschaften unterhalten, die die Emergenz solcher zukünftigen Wissenschaften vorbereiten. Wenn Freud in einem Brief von 1931 an Lothar Bickel schreibt: »Meine Abhängigkeit von den Lehren Spinozas gestehe ich bereitwilligst zu«, so ist die Rede von der Abhängigkeit, wie die Folgesätze beweisen, hier gerade nicht in einem vordergründig philologischen Sinne gemeint; ausdrücklich fügt Freud an, daß er die »Voraussetzungen« seiner eigenen Theorie »nicht aus seinem [Spinozas, F. B.] Studium holte«[9], die Abhängigkeit liegt also auf einer anderen, abstrakteren Ebene, die nicht die Ausführung der psychoanalytischen Theorie, sondern ihre »Idee« betrifft, die Idee einer *Wissenschaft der Affekte*. Denn eben die Theorie der Affekte, ihrer Natur und ihrer Ursprünge, ihrer Macht über den Menschen, ihrer Unbeherrschbarkeit durch unseren »Willen«: das sind die zentralen Themen der *Ethik* Spinozas, die erstmals in der Geschichte der Philosophie die Rede über die Affekte dem Diskurs der Moral zu entwinden versuchte. Eine Theorie der Affekte ›jenseits von Gut und Böse‹ ist das gemeinsame Programm Spinozas und Freuds, wie unterschiedlich auch immer die Durchführung dieses Programms ausfällt.

Denen, die »die menschlichen Affekte und Handlungen lieber verwünschen oder verlachen als verstehen wollen«, hält Spinoza unbeirrt entgegen, daß in der Natur nichts geschieht, »was ihr als Fehler angerechnet werden könnte«: »Denn die Natur ist immer dieselbe, und ihre Kraft und ihr Vermögen zu wirken ist überall gleich.« Es gibt eine spezifische Determination der Affekte und Handlungen: da für Spinoza die Geometrie der Inbegriff einer Erkenntnis notwendiger Beziehungen ist, kann er formulieren, daß er »die menschlichen Handlungen und Triebe geradeso betrachten [werde], als handelte es sich um Linien, Flächen oder Körper«, daß er »die menschlichen Fehler und Torheiten auf geometrische Weise zu behandeln unternehme und das nach einer festen Methode entwickeln will, was sie [die Moralphilosophen, F. B.] immer wieder als vernunftwidrig und als eitel, albern und schrecklich verschreien« (*Ethik* III, Vorwort). Daß jeder »alles gemäß seinem Affekt« lenkt, wie Spinoza formuliert, dieser affektive Antrieb aber vom Bewußtsein abgesperrt ist, das Bewußtsein vielmehr nur die Wirkung des Affekts reflektiert und sich daher als der Ort einer fundamentalen Illusion erweist, nämlich der der Freiheit unserer Handlungen, steht ebenso am Beginn der spinozistischen Affektenlehre wie auf dem Frontispiz der Psychoanalyse die »unliebsame Behauptung«, »daß die seelischen Vorgänge an und für sich unbewußt sind und die bewußten bloß einzelne Akte und Anteile des ganzen Seelenlebens«. Wie Spinoza mag auch Freud »die Identität von Bewußtem und Seelischem nicht annehmen«[10], nur daß Spinoza das ›Unbewußte‹, über dessen Begriff er nicht verfügt, nach dem *Modell des Köpers* denkt, von dem wir, wie er immer wieder betont, noch längst nicht wissen, was er – ohne Hilfe des Geistes – alles vermag. Vom menschlichen Geist gilt, daß er »weder von sich selbst noch von seinem Körper, noch von den äußeren Körpern eine adäquate, sondern nur eine verworrene Erkenntnis [hat], sooft er die Dinge nach der gewöhnlichen Ordnung der Natur erfaßt, d. h. sooft er äußerlich, nämlich wie ihm die Dinge zufällig begegnen, bestimmt wird, dies oder jenes zu betrachten«. (*Ethik* II, 29, Anm.) Die sich hartnäckig haltende Theorie des freien Willens, die an das intuitive Wissen der Menschen anknüpft, und als eine ihrer Konsequenzen: die Praxis des moralischen Urteilens, zeigt die Schwierigkeiten, vor denen auch die Philosophie bei ihrem Versuch steht, sich in den Besitz adäquater Ideen zu bringen.

Mit seiner Affektenlehre antwortet Spinoza auf den cartesianischen Mentalismus – bereits im 17. Jahrundert also, lange vor dem »linguistic turn«, verfügt die Philosophie über eine nicht-mentalistische Theorie des Geistes. Die Freiheit der Mentalisten ist, was Spinoza an anderer Stelle über den Wunderglauben sagt: ein »Asyl der Unwissenheit«: »Das also ist die Idee ihrer Freiheit, daß sie keine Ursache ihrer Handlungen kennen. Denn wenn sie sagen, die menschlichen Handlungen hängen vom Willen ab, so sind das Worte, von welchen sie keine Idee haben. Was der Wille ist und wie der den Körper bewegt, wissen sie ja alle nicht, und diejenigen, die etwas anderes vorgeben und einen Sitz und Aufenthalt der Seele erdichten, erregen damit nur Lachen oder Verdruß.« (*Ethik* II, 35, Anm.) Wer eine Handlung auf den Geist als ihren Verursacher zurückführe, wer also dem Geist die »Herrschaft über den Körper« zuspricht, gesteht nur »mit hochtrabenden Worten« ein, daß er die »wahre Ursache« der Handlung nicht kennt. Und es ist vor dem Hintergrund der eingestandenen »Abhängigkeit« Freuds von Spinoza besonders wichtig, daß der Philosoph ausgerechnet die These seiner Gegner, »daß es allein in der Macht des Geistes stehe, entweder zu reden oder zu schweigen«, einer ausführlichen Kritik unterzieht, die unsere Erfahrungen im *Traum* gegen ein Denken aufbietet, das sich das Verhältnis von Geist und Körper nach dem von Befehl und Gehorsam zurechtlegt. Die Erfahrung, so Spinoza, lehre »genug und übergenug, daß die Menschen nichts weniger in ihrer Gewalt haben als die Zunge und daß sie nichts weniger vermögen, als ihre Triebe im Zaum zu halten«. (*Ethik* III, 2, Anm.) Wir reden nicht »aus freiem Beschluß des Geistes« – ist nicht eben diese Erkenntnis Spinozas die epistemologische Voraussetzung für eine Wissenschaft, die nicht nur unser geglücktes, sondern auch unser verunglücktes Sprechen, unsere sprachlichen »Fehlleistungen«, unsere »Ver-sprechen« als »Effekte« eines »Sinns«, einer »Tendenz« analysiert, die sich dem Bewußtsein entziehen, da sie eine bestimmte »Stellung in einer Reihe psychischer Zusammenhänge«[11] einnehmen?

Es ist die Fehlleistung des *Vergessens*, an der sich für Spinoza die Fiktion des freien Willens, der über seinen Körper ›gebietet‹, und damit die Wirksamkeit einer psychischen Kausalität besonders deutlich zeigt. Der Geist ist selbst über die Handlungen nicht Herr, die sich unserem Bewußtsein als sein direkter ›Ausfluß‹ darstellen: den ›Sprechhandlungen‹: Wir können »durch einen Beschluß des Geistes nichts tun [...], dessen wir uns nicht erinnern. Wir können z. B. ein Wort, dessen wir uns nicht erinnern, nicht aussprechen«. Der Geist vermag die vorgängigen Leistungen des ›Körpers‹, ohne die er nicht operieren kann, auch nicht zu substituieren, es steht keineswegs in seiner »freien Macht«, »sich einer Sache zu erinnern oder sie zu vergessen«. Daß es nicht in seiner Macht steht, heißt aber nicht, daß das Erinnern oder das Vergessen keine Ursachen hätte, es sind eben Ursachen, die sich dem Bewußtsein entziehen, die nicht *vorstellbar*, wohl aber *erkennbar* sind.[12] Die Einsicht, daß unsere Rede uns nicht beliebig verfügbar ist, daß wir einem »impetus loquendi«, einem Antrieb zum Reden (*Ethik* III, 2, Anm.) unterliegen, ist die theoretische Voraussetzung jener psychoanalytischen Grundregel, die den Analysanden verpflichten, dem Analytiker alles mitzuteilen, »was ihm in den Sinn kommt, auch wenn es ihm *unangenehm* zu sagen ist, auch wenn es ihm *unwichtig* oder sogar *unsinnig* erscheint«. Wenn unsere Rede vollständig in der Gewalt des Bewußtseins wäre, würde Freuds Bemerkung keinen Sinn machen, daß der Analytiker von seinem Patienten nicht nur hören will, »was er weiß und vor anderen verbirgt«, sondern auch, »was er nicht weiß«.[13]

Spinozas Polemik gegen die Anhänger des freien Willens (der den Körper ›beliebig‹ dirigiert) und der absoluten Herrschaft des Geistes über die menschlichen Affekte (der Spinoza eine Analyse der spezifischen »Kräfte der Affekte«, der »vires affectuum«, entgegensetzt, in deren Spiel die Vernunft nur zu intervenieren vermag, wenn sie ihrerseits affektiv wird, d. h. sich mit bestimmten Affekten ›verbündet‹ bzw. eigene Affekte entbindet[14]) findet ihr spätes Echo in Freuds Mahnung an die Zuhörer seiner Vorlesung, den »tief wurzelnde[n] Glaube[n] an psychische Freiheit und Willkürlichkeit« aufzugeben. Von diesem Glauben sagt Freud, daß er »ganz unwissenschaftlich ist und vor der Anforderung eines auch das Seelenleben beherrschenden Determinismus die Segel streichen muß«.[15] Daß die *decreta mentis*, die »Beschlüsse des Geistes« nicht vom Körper, d. h. vom Unbewußten zu trennen, ihm nicht übergeordnet oder entgegengesetzt werden können, beweist für Spinoza die Erfahrung des Traumes, in dem wir bei Ausschaltung der bewußten Denkfunktionen doch genauso wie im Wachen von der Freiheit unserer Handlungen überzeugt sind: »Allein wenn wir träumen, daß wir reden, so glauben wir aus freiem Beschluß des Geistes zu reden und reden doch gar nicht, oder wenn wir reden, so geschieht es durch eine spontane Bewegung des Körpers. Wir träumen auch, daß wir anderen etwas verheimlichen, und zwar nach demselben Beschluß des Geistes, nach dem wir im wachen Zustande etwas verschweigen, was wir wissen. Wir träumen schließlich auch, daß wir nach dem Beschluß des Geistes etwas tun, was wir im wachen Zustande nicht zu tun wagen.« (*Ethik* III, 3, Anm.) Nicht nur imaginieren wir also im Traum Handlungen, die wir im selben Bewußtsein der Freiheit vollziehen wie im Wachen, wir nehmen uns sogar noch ganz andere Freiheiten heraus, die im Wachzustand dem Verbot unterliegen, Handlungen, die wir im Traum gleichfalls der Entscheidung unseres freien Willens zuschreiben, im Wachzustand dagegen als mit unserer freien Selbstbestimmung unvereinbar ansehen würden. Wenn also der freie Wille im Traum über alle Grenzen hinaus wuchert, unter Bedingungen (Ausschaltung des Bewußtseins), die mit seiner Ausübung eigentlich unvereinbar sind, taugt er dann als Prinzip der Zurechnung unserer von Bewußtsein begleiteten Handlungen? Spinozas Antwort ist eindeutig: »Wer also glaubt, daß er nach freiem Beschluß des Geistes rede oder schweige oder irgend etwas tue, der träumt mit offenen Augen.« (*Ethik* III, 3, Anm.)

Aber nicht nur die Illusion der *Freiheit* – jedenfalls einer durch den ›Willen‹ und das Bewußtsein definierten, die Möglichkeit einer beliebigen Wahl implizierenden Freiheit –, die in kaum einer Variante der zeitgenössischen praktischen Philosophien fehlt, sofern sie einen Zugang zur historisch-kulturellen Welt über das Selbstverständnis, das »intuitive Wissen der Beteiligten« bevorzugen[16], auch jene andere Illusion der *teleologischen* Weltbetrachtung, in der die Vorstellung der Willensfreiheit verankert ist (sie beweist sich ja gerade in unserer Fähigkeit, uns ›beliebige‹ Zwecke zu setzen), fällt der *Ethik* zum Opfer. Alle Vorurteile, die er hier behandle, so Spinoza, hängen von einem ab, »nämlich davon, daß die Menschen gewöhnlich annehmen, alle Dinge in der Natur handelten, wie sie selbst, um eines Zweckes willen, ja daß sie von Gott selbst mit aller Bestimmtheit behaupten, er leite alles zu irgendeinem bestimmten Zweck« (*Ethik* I, Anhang). Die historische Errungenschaft der Mathematik besteht für Spinoza gerade darin, daß sie, indem sie »sich nicht mit Zwecken, sondern nur mit dem Wesen und den Eigenschaften der Figuren beschäftigt, den Menschen eine andere Norm der Wahrheit gezeigt« hat. Nun war Spinoza, der an dem zeitgenössischen Aufschwung der Naturwissenschaften regen Anteil nahm, natürlich die Zurückdrängung der teleologischen Fiktionen aus der Naturforschung nur allzu bewußt. Wenn sich die Natur schon nicht mehr als ganze nach Zweckursachen ordnen ließ, so bot sich, um die teleologische Betrachtungsweise überhaupt noch retten zu können, die Lösung einer »Intentionalisierung und Mentalisierung der Zwecke« an: »Zwecke werden jetzt gedacht als *Vorstellung geschätzter Wirkung des Handelns.* Im Hinblick auf Zwecke formiert sich, so nimmt man an, der gemeinte Sinn des Handelns. Zwecke sind dann nicht länger als Naturzustände zu begreifen, die das Handeln hervorbringen; sie sind Vorstellungen, die das Handeln mit auslösen und die deshalb mit anderen Ursachen, auch solchen mechanischer Art, kombiniert werden können. Ist aber die Wahl der Vorstellung freigegeben?«[17] Wir wissen bereits, wie Spinoza auf diese Frage des Wissenssoziologen antwortet. Der Beschränkung der Teleologie auf die von der Natur als ein zweiter Seinsbereich abgespaltene Sphäre des Geistes und der menschlichen Praxis setzt Spinoza die Konzeption seiner Theorie der Affekte entgegen: »Die meisten, die über die Affekte und über die Lebensweise der Menschen geschrieben haben, scheinen nicht von natürlichen Dingen zu reden, die den allgemeinen Naturgesetzen folgen, sondern von Dingen außerhalb der Natur. Ja, sie scheinen den Menschen in der Natur wie einen Staat im Staate anzusehen.« (*Ethik* III, Vorwort) Wo immer heute Varianten eines wissenschaftstheoretischen und methodologischen *Dualismus* verfochten werden – z. B. in Gestalt der Unterscheidung zwischen nomologischen Erfahrungswissenschaften und hermeneutischen Wissenschaften, zwischen Beobachter- und Teilnehmerperspektive –, geht es um die Rettung von Zwecken als *Ursachen* (und nicht nur Vorstellungen) unseres Handelns (im Gegensatz zu den Ursachen naturaler Vorgänge).[18] Daß die ›Logik der Sozialwissenschaften‹ zu einem Gutteil *Teleologik* ist, gerade auch dort, wo sie infolge des »linguistic turns« einer Mentalisierung der Zwecke längst abgeschworen hat, kann man exemplarisch bei Jürgen Habermas beobachten. Wenn er mit subtiler Ironie auf die Hartnäckigkeit, mit der Philosophen wie Robert Spaemann »Die Frage Wozu« aufwerfen, repliziert: »Noch vermag ich freilich nicht zu sehen, wie er die Barrikade nehmen könnte, mit der uns Kant den Weg zu jeder Art von objektiver Teleologie versperrt hat«[19], dann ist man einigermaßen überrascht, an anderer Stelle desselben Buches Habermas in eigener Sache folgendermaßen reden zu hören: »Das Konzept des kommunikativen Handelns entfaltet die Intuition, daß der Sprache das Telos der Verständigung innewohnt.«[20] Spinoza schärft den Blick für die verschlungenen Pfade der Teleologie, die er bekanntlich als das Produkt der Theologie rekonstruierte. Sollte der »linguistic turn« den Mentalismus in der Philosophie nur um den Preis ausgetrieben haben, daß nun, nach dem Geist, die Sprache mit der Teleologie infiziert ist?

II.

Nicht nur von bestimmten Vergangenheiten, auch von bestimmten vergangenen Philosophien gilt, ein Wort Walter Benjamins variierend, daß sie mit »Jetztzeit« aufgeladen sind. Ausgerechnet der *Mode* attestierte Benjamin bekanntlich eine »Witterung für das Aktuelle, wo immer es sich im Dickicht des Einst bewegt«. Das Verfahren der Mode definierte er als den »Tigersprung ins Vergangene«[21]. Die Formel trifft den besonderen Umgang der neueren französischen Philosophie seit Mitte der sechziger Jahre mit der Philosophie Spinozas. An erster Stelle ist hier natürlich an das Werk von Gilles Deleuze zu denken – einschließlich der zivilisationstheoretischen Arbeiten, die er zusammen mit Félix Guattari vorgelegt hat, in denen zahlreiche theoretische Motive des Spinozismus wirksam sind. Aber auch bei Louis Althusser und seinen Schülern spielte Spinoza eine für die theoretische Orientierung gar nicht zu überschätzende Rolle. Pierre Macherey, einer der produktivsten Spinoza-Interpreten, der ebenfalls aus der Schule Althussers hervorgegangen ist, hat die Faszination von Spinozas Denken mit seiner spezifischen *Gegenwärtigkeit* erklärt, die er von dem *philosophia-perennis*-Anspruch ewiger Gültigkeit unterschieden wissen will. Kein philosophischer Zitatenschatz für alle Zeiten also, sondern eine Philosophie, »die sich in der Gegenwart begreift und in ihr handelt, hier und jetzt, ohne sich jedoch in den Grenzen dieser oder jener vollendeten Aktualität einzuschließen«.[22] Diese Einschätzung muß in den Ohren solcher Philosophen befremdlich klingen, die die Wege, die hinter Kant zurückführen, durch Barrikaden versperrt sehen. Die deutsche philosophische Kultur steht dort, wo sie nicht unter vollständiger Preisgabe der überlieferten philosophischen Semantik den philosophischen Diskurs auf die aktuellen Problemlagen reagieren und produktiv weiterzuentwickeln versucht, unübersehbar im Schatten Kants. Vor allem in den Bereichen der praktischen Philosophie, der Sozialphilosophie und, in den letzten Jahren zunehmend, der *Ethik*, kann man von einem regelrechten *Neokantianismus* sprechen. Da diese Rückkehr zu Kant jedoch keineswegs die erste in der jüngeren Geschichte der deutschen Philosophie ist, haben Spötter wie Niklas Luhmann, die zwar ›fachfremd‹ sind, aber, wie Jürgen Habermas zu Recht bemerkt hat, »auf philosophischer Augenhöhe operieren«, auch von einem »Postneokantianismus« oder sogar von einem »Neopostneokantianismus« gesprochen. Selbstverständlich wird auch hierzulande eine Spinozaforschung betrieben, die sich sehen lassen kann: bezeichnenderweise wird sie aber fast durchweg den Philosophie*historikern* überlassen, so daß man bei der Spurensuche in den Texten der philosophischen Innovatoren selten fündig wird. Gerade im Hinblick auf das unverändert intensive Interesse an einer zeitgemäßen Ethik stellt sich die Frage, warum der »Tigersprung ins Vergangene«, von dem Benjamin spricht, stets in Königsberg enden muß.

Die fast durchgängige Nichtbeachtung Spinozas in den gegenwärtigen Begründungsprogrammen für eine philosophische Ethik verwundert um so mehr, als das Hauptwerk Spinozas den lapidaren Titel *Ethik* trägt. Manche mag abschrecken, daß die *Ethik* Spinozas mit Gott beginnt (»Über Gott«).[23] Aber in diesem Punkt unterscheidet Spinoza sich von Kant nur dadurch, daß die *Kritik der praktischen Vernunft* mit Gott endet (»Das Dasein Gottes, als ein Postulat der reinen praktischen Vernunft«). Als Begründer einer »von Annahmen der Metaphysik und der Religion unabhängige[n] Moral«[24] jedenfalls taugt Kant nicht. Deshalb ist man versucht zu sagen: dann könnte man es doch auch einmal mit Spinoza versuchen. Es hängt zweifellos mit Spinozas ontologischer Generalthese einer »Univozität des Seins«, wie es Gilles Deleuze genannt hat, zusammen, daß die gegenwärtigen Bemühungen um eine philosophische Ethik, die sich nicht nur in der (metaethischen) Analyse des moralischen Vokabulars bzw. der moralischen Sprechhandlungen erschöpft, von der *Ethik* Spinozas und ihrer Theorie der Affekte kaum Notiz nehmen. Mit der Auffassung einer Univozität des Seins, die nicht mit der ›metaphysischen‹ These von der Einheit, der Homogenität bzw. Selbigkeit des Seins zu verwechseln ist[25], ist jede Form des ontologischen Dualismus, wie sie der Unterscheidung von *Sein* und *Sollen* zugrunde liegt, unvereinbar. Praktische Fragen, sofern sie in präskriptiver Gestalt auftreten, sind in der Perspektive der spinozistischen *Ethik* denn auch nicht wahrheitsfähig, moralische und juristische Gesetze bzw. ›Normen‹ haben eine bestimmte *Funktion*, die sich dem intuitiven Wissen derer, die ihnen unterworfen sind, gerade entziehen. Für Spinoza ist es eine der vornehmsten Aufgaben der Philosophie, den Anspruch der (menschlichen) Gesetze auf Gehorsam als einen irreduzibel kontingenten Anspruch erfahrbar zu machen, der allein vom »Belieben der Menschen«, von der »Macht des menschlichen Geistes« abhängt. Und zwar von der Macht des menschlichen Geistes, insofern dieser wesentlich *inadäquate* Ideen über »die Ordnung und Verkettung der Dinge selbst« (*TPT*, S. 66) hat. Das Recht und die Moral bestimmen unser Leben und Zusammenleben immer dann, wenn unser Wissen von den Zusammenhängen (den ›Naturgesetzen‹, die man nach Spinoza nur »im übertragenen Sinne« Gesetze nennen kann) unvollkommen ist. Das Gesetz kann niemals vernünftig sein, wohl aber ist ein Zustand *denkbar*, in dem die Vernunft an die Stelle des Gesetzes tritt. Vor diesem hier nur in aller Kürze skizzierten Hintergrund versteht man auch Spinozas angefeindete Definition der Philosophen als diejenigen, »die über dem Gesetze stehen« (*Brief* 19, an Blyenbergh). Dennoch wäre es ganz falsch, Spinoza rundheraus als einen ›ethischen Skeptizisten‹ zu charakterisieren, denn seine Ethik entfaltet ein Wissen über die *Logik der Affekte*, das die Möglichkeit der Glückseligkeit (*beatitudo*) und des geglückten menschlichen Zusammenlebens gerade nicht an die Fiktion der Vernünftigkeit der Menschen bzw. ihrer Gesetze bindet. Damit erlaubt er aber auch, die Auflösung gesellschaftlicher Verhältnisse nicht bloß in der Perspektive eines ›Schwundes der Vernunft‹ zu begreifen: nicht *gegen* die Affekte, sondern nur mit ihnen (und niemals ohne sie) ist eine soziale Ordnung zu konstruieren und zu stabilisieren. Wenn man den Rat von Gilles Deleuze beherzigt und versucht, Spinoza »mittendrin zu nehmen [also dort, wo er seine Theorie der Affekte entwickelt, F. B.] und nicht am ersten Prinzip« (»eine einzige Substanz für alle Attribute«), dann steht man vor dem paradoxen Unternehmen einer *Ethik ohne Moral*.

Vielleicht sind die innovativen Spinoza-Lektüren jenseits des Rheins, die sich keineswegs durchweg in philologisch gesicherten Bahnen bewegen und die Kraft eines (vergangenen) Denkens an seiner Fähigkeit zur Transformation messen, auch ein Zeichen dafür, daß das neuere französische Denken, das sich mit Namen wie Lacan, Althusser[26], Foucault, Deleuze, Derrida und Lyotard verbindet, in manchem eine bessere »Witterung für das Aktuelle« hatte als das deutsche. Insofern hätte der Vorwurf des *Modischen*, den man bis zum heutigen Tag nicht aufhört, diesem Denken zu machen, durchaus seinen Sinn, versteht man die Mode nämlich so, wie Benjamin sie definierte. Verfügt man über keinen positiven Begriff der Mode, ergeht es einem mit dem französischen Denken so wie Manfred Frank: der selbsternannte Mittler und Dolmetscher zwischen deutscher und französischer philosophischer Kultur meinte 1983 in seiner monumentalen Darstellung *Was ist Neostrukturalismus?* noch, die französische Gegenwartsphilosophie vor dem Vorwurf des (Nur-)Modischen in Schutz nehmen zu müssen, indem er Skeptikern versicherte, daß »die Ausbreitung und das Echo, die diese Theorie bei Hörern und Lesern findet, wesentlich davon herrührt, daß hier Probleme in Gedankenform gebracht worden sind«[27]. Ein knappes Jahrzehnt später, als die Enttäuschung über die Weigerung der »neueren Franzosen«, sich zur ausgerechnet an Schleiermacher abgelesenen hermeneutischen Raison bringen zu lassen, übermächtig wird, ist deren Denken dann doch »*nur* Mode« gewesen, und Frank sieht sich nun gezwungen, »toten Hunden« eine Grabrede zu halten.[28] Ich möchte dagegen hier den Begriff der Mode im Sinne Benjamins aufgreifen und mit Blick auf das neuere französische Denken dessen ›Tigersprünge ins Vergangene‹ des philosophischen Diskurses sichtbar werden lassen. Diese ›Tigersprünge‹ sind sowohl von der normalen Philosophiegeschichtsschreibung, die uns mit dem Leben und den Meinungen berühmter Philosophen vertraut macht, als auch von jenem »Schritt zurück« zu unterscheiden, durch den Heideggers metaphysikkritisches Unternehmen »das Denken aus dem in der Philosophie bisher Gedachten in gewisser Weise heraus[führen]« will – weder geht es um ein Versinken in den Stoffmassen des philosophisch Gedachten noch um den – unmöglichen – Versuch, das Denken vor dem Gedachten im Ganzen zurücktreten zu lassen, um dieses so in ein »Gegenüber« zu bringen, so daß uns das an ihm bislang »überall Ungefragte«, das bislang Ungedachte erfahrbar wird.[29] Statt in dem metaphysisch Gedachten einen Ort jenseits des Gedachten zu suchen, geht es dem ›modischen‹ Verfahren eher darum, das Gedachte nicht zu ›hintergehen‹, es in seiner *internen Heterogenität und Unabgeschlossenheit* neu zu entdecken. Statt die philosophischen Entwürfe positiv als historische Gestalten der Wahrheit oder negativ der Seinsvergessenheit zu entziffern, kann man sich, mit dem Leitbegriff der *Ethik* Spinozas gesprochen, für ihr *Vermögen* (*potentia*) interessieren, unser Denken und Handeln auch heute noch zu affizieren. Und dabei geht es eben nicht nur, jedenfalls nicht primär, um die Wirkungen der Philosophie auf die Philosophie, sondern in erster Linie auf diejenigen intellektuellen und politischen Unternehmungen, die *außerhalb* des philosophischen Diskurses stehen, aber auf die *Kraft* des Philosophischen, weil auf ein neues Denken und also auf neue Begriffe angewiesen sind. Philosophie ist, noch bevor sie vom Sein (im Unterschied zum Seienden) ›kündet‹, die *Kunst der Begriffsbildung*. Ihre Kraft »mißt sich an den Begriffen, die sie erschafft oder deren Sinn sie erneuert, und die den Dingen und den Handlungen einen neuen Zuschnitt verpassen«.[30]

Was der Philosophie die Einwirkung auf das Nicht-Philosophische erlaubt, ist die Tatsache, daß die philosophischen Begriffe mehrdimensional sind, daß sie nicht nur eine *konzeptuelle* Kraft (die die Philosophie als Philosophie angeht), sondern auch ein *perzeptives* (neue Wahrnehmungen der Dinge auslösendes) sowie ein *affektives* (neue Empfindungsweisen eröffnendes) Vermögen besitzen. Perzepte und Affekte bilden das spezifisch »nicht-philosophische Verständnis der Philosophie«, denn »die Philosophie braucht das nicht-philosophische Verstehen genauso wie das philosophische. Daher hat die Philosophie eine wesentliche Beziehung zu den Nicht-Philosophen [und damit auch zu den Philosophen, insoweit sie nicht nur Philosophen sind, F. B.] und richtet sich auch an sie. Es kann sogar vorkommen, daß sie ein unmittelbares Verständnis der Philosophie haben, ohne das philosophische Verständnis zu durchlaufen.«[31] Daß es Philosophen gibt, die die Beziehung zu den Nicht-Philosophen in ihre Begriffsarchitekturen selbst einschreiben, zeigt Deleuze am Beispiel von Spinozas Hauptwerk. In der *Ethik* – obwohl in einem »sehr schulhaften Latein geschrieben« – manifestiert sich jene »philosophische Trinität« (Konzept – Perzept – Affekt) auch strukturell, die in den meisten philosophischen Texten untergründig bleibt. Neben dem kontinuierlichen »Strom von Definitionen, Propositionen, Demonstrationen, Korrolarien, in denen man eine unglaubliche Bewegung des Begriffs erkennt« – die Ebene des *Konzepts* – »tauchen ›Zwischenfälle‹ unter dem Namen von *Scholien* [Anmerkungen, F. B.] auf«, die sich keineswegs »in den allgemeinen Gang des Begriffs einordnen«: »Eher ist es eine zweite *Ethik*, die mit der ersten in einem ganz anderen Rhythmus koexistiert und die Bewegung des Begriffs mit allen Kräften des Affekts überholt.« Eine dritte *Ethik* begegnet uns schließlich im *Fünften Buch*, wo es darum geht, den Geist in eine unbegriffliche intuitive Erkenntnisart einzuüben, die uns lehrt, alles »unter dem Gesichtspunkt der Ewigkeit« zu erkennen: Die Ebene der *Perzepte*.[32] Was an Spinozas Philosophie immer wieder zum »Tigersprung« einlädt, ist sein »Paradox«, »der philosophischste der Philosophen zu sein, der reinste gewissermaßen, aber gleichzeitig der, der sich am stärksten an Nicht-Philosophen wendet und das meiste und intensivste nicht-philosophische Verständnis hervorruft. Daher ist genaugenommen jeder fähig, Spinoza zu lesen und große Emotionen aus dieser Lektüre zu ziehen oder seine Wahrnehmung vollkommen zu erneuern, auch wenn er die spinozistischen Begriffe nicht so gut versteht. Umgekehrt hat ein Philosophiehistoriker, der nur die Begriffe Spinozas versteht, kein ausreichendes Verständnis.«[33]

Ich möchte diese von Gilles Deleuze vorgetragene These, daß sich Spinoza, der philosophischste der Philosophen am stärksten an Nicht-Philosophen wendet und das intensivste nicht-philosophische Verständnis hervorruft, an einem Fall überprüfen, nämlich dem Louis Althussers. Das wird manche überraschen, da doch Althusser dort, wo er sich auf Spinoza beruft, offenbar *als Philosoph* spricht. Zweifellos sind auch seine theoretischen Äußerungen zu Spinoza von einer gewissen Leidenschaft geprägt, die auffällt. Aber er spricht doch etwa in den *Elementen der Selbstkritik*, wo er den Gründen für seinen »Umweg« über Spinoza nachgeht, unübersehbar als Philosoph, genauer: als einer, der in der Philosophie Marxist sein möchte. Seit dem Erscheinen seiner autobiographischen Texte, 1992 in Frankreich und ein Jahr später in Deutschland, hat sich diese Situation allerdings grundlegend gewandelt. Auch in *Die Zukunft hat Zeit* kommt Althusser immer wieder auf Spinoza zurück, als Philosoph, aber vor allem doch als *Nicht-Philosoph*. Es mag befremdlich klingen, wenn ich hier behaupte, daß die Autobiographie Althussers spinozistisch geschrieben ist, daß sie das Drama der Existenz Althussers spinozistisch perspektiviert. Und doch ist es genau so. *Die Autobiographie Althussers ist auch ein spinozistischer Roman*. Damit beweist sie, daß die Kräfte der Philosophie Spinozas nicht nur solche konzeptueller, sondern eben auch affektiver und perzeptiver Natur sind, daß ihre »Lehrsätze« *vital* werden, wo sie das Tätigkeitsvermögen des Körpers und des Geistes, wo sie die Affekte der Begierde, der Lust und der Unlust, der Liebe und des Hasses, der Hoffnung und der Furcht, kurz, die Fähigkeit zu affizieren und affiziert zu werden (*potentia*), betreffen. Der Versuch einer Wiedergewinnung der *vis existendi* als Antrieb der eigenen Existenz ist das wichtigste Thema von *Die Zukunft hat Zeit*. Bevor ich einige Aspekte dieses Übertritts spinozistischer Begriffe in die Sphäre des Nicht-Philosophischen analysiere, seien kurz die wichtigsten *philosophischen* Interessen Althussers an Spinoza benannt – weil sie ihrerseits in einem bestimmten Zusammenhang mit der nicht-philosophischen, oder besser, nicht-konzeptuellen Aktivierung Spinozas in der Autobiographie stehen.

In einem Text, der der kritischen Reflexion seines bisherigen Denkweges gewidmet ist, macht Althusser 1973 ein überraschendes Geständnis, das die theoretische Verortung seiner eigenen Arbeit und die seiner Schüler betrifft. Diese Arbeit hatte man keineswegs nur in Deutschland unter die Kategorie *Strukturalismus* rubriziert. Wie Michel Foucault, dessen *Archäologie der Humanwissenschaften (Die Ordnung der Dinge)* man ebenfalls zum Anlaß genommen hatte, von einem strukturalistischen Programm zu sprechen[34], läßt auch Althusser keinen Zweifel daran, daß »wir keine Strukturalisten waren« (obwohl es natürlich einen bestimmten, allerdings stark modifizierenden Gebrauch der strukturalen Begrifflichkeit, wie sie die Linguistik hervorgebracht hatte, gab). Wie Foucault geht auch Althusser durchaus ironisch und unängstlich mit dem »Vorwurf« des Strukturalismus um. Den Kritikern liefert er sogar ein neues ›Etikett‹, das von denen allerdings in der Folge keineswegs so bereitwillig aufgegriffen wurde wie der »Strukturalismus«. Wurde das (vermeintliche) ›Kokettieren‹ mit dem strukturalen Vokabular zwar von weiten Teilen der wissenschaftspublizistischen Öffentlichkeit als eine Abweichung vom rechten Pfad humanistischer Grundüberzeugungen gebrandmarkt, so mußte man immerhin zugeben, daß es eine ›zeitgemäße‹ Abweichung war, die gleichsam in der Luft lag; Althusser bezichtigt sich nun allerdings einer »Leidenschaft«, die insofern *unverzeihlicher* als die strukturalistische sein mußte, weil sie offenbar *unzeitgemäß* war – in dem Sinne, den Nietzsche diesem Wort gegeben hat: in einem anderen Sinn zeitgemäß! Althusser schreibt: »Wir haben uns einer ungleich stärkeren und kompromittierenderen Leidenschaft schuldig gemacht: *wir waren Spinozisten*. Natürlich auf unsere Art [...], indem wir dem Verfasser des *Theologisch-Politischen Traktats* und der *Ethik* Thesen unterstellten, die er sicherlich niemals zugegeben hätte, obgleich er sie erlaubte. Jedoch, ein häretischer Spinozist zu sein, gehört zum Spinozismus fast dazu, wenn es zutrifft, daß der Spinozismus die größte Lehre in Häresie darstellt, die die Geschichte je gekannt hat! Jedenfalls waren unsere heiligen Kritiker ganz von ihrer Überzeugung erfüllt und von der Mode [des Strukturalismus, F. B.] getrieben und haben – bis auf wenige Ausnahmen – von alldem nichts geahnt.«[35]

Es wäre eine lohnenswerte Aufgabe, an Spinozas Texten aufzuzeigen, inwiefern die äußerst polarisierenden Wirkungen, die von ihnen ausgingen und noch ausgehen, schärfste Ablehnung und überschwengliche Zustimmung, mit eben diesem *häretischen* Charakter zusammenhängen, den Althusser ihnen attestiert. Wenn es stimmt, wie Heidegger feststellt, daß wir in der Geschichte der Philosophie »überall finden, daß der Gott in sie gekommen ist«, daß also heute, wo man »im Bereich des Denkens von Gott zu schweigen« vorziehen sollte, die eigentliche Frage eines metaphysikkritischen Unternehmens die wäre: »Wie kommt der Gott in die Philosophie, nicht nur in die neuzeitliche, sondern in die Philosophie als solche«[36], dann erinnert uns Althussers Hinweis auf den häretischen Charakter der Lehre Spinozas daran, daß es mancherlei Weisen gibt, von Gott zu reden, auch solche, die ›grundstürzender‹ sein können als die atheistische Negation Gottes oder der bloße Agnostizismus. Die Differenz zwischen den verschiedenen Möglichkeiten einer Rede über Gott könnte sich als größer herausstellen denn die zwischen der Gesamtheit dieser Reden und den ›gottlosen‹ Traktaten. Was die Kritiker Spinozas so gegen dessen Philosophie aufgebracht hat, war gerade die Insistenz, mit der er über Gott redete, um zugleich diesem Gott alle Eigenschaften abzusprechen, die ihm die traditionellen theologischen und philosophischen Gotteslehren beilegten – sie ihm abzusprechen, ohne sie aber im Gegenzug als »Wesenskräfte des Menschen« wiederauferstehen zu lassen. Die Desanthropomorphisierung Gottes gipfelt ja in dem noch radikaleren Unternehmen einer *Desanthropomorphisierung des Menschen*: darin liegt die eigentliche *Häresie*. Ausgerechnet bei einem Nicht-Philosophen, einem Literaten, nämlich bei Heinrich Heine findet sich die präzise Formel für diesen Sachverhalt, wenn er Spinoza gegen den geläufigen Vorwurf des »Atheismus« in Schutz nimmt: »Statt zu sagen, er leugne Gott, könnte man sagen, er leugne den Menschen.«[37] Auch bei Althusser, wie bei Deleuze oder Macherey, finden wir die Betonung der besonderen Gegenwärtigkeit Spinozas, der »heute noch existiert«[38], eine Gegenwärtigkeit, die mit der Kraft dieser Philosophie zusammenhängt, sich zu transformieren, Thesen zu »erlauben«, die Spinoza selbst »niemals zugegeben hätte«. Denn der Spinozismus ist nicht die Philosophie Spinozas – häretisch ist sie auch insofern, als sie ihrem Autor keineswegs die Autorität zugesteht, die Freiheit des philosophischen Urteils in Übereinstimmung mit (dem eigenen Verständnis) seiner Lehre einzuschränken. Als Althusser Mitte 1966, nur wenige Monate nach den aufsehenerregenden Veröffentlichungen von *Für Marx* und *Das Kapital lesen*, mit einigen wenigen seiner Schüler und Mitarbeiter das Projekt einer Theoriearbeitsgruppe (*Groupe de Travail Théorique*) bespricht, deren Ziel die Vorbereitung eines philosophischen Werkes sein soll, das den Titel *Elemente des dialektischen Materialismus* tragen könnte, präzisiert er die Tragweite seines Vorhabens in einem Brief an Étienne Balibar mit der Formel: ein »wirkliches philosophisches Werk, das unsere *Ethik* sein könnte«.[39]

Althussers Rückkehr zu Spinoza war, wie man sofort sieht, offensichtlich nicht philosophiehistorisch motiviert. Für ihn, der sich mit den theoretischen und philosophischen Problemen einer materialistischen Geschichtswissenschaft und Dialektik befaßte, war diese Rückkehr vielmehr ein notwendiger »Umweg«, der veranlaßt wurde durch einen anderen Umweg, den Marx genommen hat: den Umweg über *Hegel*. In die Ursachen für diesen Umweg und in seine Bedeutung für die Marxsche Theoriebildung tiefer einzudringen, war die *erste* und wichtigste Ursache für Althussers Beschäftigung mit Spinoza: »[...] da uns der Marxsche Materialismus zwang, seinen notwendigen Umweg über Hegel zu denken, *haben wir den Umweg über Spinoza gemacht, um etwas klarer im Umweg von Marx über Hegel zu sehen*. Ein Umweg also: aber über einen Umweg.«[40] Eine der zentralen Thesen Althussers, die weiterhin ihre Richtigkeit behält, nämlich daß sich – entgegen dem Marxschen Bonmot – die Hegelsche Dialektik keineswegs durch den einfachen Vorgang ihrer »Umstülpung« »entmystifizieren« läßt[41], erfährt durch den Vergleich der Hegelschen Logik mit der spinozistischen Seinslehre eine zusätzliche, philosophieinterne Bestätigung. Wenn Althusser davon spricht, daß Spinozas Denken »Wirkungen produzieren konnte, die dem Materialismus zu dienen vermochten«, dann zielt er auf Spinozas radikale Verwerfung jeder *Teleologik*. Eben diese Teleologik kehrt in der Hegelschen Logik, in der über verschiedene Stufen die anfängliche Leere des Seins vermittels der Negation der Negation in die Fülle der »absoluten Idee« mündet, wieder. Obwohl also auch Hegel unter ausdrücklicher Berufung auf Spinoza jede »These des Ursprungs, der Transzendenz oder der Hinterwelt« verwirft, errichtet er die Herrschaft dieser Figuren in der Immanenz des Logischen aufs neue: »Spinoza ist demgegenüber durch sein ›Beginnen bei Gott‹ (und nicht beim leeren Sein) vor jedem Ziel, das – auch wenn es sich in der Immanenz ›seinen Weg bahnt‹ [wie bei Hegel, F. B.] – immer noch eine Figur und These der Transzendenz darstellt, geschützt. Der Umweg über Spinoza enthüllte uns also mittels Differenz eine Radikalität, die Hegel abgeht.«[42] Hinzu kommt aber noch ein anderes, das Althusser erst später anführt. Daß Spinoza die Einheit bzw. Parallelität von Denken und Sein bzw. Ausdehnung behauptet, keine Vorrangigkeit des einen vor dem anderen Attribut zugibt und also auch nicht das Denken als die Leistung eines erkennenden »Subjekts« begreift, wird von Hegel als ein »Mangel, welcher vornehmlich gegen das spinozistische System empört hat«, ausdrücklich kritisiert. Dadurch fehle »der Substanz das Prinzip der *Persönlichkeit*«[43]. Hegel will die spinozistische Substanz nicht nur *teleologisieren*, sondern auch *subjektivieren*.

Zweitens nahm Althusser den Umweg über Spinoza, weil er in dessen Kritik an der (spontanen) Erkenntnis in Kategorien der Zweckursachen die »erste jemals gedachte Theorie der Ideologie« fand (mit den Elementen der *imaginären* Wirksamkeit des Ideologischen, seiner Umkehrstruktur, die Zwecke als Ursachen denken läßt, und schließlich seiner subjektformierenden Kraft): »Dieser *Materialismus des Imaginären* öffnete den Weg zu einer überraschenden Konzeption der Ersten Erkenntnisart: sie ist alles andere als eine ›Erkenntnis‹, vielmehr die materielle Welt der Menschen, so wie sie sie *leben*, die Welt ihrer konkreten und historischen Existenz.«[44] *Drittens* schließlich fand Althusser bei Spinoza eine Zurückweisung jeder *erkenntnistheoretischen Problematik* und damit die Möglichkeit, das Verhältnis von Philosophie und Wissenschaft auf eine *nicht-juridische* Weise zu fassen. Daß das Wahre das Zeichen seiner selbst und des Falschen ist (*verum index sui et falsi*), unterband die Frage nach den *Garantien* der Wahrheit und wies »die Problematik des ›*Wahrheitskriteriums*‹« zurück. Die Wahrheit einer Idee ergibt sich nicht aus ihrer ›Übereinstimmung‹ mit dem Gegenstand, sondern aus ihren ›intrinsischen‹ Eigenschaften: »Eine wahre Idee zu haben heißt auch nichts anderes als ein Ding vollständig und bestens erkennen. Dies kann sicherlich niemand bezweifeln; es sei denn, er glaube, eine Idee sei etwas Stummes, wie ein Gemälde auf der Tafel, und nicht ein Modus des Denkens, also das Erkennen selbst. Und, frage ich, wer kann wissen, daß er ein Ding erkennt, wenn er nicht vorher das Ding erkennt? D. h., wer kann wissen, daß er über ein Ding Gewißheit hat, wenn er nicht vorher über dieses Ding Gewißheit hat? Was kann es ferner Klareres und Gewisseres geben, um als Norm der Wahrheit zu dienen, als eine wahre Idee? Wahrlich, wie das Licht selbst und die Finsternis sich offenbart, so ist die Wahrheit die Norm ihrer selbst und des Falschen« (*Ethik* II, 43, Anm.). Das Problem der Erkenntnis muß in Begriffen der *Produktion* (so wie sich Tag und Nacht ›produzieren‹) und nicht in solchen des Rechts(anspruchs) (der Erkenntnis*norm*), des Gerichts und des Richters gestellt werden: das Wahre zeigt sich selbst an – »nicht als Anwesenheit, sondern als *Produkt*«[45]. Althusser weiß, daß alle philosophischen Versuche, das Erkennen zu erkennen, indem es in einem leistenden Bewußtsein verankert wird, das die Dignität des Erkannten garantieren soll, dazu führen, der wissenschaftlichen Erkenntnis *Grenzen* zu setzen. Die Philosophie erscheint bereits bei Descartes, vor allem aber in der Transzendentalphilosophie Kants, »als die *juristische Garantie* der *Rechte* der Wissenschaft – und gleichzeitig auch ihrer *Grenzen*«.[46] Althussers epistemologische Analysen des »Prozesses der theoretischen Praxis«, die er in *Für Marx* vorgenommen hat, sind ein Versuch, im Anschluß an Spinoza die Transformation von inadäquaten in adäquate Ideen ohne die Intervention eines ›erkennenden Bewußtseins‹ zu beschreiben.

Auch in dem zentralen XVIII. Kapitel seiner ›Autobiographie‹ kommt Althusser auf Spinoza zurück. Aber Spinoza ist in *Die Zukunft hat Zeit* keineswegs bloß der (bevorzugte) Gegenstand der philosophischen Reflexion Althussers; Spinozas Bedeutung erschöpft sich in diesem Text auch nicht in der Bedeutung, die er für Althussers philosophischen Bildungs- und Denkweg gehabt hat; vielmehr problematisiert er seine Existenz, die öffentliche wie die private, auf eine *spinozistische* Weise. Althusser liefert mit die *Zukunft hat Zeit* den besten Beweis für die Richtigkeit der deleuzianischen These, daß der philosophischste der Philosophen zugleich derjenige ist, »der sich am stärksten an Nicht-

Philosophen wendet«, den *besten* Beweis deshalb, weil es im Falle Althussers gerade ein Philosoph ist, der sich von der nicht-philosophischen ›Kraft‹ Spinozas affizieren läßt. Althussers 1985 in wenigen Monaten niedergeschriebene Autobiographie erzählt keine individuelle Entwicklungsgeschichte, sondern gehorcht der Logik des Affekts, dessen Kraft darin besteht, daß er das heterogenste lebensgeschichtliche ›Material‹ in seinen Bann zieht, um auf diese Weise seine ewige Wiederholung zu erzwingen. »Unter Verzicht auf alles übrige habe ich lediglich an der Wucht der Gefühlsaffekte festgehalten, die meine Existenz geprägt und ihr ihre Gestalt verliehen haben.« *Die Affekte* zu erforschen, »in deren Bannkreis ich mich sozusagen konstituiert habe«[47], ist das jeder chronologischen Authentizität vorgeordnete, zentrale Motiv des Buches. Der Text setzt mit der Beschreibung seines Anlasses ein, einer Tat, an der das Bewußtsein keinen Anteil hatte und die daher als eine ›Affekthandlung‹ zu definieren wäre: am 16. November 1980 ermordet Louis Althusser seine Frau Hélène in ihrer gemeinsamen Wohnung. Es ist aber nicht ganz richtig zu behaupten, daß wir es in Althussers Autobiographie lediglich mit *einem* Mord zu tun haben. Althussers Existenz ist vielmehr zwischen *zwei* Morde eingespannt: dem Mord an Hélène, über dessen Motive und Hintergründe Althusser endlich im eigenen Namen sprechen will, und einem anderen, symbolischen Mord, dem Althusser selbst am Anfang seines Lebens zum Opfer fiel. Wenn sich der späte Mord an Hélène auch durchaus im »Bannkreis« des anderen ›Mordes‹ bewegt, den Althussers Mutter an ihrem Sohn beging, so tut Althusser doch alles, um den Eindruck zu vermeiden, als sei der Mord an Hélène die *Wirkung* der frühkindlichen Annihilation seiner symbolischen Existenz. Zwischen den beiden Ereignissen gab es wohl eine Affekt-Resonanz, aber durchaus keine (mythische) Handlungskausalität oder psychologische Teleologie. Zwischen primordialem Affekt und später ›Tat‹ besteht ein Verhältnis der Äußerlichkeit, der nachträglichen Verbindung, ein Verhältnis, das um so schwerer zu denken ist, da es die Tat nicht bereits im Affekt als ›präformiert‹, als keimhaft angelegt zu betrachten erlaubt – die Tat entwickelt sich nicht, ist nicht der Abschluß eines zielgerichteten, unaufhaltsamen Prozesses, sie geht nicht aus dem (Ur-)Affekt hervor, sondern bedarf einer äußeren »Konstellation«, die mit dem Affekt ›im Bunde‹ ist. Diese Bemerkungen sind um so wichtiger, als der Text sich schon bald nach seiner Veröffentlichung im Jahre 1992 (zwei Jahre nach Althussers Tod) dem Mißverständnis ausgesetzt sah, hier schiebe wieder einmal jemand alles auf eine unglückliche Kindheit.

Althussers Beschreibung jenes ersten Mordes, dessen Opfer er selbst war, aktualisiert eine spezifisch *spinozistische Matrix*. Es ist ein denkbar paradoxes Phantasma, das er am Grunde all seines psychischen Leidens ausmacht: das Phantasma, *keinen Körper (und damit auch: kein Geschlecht) zu haben* und daher *nicht zu existieren*. Althusser beschreibt, wie bereits der *Akt seiner Namensgebung* auf immer einen niemals wieder aufzuhebenden, fundamentalen Mangel in seinem Inneren verankerte, in den Begriffen der *Ethik* gesprochen: eine Annihilation seiner »vis existendi«, seines »Seinsvermögens« bewirkte. Seine Mutter gibt ihm den Vornamen seines Onkels, den sie ursprünglich anstelle seines Vaters heiraten sollte, dem sie sich auch ›seelisch verwandt‹ fühlte (während ihr sein Vater, der Bruder des Onkels, verhaßt war) und der im Ersten Weltkrieg ums Leben kommt, ein Tod, mit dem sie sich nie abfinden wird. So war es Louis' psychisches Schicksal, von Anfang an für seine Mutter in gewissem Sinne nicht zu existieren (oder nur als Projektionsfläche): »Jedenfalls hatte ich es von frühester Kindheit an mit dem Namen eines Mannes zu tun, der im Kopf meiner Mutter unaufhörlich den Klang der Liebe weckte: *der Name eines Toten.*«[48] Der junge Louis verliert für seine Mutter jede körperliche Dichte: in immer neuen Anläufen beschreibt Althusser, wie seine Mutter *durch ihn hindurch* ihren Blick unverwandt auf das phantasierte Bild des gefallenen Onkels richtet und wie der kleine Louis verzweifelt versucht, seine eigene Existenz durchzustreichen, um sich erfolgreich als Ersatzobjekt des Begehrens seiner Mutter anbieten zu können. Halten wir die Beschreibung dieser Szene mit dem Lehrsatz 10 des III. Teils der *Ethik* sowie mit dessen Beweis zusammen: »Eine Idee, welche die Existenz unseres Körpers ausschließt, kann es in unserem Geiste nicht geben, sie steht vielmehr zu ihm in Widerspruch.« Der Beweis erinnert noch einmal daran, daß »das erste, was das Wesen des Geistes ausmacht, die Idee des wirklich existierenden Körpers ist« und daß es daher »das erste und hauptsächliche Streben unseres Geistes [ist], die Existenz unseres Körpers zu bejahen«. Der Geist vermag also niemals eine Idee *hervorzubringen*, die die Existenz unseres Körpers ausschließt; wann immer eine solche Idee von ihm Besitz ergreift, geschieht es ›von außen‹, durch den Akt einer *Verneinung* unserer Existenz, ganz so wie im Fall Althussers. Daß das erste und hauptsächliche Streben unseres Geistes darin besteht, »die Existenz unseres Körpers zu bejahen«, weil der menschliche Geist nämlich um so befähigter ist, sehr vieles zu erfassen, »auf je mehr Weisen sein Körper disponiert [d. h. affiziert, F. B.] werden kann« (*Ethik* II, 14), wird von Althussers Erinnerungsarbeit ausdrücklich bestätigt. Je stärker er nämlich den primordialen Akt der Verneinung seiner körperlichen Existenz durch die Mutter zu seiner eigenen Sache zu machen und damit in seinen Geist aufzunehmen sucht, desto unabweisbarer wird »das erste und hauptsächliche Streben« des Geistes, die Existenz des Körpers dennoch zu bejahen: »[...] ich war ja nicht jener andere, ich war im Grunde nicht jenes so verständige und so reine Wesen, das sich meine Mutter von mir erträumte. Je weiter ich gegangen bin, desto deutlicher habe ich die sogar heftigen Formen meines eigenen Begehrens verspürt, vor allem diese ganz elementare Form: nicht im Element noch im Phantasma des Todes leben, sondern für mich selbst existieren, ja, einfach existieren und vor allem in meinem Körper, den meine Mutter ja so verachtete, denn sie hatte (wie jener Louis, den sie immer noch liebte) Abscheu davor.«[49]

In seiner Mutter trifft Louis auf eine Frau, deren Abscheu vor Körpern ein genereller ist[50] und die sich daher erträumt, im Medium der *Seele* – jenes Wort, das Spinoza in der *Ethik* selten anders als mit spitzen Fingern anfaßt – zu existieren. In seinem Onkel Louis fand Althussers Mutter einen Wahlverwandten: »Beide gleich sittsam und rein – vor allem rein –, beide in derselben Welt ätherischer Spekulationen und Perspektiven zu Hause, die für den Körper, dieses gefährliche ›Ding‹, folgenlos blieb, wurden sie bald zu Komplizen, um ihre reinen Leidenschaften und körperlosen Träume miteinander austauschen zu können.« Und der Folgesatz zeigt, wie dieses Begehren nach der körperlosen Existenz, dieser Wunsch nach einem ›reinen‹ Leben in Gedanken auf Althusser selbst ›überspringt‹: »Später sollte ich einem Freund gegenüber, der mir das in Erinnerung gerufen hat, folgenden schrecklichen Satz äußern: ›*Das Ärgerliche ist, daß es Körper gibt und, schlimmer noch, Geschlechter.*‹«[51] Die Ambivalenz allem Körperlichen gegenüber kennzeichnet die gesamte Lebensgeschichte Althussers – da koexistiert auf eine spannungsvolle, niemals aufgelöste Weise die Furcht[52] vor den Körpern (dem eigenen und den anderen) und ihren mannigfaltigen Gefahren mit der Begierde, auf alle nur erdenkliche Weise herauszufinden, »was der Körper alles vermag« (*Ethik* III, 2, Anm.). Die »Heidenangst« vor gefährlichen Begegnungen mit anderen Körpern – Althusser muß eingestehen, daß er sich »denn auch nie, *nicht ein einziges Mal* in meinem ganzen Leben, körperlich geschlagen« habe – wird immer wieder überlagert von der Lust an Praktiken, deren Ausübung ihm die Affektion seiner körperlichen Existenz verschaffen. Von der spezifischen Begabung für Sprachen bis hin zu seiner Lust an sportlichen Aktivitäten, an Geschicklichkeitsspielen und dem Erwerb absonderlicher Kompetenzen wie dem »Ohrenwackeln«, immer ist das Antriebsmoment für diese heterogenen Praktiken der Wunsch nach der Wiedergewinnung des eigenen Körpers und damit – im Sinne des spinozistischen ›Parallelismus‹ – auch des eigenen Geistes bzw. des eigenen Denkens.

Wenn sich nach Spinoza das Denken bzw. der »Geist« nicht auf das Bewußtsein reduzieren läßt, so deshalb, weil wir durch unseren *Körper* auf unendlich verschiedene Weise affiziert werden können und damit auch unser Geist zu unendlich verschiedenen Ideen befähigt ist. Statt den ›reinen‹ Geist von seiner Tätigkeit, dem Denken, zu trennen, erhöht das Vermögen des Körpers, sich affizieren zu lassen, im selben Maße das Vermögen des Geistes, adäquate Ideen hervorzubringen bzw. zu erkennen. *Der Geist ist die Idee des Körpers*[53], so kann man den spinozistischen Geist-Körper-*Parallelismus* resümieren, der keine Eminenz, Transzendenz oder Höherwertigkeit eines der beiden Attribute (Denken, Ausdehnung) über das andere zuläßt, sondern die (differente) »Einheit von Geist und Körper« als einen ›integrierten, steigerungsfähigen Funktionszusammenhang‹ begreift. Innerhalb dieser Einheit von Körper und Geist gibt es wohl ein spezifisches Prius, nämlich das des Körpers, weil es der Geist nicht mit irgendwelchen Ideen, sondern immer mit den Ideen der Affektionen des Körpers zu tun hat. Deshalb kann Spinoza schreiben, daß nur derjenige diese Einheit versteht, der »vorher die Natur unseres Körpers adäquat erkennt«. Die Steigerungsfähigkeit der Einheit, ihre Dynamik drückt Spinoza an zahlreichen Stellen der *Ethik* aus: »Je befähigter ein Körper ist, vieles zugleich zu tun oder zu leiden, desto befähigter ist auch sein Geist, vieles zugleich zu erfassen« (*Ethik*, II, 13, Anm.). Die verschiedenen

Praktiken, mit deren Hilfe Althusser versucht, »wenn auch noch nicht ›von selbst in meinem Körper zu denken‹, doch wenigstens meinen eigenen Körper durch mich selbst und gemäß meinem eigenen Verlangen in Besitz zu nehmen«[54], folgen dem spinozistischen Imperativ, der uns auffordert, unser *Affiziertseinkönnen* und damit unser Tätigkeitsvermögen zu erhöhen.

›*Böse*‹ im spinozistischen Sinne, also *schlecht* ist das, was unser Tätigkeitsvermögen vermindert bzw. uns von ihm trennt (die »traurigen Leidenschaften«) und den *Zusammenhang*, der wir – als komplex organisierte Individuen, die selber aus verschiedenen Körpern bestehen[55] – sind und in dem wir mit anderen Körpern stehen, auflöst. ›*Gut*‹, d. h. *nützlich* ist das, »was den menschlichen Körper so disponiert, daß er auf viele Weise affiziert werden kann, oder was ihn fähig macht, äußere Körper auf viele Weise zu affizieren« (*Ethik* IV, 38). Die *Ethik* Spinozas ist eine Lehre gegen den »Trübsinn«, gegen die traurigen Affekte, auch wenn sie nicht einer melancholischen Haltung zum Leben, sondern einer moralischen Reflexion des »beschädigten Lebens« entspringen. Wenn die *Ethik* den Verzicht auf das moralische Vokabular empfiehlt, dann nicht, um den Lauf der Dinge ›fatalistisch‹ zu ratifizieren, sondern um das Interesse auf die Erforschung der Ursachen des ›Bösen‹, von Leid, Tod und Vernichtung zu lenken. Für Spinoza spricht aus dem moralischen Diskurs unser Unvermögen, über die Ursachen für den Zusammenbruch von Ordnungen, die Zersetzung von Verhältnissen adäquate Ideen zu bilden. Diese Ideen müßten sich ganz an der Positivität des Geschehens, an der »Verkettung« (*connexio*) der Ereignisse und ihres Eskalationspotentials orientieren, statt in die Rhetorik der wohlfeilen Empörung über ›vernunftlose‹ Zustände zu flüchten. Solange der Geist »die Dinge nach der gewöhnlichen Ordnung der Natur erfaßt, d. h., sooft er äußerlich, nämlich wie ihm die Dinge zufällig begegnen, bestimmt wird«[56], beurteilt bzw. verurteilt er immer nur die *Wirkungen*, die *Effekte* der Körper auf seinen eigenen Körper. Für Spinoza machen wir uns von unserer ›Lebenswelt‹ spontan eine ähnlich verläßliche Vorstellung wie von der Entfernung der Sonne von unserem jeweiligen Standpunkt. Insofern der moralische Diskurs eng an das intuitive Wissen (Spinoza würde sagen: an die Affektionen des Körpers) der Mitglieder einer Gesellschaft anschließt, bewegt er sich ganz in der Sphäre der Vorstellungen und Bilder, die durch einen Abgrund von den

Begriffen, die das Denken erzeugt, getrennt sind: »Denn unter Ideen verstehe ich nicht Bilder, wie sie sich auf dem Grunde des Auges oder, wenn man will, im Innern des Gehirns bilden, sondern Begriffe des Denkens« (*Ethik* II, 48, Anm.). Spinoza bedient sich an einer zentralen Stelle des V. Buches auf verfremdende Weise des moralischen Vokabulars, um seine ethische Sicht der Welt (einschließlich der ›schlechten Begegnungen‹, aus denen Unglück erwächst) in eine Maxime zu kleiden: »Es ist aber zu bemerken, daß wir beim Ordnen unserer Gedanken und Vorstellungen immer auf das achten müssen [...], was in jedem Ding gut ist, damit wir so stets durch den Affekt der Lust zum Handeln bestimmt werden« (*Ethik*, V, 10, Anm.). Der Schluß des Satzes räumt jeden Zweifel aus, daß Spinoza hier als Lobredner einer pauschalen Seinsfrömmigkeit auftrete: das, was an *jedem* Ding ›gut‹ ist, ist zweifellos keine morasche Eigenschaft, sondern die jedem Seienden, auch dem ›bösen‹, eigene Existenzkraft *(vis existendi)*, von der aus man allein seine Wirkungen beurteilen, d. h. auf adäquate Ideen beziehen kann, *aktive Ideen*, die in uns den »Affekt der Lust zum Handeln« auslösen.

Spinozas *Ethik* ist nicht aus der Perspektive des Guten oder des Gesetzes, sondern aus der der *Lust* geschrieben, die sich durch das (variable) *Vermögen zu wirken* bestimmt und von den kleinen »Lüsten« *(libidini)* sehr zu unterscheiden ist. Spinoza unterscheidet nicht nur zwischen der Lust *(laetitia)* und der Unlust *(tristitia)*, den beiden Basisaffekten, die die »Begierde« *(cupiditas)* als das Wesen des Menschen bestimmen, sondern in einem zweiten Schritt die *passiven Affekte* bzw. die »Leiden« *(passiones)*, zu denen die freudigen wie traurigen Affekte gleichermaßen zählen, von den *aktiven Affekten*, die der Vernunft entspringen (Spinoza kennt die »Begierde der Vernunft«) und die sich immer dann einstellen, wenn wir zu adäquaten Ideen gelangen und ihr Handlungspotential realisieren (vgl. *Ethik* III, 58). Dennoch verwirft er keineswegs die passiven zugunsten der aktiven Affekte (in der Sprache Kants, die sich freilich nicht umstandslos auf die Unterscheidungen Spinozas übertragen läßt: der Sinnlichkeit zugunsten des Verstandes), vielmehr ist die Lust als freudiger Affekt die einzige Möglichkeit, um uns von den der intuitiven Erkenntnis entspringenden aktiven Affekten (die von jeder ›Passivität‹ befreit sind) erfüllen zu lassen. Daher ist die Lust wie die Unlust für Spinoza kein Zustand, sondern ein »Übergang« *(transitio)*, nämlich von »geringerer zu größerer Vollkommenheit« bzw. umgekehrt (*Ethik*, III, Def. 2 u. 3 der Affekte). Die Akkumulation von freudigen Leidenschaften reicht zwar allein nicht hin, um uns aktive Affekte zu verschaffen, aber mit ihrer Hilfe gelingt uns jener »Sprung« zur Bildung von adäquaten Ideen (»Gemeinbegriffen«), die uns *aktiv werden* lassen. Gilles Deleuze hat das Programm Spinozas daher so zusammengefaßt: »[...] nicht alle Leidenschaft aufheben, sondern mit Hilfe der freudigen Leidenschaft die Leidenschaften nur noch einen kleinen Teil von uns besetzen zu lassen, damit unser Affiziertseinkönnen durch ein Maximum an aktiven Affektionen erfüllt wird.«[57] Auch die ›reine‹ Erkenntnis vermag die passiven Affekte (Lust und Unlust) nicht aufzuheben, sondern allein die Effekte der Leidenschaften insgesamt zu beschränken (nicht indem sie sie unterdrückt, sondern die freudigen unter ihnen zu Lasten der traurigen stärkt, sich gleichsam ›Verbündete‹ im Lager der *passiones* sucht), so daß sie nur noch »den kleinsten Teil des Geistes ausmachen« (*Ethik* V, 20, Anm.). Den verbündeten Affekten im Lager der *passiones*, die allesamt zur Gattung der Lust gehören und ohne die uns der Sprung in ein von Vorstellungen und Bildern freies Denken mit den ihm zugehörigen aktiven Affekten nicht gelingen kann, sind folgende Sätze Spinozas gewidmet: »Keine Gottheit und kein Mensch, außer ein mißgünstiger, freut sich über mein Unvermögen und Unbehagen und rechnet uns Tränen, Schluchzen, Furcht und andere solche Merkmale von Schwäche des Gemüts zur Tugend an. Im Gegenteil, je mehr wir von Lust affiziert werden, zu desto höherer Vollkommenheit gehen wir über, d. h. desto mehr sind wir der göttlichen Natur notwendig teilhaftig. Die Dinge zu genießen und sich an ihnen soviel wie möglich zu erfreuen (zwar nicht bis zum Überdruß, denn das heißt nicht sich erfreuen), ist darum eines weisen Mannes durchaus würdig.« Spinoza fährt fort, einzelne dieser Dinge (Speisen, Getränke, Wohlgerüche, Schmuck, Musik, Kampf- und Schauspiele etc.) aufzuzählen, um dann mit dem Argument zu schließen: »Denn der menschliche Körper ist aus vielen Teilen von verschiedener Natur zusammengesetzt, die fortwährend neuer und abwechslungsreicher Nahrung bedürfen, damit der ganze Körper zu allem, was aus seiner Natur folgen kann, gleich befähigt ist und demgemäß auch der Geist gleich befähigt ist, mehreres zugleich zu erkennen« (*Ethik* IV, 43, Anm.).

Spinoza beansprucht durchaus nicht eine erschöpfende Beschreibung der Formen geliefert zu haben, die die (passiven) Affekte, die sich beständig untereinander verketten, annehmen. Selbst die Lust ist sich insofern undurchsichtig, als sie uns keine adäquate Idee des Gegenstandes, der in der Natur mit uns übereinstimmt, verschafft. Vor allem aber realisieren sich Lust und Unlust in komplexen Kombinationen und führen daher zu »Konflikte[n] des Gemüts« *(animi conflictus)*, die in ihren konkreten Formen unabsehbar sind. So stellt Spinoza fest, daß »sich die Affekte auf so vielerlei Weisen miteinander verbinden und daß daraus so mannigfaltige Arten von Affekten entstehen können, daß sie in keine Zahl gefaßt werden können«. Um diese Unabsehbarkeit der Affektkonstellationen (darunter auch die überraschenden ›Affektvolten‹) zu erläutern, greift Spinoza ausgerechnet auf das Beispiel der *Liebe* mit ihren plötzlichen Wendungen zurück: »Es kommt nämlich sehr oft vor, daß, wenn wir den Gegenstand, nach dem wir Verlangen hatten, genießen, der Körper durch diesen Genuß eine Veränderung seiner Verfassung erfährt, so daß er anders bestimmt wird und Vorstellungen anderer Dinge in ihm wachgerufen werden; womit zugleich der Geist sich etwas anderes vorzustellen und etwas anderes zu wünschen beginnt« (*Ethik* III, 59, Anm.). Diese Zeilen beleuchten eine Schlüsselszene in Althussers Autobiographie, die abrupte und für ihn unerklärliche Veränderung seiner Verfassung nach dem ersten Zusammensein mit Hélène: »Noch nie hatte ich eine Frau umarmt (mit dreißig Jahren!), und vor allem war ich noch nie von einer Frau umarmt worden. Die Begierde stieg in mir auf, wir schliefen miteinander auf dem Bett, das war neu, erschütternd, erregend und stürmisch. Als sie gegangen war, tat sich in mir ein Abgrund von Angst auf, der sich nie mehr schloß.«[58] Nach dieser Liebesnacht versinkt Althusser in eine tiefe Depression, wird von einer ›unmotivierten‹, gegenstandslosen Angst heimgesucht, die zu seiner ersten Hospitalisierung führt. Weil auch die Liebe ein passiver Affekt ist, müssen die Zusammentreffen der Körper, die sie bewirkt, keineswegs immer glücklich verlaufen. Denn Lust und Unlust, Liebe und Haß orientieren sich nicht an der ›Natur‹ der Gegenstände, sondern an *Akzidenzien*: »Jedes Ding kann durch ein Akzidens Ursache der Lust, Unlust oder Begierde sein« (*Ethik* III, 15).

Im entscheidenden XVIII. Kapitel seiner Autobiographie wird der Name Spinozas zwar nicht zum ersten Mal erwähnt, Spinoza wird aber hier erstmals in dem Text als die Schlüsselfigur für das Verständnis dessen, was Althusser philosophisch und nichtphilosophisch antrieb, angeführt. Kaum ein schönerer, kaum ein eindringlicherer Text ist in den letzten Jahren über Spinoza geschrieben worden: »Was mich zweifellos am meisten beeindruckte, war die Theorie des *Körpers* bei Spinoza. Diesen Körper, von dem viele Kräfte uns allerdings unbekannt sind, diesen Körper, dessen *mens* (mit *l'âme* oder *l'esprit* nur unzureichend übersetzt) die Idee ist, wobei die Idee ihrerseits mit diesem Ausdruck unzureichend übersetzt ist, dachte Spinoza als *potentia*, und zwar zugleich als Schwung (*fortitudo*) und als Öffnung zur Welt (*generositas*), als unverdiente Gabe. [...] Es läßt sich denken, wie großartig sich für mich diese Idee des Körpers ausnahm. Ich fand darin nämlich meine eigene Erfahrung eines zunächst zerstückelten und verlorenen Körpers wieder, eines abwesenden Körpers voll maßloser Furcht und Hoffnung, der sich in mir wieder zusammengefügt und gleichsam entdeckt hatte, in der Gesellschaft meines Großvaters bei den körperlichen Arbeiten auf den Feldern und im [Kriegsgefangenen-]Lager! Daß man so wieder über seinen eigenen Körper verfügen und aus dieser Aneignung etwas an freiem und starkem Denken ziehen, also im eigentlichen Sinne mit seinem Körper denken konnte, in seinem Körper, aus seinem Körper, kurzum, daß *der Körper denken konnte*, durch die und in der Entfaltung seiner Kräfte, verblüffte mich buchstäblich, als Realität und Wahrheit, die ich erlebt hatte und die mein waren.«[59] »Daß der Körper denken kann«, das ist zweifellos eine sehr abgekürzte Formel für das Verhältnis von Geist und Körper bei Spinoza; aber sie trifft genau Spinozas Wendung gegen jeden Versuch einer *ontologischen* Differenzierung der beiden Modi (Geist und Körper sind Modi der beiden Attribute Denken und Ausdehnung): Geist und Körper bezeichnen keine unterschiedlichen Seinsweisen, obwohl sie *nicht dasselbe* sind. Vor allem läßt sich zwischen beiden kein Gefälle der Komplexität (weder was ihre Funktionsweise noch was ihre Produktionen betrifft) ausmachen, wie man schon daran sieht, »daß der Körper an sich nach den bloßen Gesetzen seiner Natur vieles vermag, worüber sich sein eigener Geist wundert« (*Ethik*, III, 2, Anm.). Die metaphorische Entgegensetzung von »Seele« und »Maschine«, wie sie der Cartesianismus populär gemacht hat, geht daher an den Vermögen der beiden Modi vorbei. Der Geist ist nicht auf den Körper zu reduzieren, wie es gewisse Spielarten des Vulgärmaterialismus vorschlagen, aber er ist nur *vom Körper aus* zu begreifen. Solange wir noch nicht wissen, »was der Körper alles vermag« (*Ethik*, III, 2,

Anm.), wissen wir auch nicht, was das Denken vermag. Der spinozistische Körper eignet sich daher nicht zur Symbolisierung eines unproblematischen Jenseits des Geistes. Anders als in vielen aktuellen Diskursen ist der Körper bei Spinoza gerade nicht das Asyl der Unwissenheit. Körper und Geist sind zwar operativ unterschieden (handeln / denken), aber eben nicht ihrem Vermögen *(potentia)* nach. Darum kann Spinoza schreiben: »Alles, was das Tätigkeitsvermögen unseres Körpers vermehrt oder vermindert, fördert oder hemmt, dessen Idee vermehrt oder vermindert, fördert oder hemmt das Denkvermögen unseres Geistes« (*Ethik* III, 11).

Auch wenn Spinoza jede Möglichkeit der kausalen Einflußnahme des einen auf den anderen Modus ausschließt, wenn er auch jede Vorstellung einer Herrschaft des einen über den anderen Modus, jede Annahme einer Eminenz oder Hierarchie zurückweist, so gibt es bei ihm doch eine gewisse Vorgängigkeit des Körpers im Verhältnis zum Geist, insofern als uns das Modell des Körpers vor der Versuchung bewahrt, den Geist mit dem Bewußtsein zu identifizieren: »Es gibt ebenso viele Dinge im Geist, die über unser Bewußtsein hinausgehen, wie Dinge im Körper, die über unsere Erkenntnis hinausgehen.«[60] Der Grund für das Prius des Körpers in der *Ethik* liegt zweifellos darin, daß es Spinoza nur über seinen Umweg möglich ist, eine komplexere Theorie des Geistes zu entwickeln als diejenige, die das Denken mit dem Bewußtsein identifiziert und die Ideen als »etwas Stummes, wie ein Gemälde auf der Tafel« verkennt. Wie den Körper denkt Spinoza auch den Geist als einen eigendeterminierten Produktionszusammenhang, der inadäquate in adäquate Ideen transformiert. Und diese Konzeption immunisiert ihn von vornherein gegen alle Spielarten einer Erkenntnistheorie, die das Denken als eine Form des Wahrnehmens auffassen. Die philosophische Erkenntnistheorie, zu der Spinoza bekanntlich *keinen* Beitrag geliefert hat, wäre ohne die Vorstellung unseres Bewußtseins als eines *visuellen Vermögens*, als eines »Spiegels der Natur« (Rorty) kaum möglich gewesen. Daß Spinoza das Erkennen nach dem Modell des Körpers denkt, heißt vor allem, daß er die Vorherrschaft des *Auges* und des optischen Vokabulars in der Philosophie bricht.

Die spinozistische Zurückweisung des Optischen (die erstaunen muß bei jemandem, der aus der Optik seinen Brotberuf machte) – und damit des Imaginären überhaupt, das, wie nicht zuletzt die Psychoanalyse gelehrt hat, einen privilegierten Bezug zum Auge hat – mußte auf Althusser deshalb eine solche Faszination ausüben, weil es sein psychisches Schicksal war, von Anfang an nur in der Dimension des Blicks (seiner Mutter) zu existieren. Althussers Reflexionen zu seinem philosophischen Bildungsweg sind daher ebenso viele Bemerkungen zu seinen Bemühungen, sich auch *im Denken* der spekulativen Illusion zu entziehen: »Ich hatte nichts mit dem heiligen Thomas der Theologie zu schaffen, der noch immer in Gestalt des spekulativen Auges denkt, sondern sehr viel mehr mit dem heiligen Thomas der Evangelien, der berühren will, um glauben zu können. Mehr noch, ich gab mich nicht mit dem einfachen Kontakt der Hand zufrieden, um an die Realität glauben zu können, ich mußte sie bearbeiten, sie umgestalten, um, weit über die eine und einfache Realität hinaus, an meine eigene, endlich gefundene Existenz glauben zu können.«[61] Nun versteht man auch, was es heißt, wenn Althusser von seinem Verhältnis zum Marxismus sagt, daß es sein Körper war, »der mich zur Parteinahme bewog«. Was Althusser am Marxismus faszinierte, war die durch ihn eröffnete Möglichkeit, auf dem Wege einer radikalen Kritik jeder ›spekulativen‹ Illusion und imaginären Totalisierung (man erinnere sich nur seiner unüberholten Kritik an der Hegelschen Totalität als der »entfremdete[n] Entwicklung einer einfachen Einheit, eines einfachen Prinzips«[62]) »eine wahre Beziehung zur nackten Realität zu erleben und diese körperliche Beziehung (des Kontaktes, aber auch der Arbeit an der sozialen Materie und anderen) fortan *im Denken selbst* ausleben zu können«.[63] Nicht weil er das Dominanzverhältnis von Geist und Materie einfach umkehrte, sondern weil er die spezifische *Materialität* auch der geistigen Prozesse zu denken erlaubte, kann Althusser vom Spinozismus sagen: »Nichts Materialistischeres als dieses Denken ohne Ursprung noch Ziel.«[64] Daß Spinoza sich von der cartesianischen Geste des radikalen Zweifels nicht irre machen ließ (weil er die Möglichkeit einer Subtraktion des Körpers[65] vom Geist als die große Illusion des Cartesianismus erkannte) und daher den archimedischen Punkt der Philosophie keineswegs in der Funktion des *ego cogito* suchte (ein Denken ohne Ursprung und Ziel kennt keine archimedischen Punkte mehr), hat Althusser als die philosophiegeschichtlich folgenreichste Geste Spinozas erkannt: »Er war ein Denker, der jede Theorie der Erkenntnis (cartesianischen oder später kantischen Typs) abgelehnt hatte, ein Autor, der die Gründerrolle der cartesianischen Subjektivität des *cogito* zurückgewiesen hatte, um sich damit zu begnügen, gleichsam als Faktum ›Der Mensch denkt‹ niederzuschreiben, ohne daraus irgendeine transzendentale Konsequenz zu ziehen.«[66] »Cogitare? hic invenio: cogitatio est, haec sola a me divelli nequit«, schreibt Descartes in der zweiten *Meditation*: »Denken? Hier liegt es: Das Denken ist's, es allein kann von mir nicht getrennt werden.«[67] Der Körper aber noch weniger, weil ohne ihn nicht nur ›ich selbst‹, sondern auch mein Denken (vor allem soweit es nicht mit dem Bewußtsein bzw. der Ichfunktion identisch ist) nicht möglich ist. Auf das cartesianische »heureka« antwortet Spinoza mit dem von Althusser zitierten Satz: »Homo cogitat«, der nicht am Anfang seiner Philosophie steht, sondern unauffällig als 2. Axiom des zweiten Teils der *Ethik* eingeführt wird.

III.

In seinem letzten Brief an Willem van Blyenbergh schreibt Spinoza ganz nebenbei den folgenreichen Satz, daß die Ethik »bekanntlich auf der Metaphysik und der Physik begründet werden muß« (*Brief* 27, an Blyenbergh). Vertreter eines erklärtermaßen anti- oder mindestens nachmetaphysischen Denkens hören solche Aussagen verständlicherweise mit Skepsis. Dabei ist gar nicht ausgemacht, inwiefern eine linguistisch transformierte neokantianische Moralphilosophie, die von der Annahme »sprach- und handlungsfähiger *Subjekte*« ausgeht, weniger metaphysisch ist als eine Ethik wie die Spinozas, die ihre im engeren Sinne ›ethischen‹ Überlegungen auf eine bestimmte Theorie des »Modus« gründet. Auch die Fixierung der aktuellen neokantianischen Ethiken auf das Gesetz (bzw. die Norm), von dem sich seit Kant das Gute ja allein noch ableiten kann (statt umgekehrt), hat metaphysische Gründe, die mit der Kolonisierung des philosophischen Diskurses durch das Juridische zusammenhängen. Um Heidegger zu variieren, müßte man heute verstärkt danach fragen, wie – nachdem der Gott aus der Philosophie vertrieben wurde – der Richter und das Recht in die Philosophie kamen (die Figur des selbstverantwortlichen Subjekts ist, nach allem was man heute weiß, ein juristisches Konstrukt). Die Untersuchungen Michel Foucaults und François Ewalds haben gezeigt, daß die westlichen Gesellschaften bereits im letzten Jahrhundert in ein Zeitalter der *Normalisierung* eingetreten sind, das die Norm zusehends entjuridifiziert. Pierre Macherey hat darauf hingewiesen, daß das von Foucault im Kontext seiner machttheoretischen Untersuchungen angewendete »Prinzip der Immanenz der Norm in ihren Wirkungen« ein *spinozistisches Prinzip* ist, denn Spinoza ist derjenige, der als erster das Wirken der Norm mit dem Begriff einer *Notwendigkeit* (einer Ursache, die ihrer Wirkung nicht vorausliegt) denkt, die vom *Zwang*, von der Repression grundsätzlich verschieden ist.[68] Schon zu Zeiten der ersten Blüte des Neokantianismus war die Formel »Seiendes ist, Werte bzw. Normen gelten« antiquiert.

Das Eindringen des Juridischen in die Ethik hatte jedoch noch eine andere, für die Philosophie bedenkliche Konsequenz: Der juristische Geist prolongierte nicht nur einen in der gesellschaftlichen Wirklichkeit seit der Mitte des letzten Jahrhunderts überholten Begriff der Norm, er erzeugte auch einen bedenklichen Konformismus in der Philosophie, eine Mentalität, die sich auf die sei's affirmative, sei's kritische Reflexion des vorgefundenen Normmaterials beschränkte. Schon vor Jahren hat Bernhard Waldenfels auf das spezifische »Vakuum« der normativistischen, dem eigenen Selbstverständnis nach metaphysikfreien Ethiken hingewiesen: »Das Vakuum betrifft den Bereich *produktiven Handelns*, wo bestimmte Normen erzeugt und verändert werden. Dieser Schlüsselbereich entgeht einer *Rezeptionsethik*, die sich an vorgegebene Sitten hält wie an tradierte Texte; er entgeht ebenfalls einer *forensischen Ethik*, die sich darauf beschränkt, gegebene Handlungsnormen kritisch zu überprüfen.«[69] Der Bereich des »produktiven Handelns« wird bei Spinoza in einem – jeden subjektförmig gedachten, ja selbst jeden menschlichen Aktor überschreitenden – Sinne als *potentia agendi*, als Tätigkeitsvermögen gedacht: von unserer Fähigkeit her, uns affizieren zu lassen und zu affizieren, denkt Spinoza selbst die Bereiche des Seienden, die durch das Recht oder Gesetz strukturiert sind. Recht und Politik sind Variablen der als *potentia* (und nicht als *potestas*) gedachten Macht und sind ihr daher immanent. Denn das Sein *ist* nicht einfach, es kann sich in seinem Sein nicht ohne eine gewisse Kraft zu existieren (die *vis existendi*) erhalten. Spinoza denkt das Sein in Begriffen der Produktion und Reproduktion, er denkt es *sub specie aeternitatis*, als einen Prozeß ›ohne Subjekt und Ziel‹.[70]

Deshalb kann er auch die Tugend (*virtus*) umstandslos mit dem Vermögen (*potentia*) identifizieren und von ihr sagen, daß sie, »insofern sie auf den Menschen bezogen wird, [...] das eigentliche Wesen oder die eigentliche Natur des Menschen [ist], insofern er die Macht hat, etwas zu bewirken« (*Ethik*, IV, Def. 8). Für die praktische Philosophie (verstanden als Handlungs- und Sozialphilosophie) hat daher folgende Auskunft Spinozas in einem Brief an Jarig Jelles eminente Bedeutung, weil sie noch einmal die weitreichenden Konsequenzen seiner Lehre von der »Univozität des Seins« deutlich macht: »Was die Staatslehre betrifft, so besteht der Unterschied zwischen mir und *Hobbes*, nach dem Sie mich fragen, darin, daß ich das Naturrecht immer unangetastet lasse und daß ich der höchsten Obrigkeit in einer jeden Stadt nur so viel Recht den Untertanen gegenüber zuerkenne, als dem Maße von Macht entspricht, um das sie den Untertan überragt, als welches immer im Naturzustand der Fall ist« (*Brief* 50, an Jelles).

Den Impuls der spinozistischen, Kant unterlaufenden Ethik hat in Frankreich niemand so konsequent aufgenommen wie Gilles Deleuze. Natürlich ist hier zunächst an die Texte zu denken, die die Frucht einer unmittelbaren Lektüre Spinozas sind. Die großangelegte Studie *Spinoza und das Problem des Ausdrucks in der Philosophie*, die 1968 erschien, ist der bislang unübertroffene Versuch, auf dem Wege einer strikt *immanent* verfahrenden Analyse der Schriften Spinozas eine Vorstellung von den ungeheuren Potentialen dieses Denkens, das alles Sein (einschließlich der Operationen, die es erkennen) auf demselben (differenzierten, übergangsreichen) *Immanenzfeld* ansiedelt, ohne auf Asymmetrisierungen welcher Art auch immer (hierarchische Stufungen, Finalisierungen, Subjektivierungen etc.) zurückzugreifen. Spinoza denkt die Ordnung des (unter den Attributen des Denkens und der Ausdehnung erscheinenden) Seins nicht als einen hierarchischen, sondern als einen Verknüpfungszusammenhang: »Die Ordnung und Verknüpfung der Ideen ist dieselbe wie die Ordnung und Verknüpfung der Dinge« (*Ethik* II, 7). Die Konzepte der »immanenten Kausalität« (vgl. *Ethik* I, 18) bzw. des Immanenzfeldes und der »Verknüpfung« *(connexio)* haben sich dann vor allem in den sozialphilosophischen und ›universalgeschichtlichen‹ Büchern, die Deleuze zusammen mit Félix Guattari geschrieben hat, als ungemein fruchtbar erwiesen. Man muß den *Anti-Ödipus, Tausend Plateaus* sowie *Qu'est-ce que la philosophie?*, drei der von den beiden Philosophen gemeinsam verfaßten Bücher, lesen, um sich einen Begriff davon zu machen, welche Gestalt heute, zweihundert Jahre nach der Renaissance Spinozas im deutschen Idealismus, ein erneuerter Spinozismus annehmen kann.

An Spinoza preist Deleuze, wie sonst nur noch an den angelsächsischen Empiristen, einen auf den ersten Blick merkwürdigen Zug: »Seele *und* Körper: keiner hat je eine originellere Auffassung von der Konjunktion ›und‹ gehabt.«[71] Wie die Empiristen denkt Spinoza weniger archäologisch (auf der Suche nach den ›letzten Prinzipien‹) als vielmehr topographisch (auf der Suche nach den Verbindungen des Heterogenen). Statt das *Est* zu denken, denkt er mit *et*. Bei den Empiristen, so Deleuze, kann man eine regelrechte »Geographie der Relation« beobachten, die um so bedeutsamer ist, »als die Philosophie, die Philosophiegeschichte, tief gesättigt ist mit dem Problem des *Est*«. Immer »geht es um das Verb *sein* und die Frage des Prinzips. Es sind fast nur Engländer und Amerikaner, die die Konjunktion freigesetzt, die Relation zum Gegenstand der Reflexion erhoben haben. Warum? Weil ihr Verhältnis zur Logik ein durchaus spezifisches ist: Logik wird von ihnen nicht begriffen als die die ersten Prinzipien in sich bergende Urform. Sie sagen vielmehr: Die Logik werdet ihr entweder aufgeben müssen oder gezwungen sein, euch eine neue auszudenken.«[72] Eine *Philosophie der Konjunktionen und Konnexionen* würde die gewöhnliche Auffassung von der Vorgängigkeit des Verbundenen vor den Verbindungen, der Elemente vor den Relationen ad acta legen und dem »und« eine spezifische Produktivität zuerkennen müssen. In dieser Perspektive ist das »und« nicht länger die Funktion der monotonen Addition, sondern einer Vervielfältigung, die unvorhersehbare Ergebnisse hervorbringt. Das »und« löst Reaktionen im chemischen Sinne aus. Es ist ausgerechnet Spinoza, der Philosoph der Substanz, der nichtsubstantialistisch denkt, indem er das »und« dazu nutzt, die Differenz in die kompakten Dinge, die »res cogitans« und die »res extensa«, Geist und Körper einzuführen. *Körper und Geist sind Vielheiten*, die über keine von außen vorgegebene Einheit, sondern über einen durch ihre eigenen Elemente gestifteten Zusammenhang verfügen, den Deleuze als einen »Immanenz«- bzw. »Konsistenzplan« bezeichnet. Nicht nur der menschliche *Körper* »ist aus sehr vielen Individuen (verschiedener

Natur) zusammengesetzt, von denen jedes seinerseits wieder stark zusammengesetzt ist« (*Ethik* II, 13, Post. 1), auch die »Idee, die das formale Sein des menschlichen Geistes ausmacht, ist nicht einfach, sondern aus sehr vielen Ideen zusammengesetzt« (*Ethik* II, 15). Der Geist ist nicht ›derselbe‹, wenn er sich etwas vorstellt oder sich erinnert oder wenn er erkennt.

Nicht zufällig erregt ausgerechnet Spinozas Beharren auf der Komplexität nicht nur des Körpers, sondern auch des Geistes den vehementen Protest Willem van Blyenberghs, des Briefpartners, der wie kein zweiter ein Gespür für das Ungeheuerliche am Denken Spinozas hatte und dessen hartnäckige Einwände gegen den ethischen ›Immoralismus‹ wohl auch heute noch vielfach Evidenzeffekte auslösen. Unerträglich ist für den philosophierenden Getreidehändler die Vorstellung, »daß, wie der menschliche Körper aus Tausenden von kleinen Körpern zusammengesetzt ist, so auch der menschliche Geist aus Tausenden von Gedanken besteht, und daß, wie der menschliche Körper in Tausende von Körpern zurückkehrt und sich auflöst, aus denen er sich zusammensetzte, so auch der Geist, sobald er den Körper verläßt, in eben die vielerlei Gedanken sich auflöst, aus denen er bestand« (*Brief* 24, von Blyenbergh). Spinoza begreift Körper wie Geist als *Verhältnisse*, nicht als homogene Einheiten. Ihre Komponenten sind Affektionen und Ideen, die ihrerseits in einem Verhältnis der Korrespondenz stehen. Der Produktions- und Reproduktionsmodus des Körpers ist daher *affektiv*, so wie sich der Geist seinen Zusammenhang durch das ›Netzwerk‹ der Ideen, aus denen er besteht, fortlaufend neu erzeugt. Der Körper ist nichts ›Materielles‹, sein spezifisches Vermögen ist gerade nicht das, was man an ihm zunächst wahrnimmt: eine »Gliedermaschine« *(machina membrorum)*, als die Descartes den Körper definiert, um dann verräterischerweise einräumen zu müssen, daß er diese Eigenschaft mit dem »Leichnam« teilt.[73] Will man den Körper nicht unter dem Aspekt des Todes betrachten, glaubt man nicht, daß er sich nur durch seine ›Beseelung‹ von einem Leichnam unterscheide, dann muß man ihm ein besonderes Vermögen zuerkennen, das es ihm erlaubt, sich in seinem Sein zu erhalten. »Von daher die Kraft der Frage Spinozas: Was vermag ein Körper? Zu welchen Affekten ist er imstande? Die Affekte sind Formen des Werdens[74] – bald schwächen sie uns, indem sie unsere Kraft zum Handeln mindern und unsere Verhältnisse auflösen

(Trauer), bald stärken sie uns, indem sie unsere Kraft steigern und uns in ein umfassenderes oder höheres Einzelwesen [z. B. eine Freundschaft, eine Gemeinschaft, eine Gesellschaft..., F. B.] eintreten lassen.«[75] Das Wissen über das *Vermögen* eines Körpers erhält man nicht auf klassifikatorischem Wege – unter dem Gesichtspunkt der Affekte steht ein Ackergaul einem Ochsen näher als einem Rennpferd, obwohl die beiden Lasttiere doch der zoologischen Art nach durch einen Abgrund voneinander getrennt sind. Spinoza bestimmt den Körper nicht durch seine Formen oder Funktionen, sondern allein durch ihr Verhältnis von Bewegung und Ruhe sowie durch ihren Geschwindigkeitsgrad: »Die Körper unterscheiden sich voneinander hinsichtlich der Bewegung und der Ruhe, der Schnelligkeit und Langsamkeit, nicht aber hinsichtlich der Substanz« (*Ethik* II, 13, Hilfssatz 1). Die spinozistische Physik beschreibt eine *Konsistenzebene*, auf der die Körper nicht länger nach Gattungen, Arten, Formen und Funktionen segmentarisiert sind, sondern ein *Intensitätskontinuum* bilden: »Eine festgelegte Fläche, auf der die Dinge sich nur durch Schnelligkeit und Langsamkeit unterscheiden. Eine Ebene der Immanenz oder der Univozität, die im Gegensatz zur Analogie steht. Alles Multiple läßt sich als das Eine bezeichnen; alles, was abweicht, läßt sich als Sein bezeichnen.«[76]

Das »Werden« auf dieser Immanenzebene kann durchaus gefährliche und unter Umständen verbotene *Nachbarschaften* zwischen Elementen (»Körpern«) stiften, die ›eigentlich‹ nicht zusammengehören; es kann allerlei ›zwitterhafte‹ Verhältnisse oder Verbindungen – Foucault spricht von *Heterotopien*, »Gegenplazierungen«[77] – ermöglichen, die die (An-)Ordnung der Körper, ihren Funktionszusammenhang[78] (nicht notwendig ihr Sein) tatsächlich transformieren. Es handelt sich bei diesen »Werden« *(devenirs)* also keineswegs bloß um Vorgänge, die sich im Bewußtsein oder in der Phantasie abspielen (obwohl beide natürlich an allen solchen heterotopisierenden Operationen beteiligt sind) – ›normalerweise‹ unverbundene Körper werden nicht nur als verbunden *vorgestellt*, sondern verbinden sich in der Wirklichkeit. Die Verbindung existiert also weder (allein) im Bewußtsein derer, die sie beobachten, noch derer, die an ihr beteiligt sind; deshalb ist es falsch, das Werden analogisch zu denken. Die Konnexion ist fundamental verschieden von der Imitation oder Identifikation: »Werden heißt, ausgehend von Formen, die man hat, vom Subjekt, das man ist, von Organen, die man besitzt, oder von Funktionen, die man erfüllt, Partikel [die bei Spinoza ›einfachste Körper‹ heißen, F. B.] herauszulösen, zwischen denen man Beziehungen von Bewegung und Ruhe, Schnelligkeit und Langsamkeit herstellt, die dem, was man wird und wodurch man wird, *am nächsten* sind. Dieses Prinzip der Nähe oder der Annäherung ist ganz eigentümlich und hat nichts mit einer wie auch immer gearteten Analogie zu tun.«[79] Vermögen und Verbindung, *potentia* und *connexio* sind die beiden Zentralbegriffe der spinozistischen Physik: »Jedem Verhältnis von Bewegung und Ruhe, von Schnelligkeit und Langsamkeit, das eine Unendlichkeit von Teilen versammelt, entspricht ein Machtgrad beziehungsweise ein angemessenes Vermögen. Den Beziehungen, die ein Individuum zusammensetzen, es auflösen oder modifizieren, entsprechen Intensitäten, die es affizieren, die sein Handlungsvermögen steigern oder verringern und die von äußeren Teilen oder seinen eigenen Teilen stammen. Affekte sind Arten des Werdens.«[80] So wie die Körper nicht allein in der Äußerlichkeit ihrer extensiven Teile existieren, so ist der Geist keineswegs auf die Innerlichkeit des Denkvermögens beschränkt, sondern verfügt gleichfalls über extensive Teile: die Ideen, die ihn bevölkern. Das Vermögen der Körper, zu affizieren und affiziert zu werden, läßt sich nicht unabhängig von den Verbindungen, aus denen er besteht, bestimmen. Je zusammengesetzter ein komplexer Körper (»Individuum«) ist, je vielfältiger kann er affiziert werden. Daß die Körper sich nicht hinsichtlich ihrer Substanz unterscheiden, heißt eben auch, daß sie den Teilen, aus denen sie sich zusammensetzen, und den übrigen Körpern, mit denen sie sich verbinden, nicht vorausgehen, sondern sich im Prozeß der Verknüpfung allererst herstellen.

Die Verknüpfung der menschlichen Körper zu *Gesellschaften* zeigt, wie sehr das konnexiv erzeugte Vermögen zu wirken, die Vermögen der einzelnen Körper überschreitet, so daß sich eigentlich niemand in der Gesellschaft wiedererkennen dürfte. Dennoch wird der Zusammenhang, den der Mensch bildet, in der Gesellschaft nicht einfach aufgelöst. Genauer gesagt, das Kriterium für eine freie Gesellschaft im Sinne Spinozas ist es gerade, den Zusammenhang der Körper (darunter ihrerseits hochgradig aggregierte soziale Körper wie Freundschaften, Nachbarschaften, Gemeinschaften, ›Völker‹ etc.), aus denen sie besteht, sowie ihre Fähigkeit zu alternativen Assoziierungsmöglichkeiten nicht zu zerstören. Eine Politik, die solches zu verhindern sucht, muß freilich nicht (wenn sie Spinoza folgt), in klassisch humanistischer Pose, die Rechte des (als einzeln und unteilbar: als Individuum gedachten) Menschen gegen die (komplexe) Gesellschaft einklagen, sondern sie hätte gegen die verheerenden Vereinfachungen der komplexen Gesellschaften intelligentere Verknüpfungsweisen aufzuzeigen oder zu erfinden. Im Zeitalter wachsender ökologischer Selbstgefährdungen der Gesellschaft wird man sich nicht zuletzt auch auseinandersetzen müssen mit immer rücksichtsloseren Verfahren, die Komplexität bestimmter Sektoren einer Gesellschaft durch eine vollständige Abkopplung von und/oder Indienstnahme ihrer naturalen und menschlichen ›Umwelten‹ zu erhöhen. Daß die stupende Komplexität moderner Gesellschaften mit einer ungeahnten, jetzt auch technisch herstellbaren *Infantilisierung* der menschlichen Kräfte erkauft werden könnte, hat unlängst ein Soziologe in die folgende Frage gekleidet: »Welche Lebensbedingungen werden die ›künftigen Generationen‹ vorfinden – gesetzt den Fall, daß es sich dabei überhaupt noch um Menschen handeln wird und nicht um gentechnologisch grundlegend veränderte, genormte und nach Programmen differenzierte humanoide Lebewesen?«[81]

Gerade wenn man mit Spinoza die Kräfte des Menschen nicht mit ihren historisch ausgeprägten und variablen Formen verwechselt, wenn man sich also durchaus vorstellen kann, daß, wie Gilles Deleuze formuliert, »die Kräfte im Menschen nicht notwendig in die Bildung einer Menschen-Form [*forme-Homme*] eingehen, sondern auf andere Weise, in anderen Zusammensetzungen, in einer anderen Gestalt auftreten können«[82], dann wird man die Transformation des Menschen nicht umstandslos gutheißen, sondern nur unter der Bedingung, daß er sich nach dem theologischen und anthropologischen Transzendenzplan nun nicht einfach als Einschreibfläche für eine technologische Programmierung zur Verfügung stellt. Die Kräfte des Menschen von der »Menschen-Form« zu befreien, kann nicht bedeuten, diese Kräfte nun einer noch rigideren Kopplung zu unterwerfen, damit sich Descartes' Traum von der »Gliedermaschine« endlich erfülle. Es geht darum, die Menschen zu komplizierteren Existenzweisen, als es die »Menschen-Form« bislang erlaubte, anzuregen, auf jeden Fall aber zu verhindern, daß die »Menschen-Form« kulturell reproduziert wird, um die »Menschennatur« um so unmerklicher und vollständiger der Verfügungsgewalt gesellschaftlicher Mächte auszuliefern: »[...] sagen wir, es könne einer über eine Sache, die in seiner Gewalt ist, verfügen, wie er wolle, so wird diese Macht nicht nur durch das Vermögen des handelnden, sondern auch durch die Fähigkeit des leidenden Teils bestimmt. Sage ich z. B., ich habe das Recht, mit diesem Tisch zu machen, was ich will, so meine ich doch weiß Gott nicht, daß ich das Recht habe, zu machen, daß der Tisch Gras frißt. Ebenso ist es, wenn wir sagen, die Menschen stünden nicht unter eigenem Recht, sondern unter dem des Staates. Damit meinen wir nicht, daß die Menschen ihre Menschennatur verlieren und eine andere annehmen und daß daher der Staat machen dürfe, daß die Menschen fliegen oder, was gerade so unmöglich ist, daß sie das mit Ehrfurcht betrachten, was Lachen oder Ekel erregt« (*TP*, Kap. 4, § 4). Nachdem die Menschen längst fliegen können, nachdem sich die Auflöse- und Rekombinationsfähigkeit der modernen Wissenschaften ins schier Unermeßliche gesteigert hat, hängt auch die Triftigkeit dieser Erkenntnis Spinozas von unserem Vermögen ab, sie wahr zu machen.

Anmerkungen

1 Jürgen Habermas, *Nachmetaphysisches Denken. Philosophische Aufsätze*, Frankfurt/M. 1988, S. 36–42.

2 Die Werke Spinozas werden wie folgt abgekürzt zitiert: *Ethik* = »Ethik« [»Ethica«]; *TPT* = »Theologisch-politischer Traktat« [»Tractatus Theologico-Politicus«]; *TP* = »Abhandlung vom Staate« [»Tractatus Politicus«]; *Briefe* = Spinozas »Briefwechsel«. Die zitierten Textstellen werden mit Angaben zu Kapitel- und Abschnittsnummern bzw. Briefnummern hinreichend klar bezeichnet. Seitenangaben werden nur für die relativ langen Kapitel des Theologisch-politischen Traktats gegeben, nach der Ausgabe des Meiner-Verlags, Hamburg 1976. Zitate aus der *Ethik* werden mit dem Buch (von I bis V) und dem Lehrsatz (arabische Zahl) sowie gegebenenfalls dem zum Lehrsatz gehörenden »Beweis«, »Zusatz«, »Hilfssatz« oder der »Anmerkung« bezeichnet.

3 Um die klassische Ontologie durch ein neues (seiner eigenen Voraussetzungen gewisses, nicht mehr naives und in diesem Sinne ›kritisches‹) Seinsdenken ersetzen zu können, sieht sich Heidegger vor die Aufgabe einer »*Destruktion* des überlieferten Bestandes der antiken Ontologie« sowie ihrer mittelalterlichen und modernen Ausläufer gestellt, einer Destruktion allerdings, die nicht den »*negativen* Sinn einer Abschüttelung der ontologischen Tradition« hat, sondern »umgekehrt diese in ihren positiven Möglichkeiten, und das besagt immer, in ihren *Grenzen* abstecken [soll]«. Martin Heidegger, *Sein und Zeit*, Tübingen [15]1979, S. 22.

4 Louis Althusser, *Philosophie und spontane Philosophie der Wissenschaftler*, Berlin 1985, S. 89.

5 Georg Wilhelm Friedrich Hegel, *Enzyklopädie der philosophischen Wissenschaften*, in: *Werke 8*, Frankfurt/M. 1979, S. 58 u. 60.

6 Gaston Bachelard, *Epistemologie*, Frankfurt/M. 1993, S. 209.

7 Althusser, *Philosophie*, a. a. O., S. 69.

8 Ebd., S. 75.

9 Der Brief ist nachzulesen in: Leo Sonntag, Heinz Stolte (Hg.), *Spinoza in neuer Sicht*, Meisenheim am Glan 1977, S. 169.

10 Sigmund Freud, *Vorlesungen zur Einführung in die Psychoanalyse*, Frankfurt/M. 1977, S. 18.

11 Ebd. S. 48. Freud spricht mehrfach davon, daß es ihm um die Aufklärung des

»Effekts des Versprechens« (S. 26, 28 etc.) geht. Im Unterschied zur Ursache, die im Bewußtsein repräsentierbar ist, verweist der Begriff des »Effekts« auf eine Ursache, die dem spontanen Begreifen des Bewußtseins unzugänglich ist: die Produktion des Effekts ist wesentlich unbewußt, sie erzeugt im Bewußtsein lediglich – mit Spinoza zu reden – »inadäquate Ideen«.

12 Die Unterscheidung zwischen Vorstellungen und Erkenntnissen ist für Spinoza zentral. Vgl. den *Brief* 56 an Hugo Boxel: »Auf Ihre Frage, ob ich von Gott eine so klare Idee habe wie vom Dreieck, antworte ich: ja. Fragen Sie mich aber, ob ich von Gott eine so klare Vorstellung habe wie vom Dreieck, so antworte ich: nein. Denn Gott können wir nicht vorstellen, wohl aber erkennen.« Die These von der Erkennbarkeit der Affekte, die Spinoza als (die Ideen der) »Affektionen des Körpers« definiert, findet sich in *Ethik* V, 4: »Es gibt keine Affektion des Körpers, von der wir nicht einen klaren und deutlichen Begriff bilden können.«

13 Sigmund Freud, »Die psychoanalytische Technik«, in: ders., *Schriften zur Behandlungstechnik. Studienausgabe (Ergänzungsband)*, Frankfurt/M. 1975, S. 413.

14 »Ein Affekt kann nicht anders gehemmt oder aufgehoben werden als durch einen anderen, der dem zu hemmenden Affekt entgegengesetzt und stärker ist als dieser.« (*Ethik*, IV, 7) Spinoza bricht mit einer langen philosophischen Tradition, die den Affekt irrationalisiert: es gibt vernünftige Affekte, Affekte, die mit der Vernunft *übereinstimmen*, und sogar solche, die ihr *entspringen* (aktive Affekte).

15 Freud, *Vorlesungen*, a. a. O., S. 85.

16 Habermas, *Nachmetaphysisches Denken*, a. a. O., S. 43.

17 Niklas Luhmann, »Selbstreferenz und Teleologie in gesellschaftstheoretischer Perspektive«, in: ders., *Gesellschaftsstruktur und Semantik. Studien zur Wissenssoziologie der modernen Gesellschaft*. Bd. 2, Frankfurt/M. 1981, S. 23.

18 Daß die Alternative zu einem wissenschaftstheoretischen, ontologisch verankerten Dualismus keineswegs das Gespenst einer ›Einheitswissenschaft‹ ist, daß aus der Ablehnung der methodischen Orientierung an den Sinnentwürfen und Zwecksetzungen »sprach- und handlungsfähiger Subjekte« keineswegs eine Präferenz für einen Physikalismus folgt (der zwar die Einheit der Natur behauptet, aber eben nur als physikalischer, d. h. – anders als im Spinozismus – die Einheit der Natur auf Kosten ihrer Differenz betont), beweisen Disziplinen wie die moderne Linguistik, die Ethnologie, die Psychoanalyse sowie die noch verstreuten Ansätze einer semiotisch und diskursanalytisch (im Sinne Michel Foucaults) transformierten Kulturwissenschaft.

19 Habermas, *Nachmetaphysisches Denken*, a. a. O., S. 271.

20 Ebd., S. 75. Der Satz weist zurück auf die berühmte Formulierung der Frankfurter Antrittsvorlesung: »Das, was uns aus der Natur heraushebt, ist

nämlich der einzige Sachverhalt, den wir seiner Natur nach kennen können: *die Sprache*. Mit ihrer Struktur ist Mündigkeit *für uns* gesetzt. Mit dem ersten Satz ist die Intention eines allgemeinen und ungezwungenen Konsenses unmißverständlich ausgesprochen.« (Jürgen Habermas »Erkenntnis und Interesse«, in: *Technik und Wissenschaft als ›Ideologie‹*, Frankfurt/M. 1979, S. 163) 1977 formuliert Habermas dann zunächst vorsichtiger: »Verständigung scheint als Telos der menschlichen Sprache innezuwohnen«, wobei die Behutsamkeit der Formulierung ein Indiz für den prekären Status teleologischer Aussagen nach dem (vier Jahrhunderte zurückliegenden) ›Ende‹ des teleologischen Denkens ist (Jürgen Habermas, »Aspekte der Handlungsrationalität [1977]«, in: ders., *Vorstudien und Ergänzungen zur Theorie des kommunikativen Handelns*, Frankfurt/M. 1984, S. 461). Die überarbeitete Fassung dieses Textes, die in die *Theorie des kommunikativen Handelns* Eingang findet, lautet dann wieder energischer: »Verständigung wohnt als Telos der menschlichen Sprache inne.« (Jürgen Habermas, *Theorie des kommunikativen Handelns*, Frankfurt/M. 1981, S. 387)

21 Walter Benjamin, »Geschichtsphilosophische Thesen« [»Über den Begriff der Geschichte«], in: ders., *Zur Kritik der Gewalt und andere Aufsätze. Mit einem Nachwort von Herbert Marcuse*, Frankfurt/M. 1981, S. 90.

22 Pierre Macherey, *Avec Spinoza. Études sur la doctrine et l'histoire du spinozisme*, Paris 1992 (PUF), S. 6.

23 Solchen Lesern wäre mit Gilles Deleuze zu empfehlen: es gilt, die *Ethik* »mittendrin zu nehmen und nicht am ersten Prinzip (eine einzige Substanz für alle Attribute)«. Gilles Deleuze/Claire Parnet, *Dialoge*, Frankfurt/M. 1980, S. 66.

24 So charakterisiert Jürgen Habermas den Anspruch des Begründungsprogramms seiner Diskursethik: vgl. Jürgen Habermas, »Diskursethik – Notizen zu einem Begründungsprogramm«, in: ders., *Moralbewußtsein und kommunikatives Handeln*, Frankfurt/M. 1983, S. 53. Obwohl Habermas seinerseits eine sprachtheoretisch, genauer: argumentationslogisch reformulierte Neubegründung der im Kategorischen Imperativ artikulierten »moralischen Intuition« – des spezifischen »moral point of view« – vornimmt, ist er sich der Gewagtheit dieses Unternehmens sehr wohl bewußt, die eben mit den konkreten metaphysischen Voraussetzungen des Kantschen Moralprinzips zusammenhängen: »Jedenfalls ist die Begründung des Kategorischen Imperativs so sehr mit der Architektonik des Kantischen Systems verschränkt, daß sie unter veränderten Prämissen nicht leicht zu verteidigen sein dürfte.« (Ebd., S. 89) Es stellt sich allerdings die Frage, ob diese skeptische Einschätzung nicht nur für die Begründung Kants, sondern für die Begründbarkeit des Kategorischen Imperativs überhaupt stimmt.

25 Daß das Sein univok ist, bedeutet bei Spinoza: »Das Sein sagt sich in ein und derselben Bedeutung von all dem aus, wovon es sich aussagt, das aber, wovon es sich aussagt, differiert: Es sagt sich von der Differenz selbst aus.«

(Gilles Deleuze, *Differenz und Wiederholung*, München 1992, S. 59) Die Univozität ist mit der Pluralität und Unreduzierbarkeit der Modi des Seins vereinbar, das Sein, die »Substanz« ist nicht der »Abgrund« oder gar das »Grab« der Modi.

26 Die Gründe, die mich bewegen, hier, anders als sonst üblich, Althusser ausdrücklich als einen Vertreter dieses Denkens zu nennen, werden weiter unten deutlich. Nur soviel sei vorausgeschickt: Die geläufige Titulierung Althussers als eines »(strukturalen) Marxisten« ist insofern unzureichend, als sie vergißt, daß Althusser sich zwar durchaus als Marxist verstand – aber eben als Marxist *in der Philosophie*. Vgl. dazu seinen wichtigen Vortrag »Ist es einfach, in der Philosophie Marxist zu sein?«, in: Louis Althusser, *Ideologie und ideologische Staatsapparate. Aufsätze zur marxistischen Theorie*, Hamburg/Berlin 1977, S. 51ff.

27 Manfred Frank, *Was ist Neostrukturalismus?*, Frankfurt/M. 1983, S. 22.

28 »Endenden Moden schauen wir mit Wehmut nach«, heißt es mit kaum verhüllter Ironie: »Wenn aber zu Ende geht, was *nur* Mode war, so sind wir erleichtert, uns nun nicht länger getäuscht zu sehen.« »Getäuscht zu sehen«, schreibt Frank, statt: »getäuscht zu haben«, um seine eigene Fehleinschätzung, die immerhin ein Buch von über 600 Seiten hervorgebracht hat, dem Gegenstand dieses Buches zurechnen zu können. Manfred Frank, »Wörter, Wörter, Wörter. Eine Abrechnung mit dem Poststrukturalismus«, in: DIE ZEIT v. 11.9.1992, S. 74f.

29 Martin Heidegger, »Die onto-theologische Verfassung der Metaphysik«, in: ders., *Identität und Differenz*, Pfullingen 1982, S. 40.

30 Gilles Deleuze, *Spinoza und das Problem des Ausdrucks in der Philosophie*. München 1993, S. 285. Die Konzeption der Philosophie als Kunst der Begriffsbildung (in der ästhetische und ethische Kräfte zusammenwirken), haben Deleuze und Guattari ausführlich erörtert in: *Qu'est-ce que la philosophie?* Paris 1991 (Minuit). Die Bestimmung der Philosophie als Kunst der Bildung *neuer* bzw. *erneuerter* Begriffe (die Wissenschaft hat es im Unterschied zur Philosophie mit *Funktionen*, nicht mit Begriffen zu tun) steht im Gegensatz zu allen Versuchen, die Philosophie über die Begriffe der Kontemplation, der Reflexion oder der Kommunikation zu definieren.

31 Gilles Deleuze, »Brief an Réda Bensmaïa über Spinoza«, in: ders., *Unterhandlungen 1972–1990*, Frankfurt/M. 1993, S. 237.

32 Ebd., S. 238.

33 Ebd., S. 239.

34 Foucault stellte deshalb am Ende der *Archäologie des Wissens* fest: »Und soviel Gerechtigkeit wird man mir angedeihen lassen, daß ich in *Die Ordnung der Dinge* den Terminus Struktur nicht ein einziges Mal gebraucht habe. Aber weg von den Polemiken um den ›Strukturalismus‹; sie leben nur mit Mühe noch in den Regionen fort, die von denjenigen, die arbeiten, verlassen worden sind. Die Auseinandersetzung, die sehr fruchtbar gewesen ist,

wird jetzt nur noch von den Mimen und Schaustellern geführt.« (Michel Foucault, *Archäologie des Wissens*, Frankfurt/M. 1981, S. 285 f.) Nachdem kaum einer seiner vermeintlichen Vertreter sich zum Strukturalismus bekennen wollte, bleibt rätselhaft, wie man darauf verfallen konnte, das nachfolgende französische Denken (u. a. auch wieder das Foucaults!) als »post-« oder gar »neostrukturalistisch« zu etikettieren. Dieses Denken hat sich *auch* mit der Problematik strukturaler Analysen (in der Linguistik, der Ethnologie und Psychoanalyse) befaßt (Deleuze, Derrida), aber man verfehlt doch seine enorme Vielfältigkeit, wenn man es aus der negativen Fixierung auf eine bestimmte Analysetechnik begreift.

35 Louis Althusser, *Elemente der Selbstkritik*, West-Berlin 1973, S. 70. Gewidmet sind die *Elemente* »Waldeck Rochet, der Spinoza bewunderte und mir eines Tages im Juni 1966 ausführlich davon erzählt hat«.

36 Heidegger, »Die onto-theologische Verfassung der Metaphysik«, a. a. O., S. 45 f.

37 Heinrich Heine, *Zur Geschichte der Religion und Philosophie in Deutschland*, in: ders., *Sämtliche Schriften Bd. 5*, Frankfurt/M., Berlin, Wien 1981, S. 564.

38 Althusser, *Elemente der Selbstkritik*, a. a. O., S. 71.

39 »[...] un ›véritable ouvrage de philosophie qui puisse être notre *Éthique*‹«. Louis Althusser, *Écrits sur la psychanalyse. Freud et Lacan.* Paris 1993 (Stock/IMEC), S. 112. Zu den ›Kollegianten‹ Althussers gehörten Alain Badiou, Étienne Balibar, Yves Duroux und Pierre Macherey. Ein Produkt des schriftlichen Austausches zwischen den Gruppenmitgliedern sind Althussers »Trois notes sur la théorie du discours (1966)«, die jetzt posthum veröffentlicht worden sind. Zur Vorgeschichte des Projekts vgl. die Einleitung zu den »Trois notes« von François Matheron in den *Écrits sur la psychanalyse*.

40 Althusser, *Elemente der Selbstkritik*, a. a. O., S. 73.

41 »Die ›Umstülpung‹ wäre eine Umkehrung der ›Richtung‹ der Dialektik. Aber diese Umkehrung der Richtung würde tatsächlich die Dialektik unberührt lassen.« Die Dialektik aber läßt sich vom Hegelschen ›System‹ nicht so trennen wie der Kern von der Schale. Sie ist bis ins ›Mark‹ von den Figuren der spekulativen Logik affiziert. Louis Althusser, »Widerspruch und Überdeterminierung. Anmerkungen für eine Untersuchung«, in: ders., *Für Marx*, Frankfurt/M. 1968, S. 53.

42 Althusser, *Elemente der Selbstkritik*, a. a. O., S. 75.

43 Georg Wilhelm Friedrich Hegel, *Wissenschaft der Logik II*, in: ders., *Werke 6*, Frankfurt/M. 1978, S. 195.

44 Althusser, *Elemente der Selbstkritik*, a. a. O., S. 76.

45 Ebd., S. 78. Wenn Heidegger dazu einlädt, »uns von der Haltung des vorstellenden Denkens ab[zu]setzen«, von einem Denken also, das das Sein als *Anwesen* vor unser Bewußtsein bringt und das in der Neuzeit die Form des »Subjekt[s] für seine Objekte« angenommen hat, dann muß diese Absetzbe-

wegung nicht ins Jenseits oder Diesseits der ›abendländischen Metaphysik‹ führen, weil man sie bereits bei Spinoza beobachten kann. Das Sichabsetzen selbst will Heidegger übrigens als einen »Satz im Sinne eines Sprunges« verstanden wissen. Martin Heidegger, »Der Satz der Identität«, in: ders., *Identität und Differenz*, a. a. O., S. 20.

46 Althusser, *Philosophie*, a. a. O., S. 95. Gaston Bachelard hat das entscheidende Argument gegen jede *A-priori*-Begrenzung des wissenschaftlichen Denkens vorgebracht: solche Grenzen sind »*ohne Zusammenhang mit dem Denken, das sie begrenzen*«. Bachelard, *Epistemologie*, a. a. O., S. 25.

47 Louis Althusser, *Die Zukunft hat Zeit. Die Tatsachen. Zwei Autobiographische Texte*, Frankfurt/M. 1993, S. 39.

48 Ebd., S. 66. »Als ich zur Welt kam, taufte man mich auf den Namen Louis. Ich weiß es nur zu genau. Louis: ein Vorname, der mir lange buchstäblich Schrecken einjagte. Ich fand ihn zu kurz, mit nur einem Vokal, und der letzte, das *i*, schloß mit einem hohen Ton, der mich schmerzte [...]. Zweifellos sagte er auch, und zwar an meiner Stelle, etwas zu deutlich *ja*, und ich empörte mich gegen dieses ›Ja‹, das das ›Ja‹ zum Wunsch meiner Mutter war, nicht zu meinem eigenen. Und vor allem sagte er: *lui* [er], jenes Pronomen der dritten Person, das, wie der Anruf eines anonymen Dritten klingend, mich jeder eigenen Persönlichkeit beraubte und auf jenen Mann hinter meinem Rücken anspielte: *Lui – das war Louis*, mein Onkel, den meine Mutter liebte, nicht ich.« (Ebd., S. 48 f.).

49 Ebd., S. 68.

50 Dieser unspezifische Abscheu vor den *anderen* Körpern ist das Resultat der Angst vor der Versehrbarkeit des eigenen Körpers. Die Angst ist nun aber, wie man schnell sieht, keine anthropologisch verankerte, sondern wird durch bestimmte kollektiv wirksame, konkret: biomedizinische Vorstellungskomplexe artikuliert. Diese kulturell wirksamen Phantasmen fungieren gleichsam als Hysteriesierungsfolien, eine Eigenschaft, die sich aus ihrer Fähigkeit erklärt, sowohl individuelle als auch gesellschaftliche und politische Ereignisse zu codieren. Althussers Mutter ist vom *bakteriologischen* Phantasma derart affiziert, daß sie jede Form des ›Gewimmels‹ (auf mikrologischer oder sozialer Ebene) als potentiellen Angriff auf die Integrität ihres Selbst erlebt und ihren eigenen Körper ablehnt, weil er für sie – mit seinen zahlreichen Öffnungen, die ebenso viele Einfallstore für den bakteriellen Aggressor sind – tendentiell im Bunde ist mit den Kräften der Zerstörung und Auflösung: »Ich sehe heute, daß meine Mutter von Phobien geradezu bedrängt war: sie hatte [...] eine ungeheure Angst vor Mikroben und Ansteckungsgefahren, Angst vor Massen und ihrem lärmenden Gedränge, Angst vor Nachbarn, Angst vor Unfällen auf der Straße und anderswo und vor allem Angst vor Unglücksfügungen und zweifelhaften Besuchen, die böse ausgehen können: kurz, vor allem Angst vor der Sexualität, vor Raub und Vergewaltigung, das heißt Angst, in ihrer körperlichen Unversehrtheit

angegriffen und damit die problematische Integrität ihres überdies bereits zerstückelten Körpers einzubüßen.« (Ebd., S. 61 f.).

51 Ebd., S. 46.

52 Wobei »Furcht« hier in einem spezifisch hobbesianischen Sinne zu verstehen ist und das »Voraussehen von kommendem Unheil« (nicht bloß die Flucht vor ihm) mit umfaßt: »Nicht nur die Flucht, sondern auch Mißtrauen, Verdacht, Vorsicht und Vorsorge, damit man nichts zu fürchten braucht, sind dem Furchtsamen eigen.« Gibt es für Hobbes nichts Vernünftigeres, als sich von der Furcht leiten zu lassen, so beharrt Spinoza auf der Unvereinbarkeit von Furcht und Vernunft: »Wer von der Furcht geleitet wird und das Gute tut, um das Schlechte zu meiden, der wird nicht von der Vernunft geleitet.« (*Ethik* IV, 63) Aus Spinozas Perspektive ist die Hobbessche Philosophie (und Anthropologie) eine Philosophie der Nichtphilosophen, der »Abergläubischen« und der »Kranken«: »Der Kranke genießt Dinge, die ihm zuwider sind, aus Furcht vor dem Tode. Der Gesunde dagegen erfreut sich an der Speise und genießt so das Leben besser, als wenn er den Tod fürchtete und ihn unmittelbar zu vermeiden suchte.« (*Ethik* IV, 63, Zusatz, Anm.) Hobbes verurteilt die Menschen zu einem »kläglichen Leben« (*Ethik* IV, 63, Anm.), weil es nach ihm das vorrangige Bestreben eines jeden ist, »das größte der natürlichen Übel, den Tod« zu fliehen. Bezeichnenderweise ist die Todesfurcht bei Hobbes in einer melancholischen Perspektive auf den »Bau des menschlichen Körpers« verankert: für Hobbes gilt noch mehr als für andere philosophische Melancholiker, daß er den »Bau des Körpers« (*fabrica corporis*) noch gar nicht kennt (*Ethik*, III, 2, Anm.) und ihn deshalb von seiner eingeschränkten Existenz (Krankheit) oder Nicht-Existenz (Tod) her bestimmt: »Denn betrachtet man den erwachsenen Menschen und sieht man, wie gebrechlich der Bau des menschlichen Körpers ist (mit dessen Verfall auch alle Kraft, Stärke und Weisheit des Menschen vergeht), wie leicht es selbst dem Schwächsten ist, den Stärksten zu töten: so versteht man nicht, daß irgend jemand im Vertrauen auf seine Kraft sich anderen von Natur überlegen dünken kann.« Noch die ausgezeichnete Fähigkeit des menschlichen Körpers bestimmt Hobbes negativ: die *potentia agendi*, das Tätigkeitsvermögen des Körpers kulminiert in seiner destruktiven Potenz. Sterben und Töten sind die spezifischen Vermögen des Körpers bei Hobbes. Die Differenz zum theoretischen Raum des spinozistischen Denkens könnte nicht größer sein: »Der freie Mensch denkt an nichts weniger als an den Tod; und seine Weisheit ist nicht ein Nachsinnen über den Tod, sondern über das Leben.« (*Ethik*, IV, 67) Die Hobbes-Zitate befinden sich in den Abschnitten 3 und 7 des 1. Kapitels seiner Schrift *Vom Bürger*: Thomas Hobbes, *Vom Menschen – Vom Bürger (Elemente der Philosophie II/III)*, Hamburg 1959, S. 79–81.

53 In weniger abgekürzter Form müßte es heißen: »Das Objekt der Idee, die den menschlichen Geist ausmacht, ist der Körper oder ein bestimmter Modus der Ausdehnung, der wirklich existiert, und nichts anderes.« (*Ethik* II, 13).

54 Althusser, *Die Zukunft hat Zeit*, a. a. O., S. 91 f.

55 »Der menschliche Körper ist aus sehr vielen Individuen (verschiedener Natur) zusammengesetzt, von denen jedes seinerseits wieder stark zusammengesetzt ist«, und »Der menschliche Körper braucht zu seiner Erhaltung sehr viele andere Körper, von denen er fortwährend gleichsam wiedererzeugt wird«. (*Ethik*, II, 13, Post. 1 und 4.) Die Gedankenfigur der *creatio continua*, die wir bei Descartes antreffen, erfährt im Postulat 4 gleichsam eine ›materialistische‹ Wendung: nicht Gott, sondern andere, mit unserem koexistierende Körper erschaffen uns »von Augenblick zu Augenblick« neu.

56 Unter den Bedingungen des Medienzeitalters wäre die Kategorie der *zufälligen Begegnung* als die ›Tagesordnung‹ zu reformulieren, die uns Zeitungen, Rundfunk und Fernsehen präsentieren: ein hochselektives, symbolisch codiertes Rearrangement dessen, ›was sich ereignet hat‹.

57 Gilles Deleuze, *Spinoza und das Problem des Ausdrucks in der Philosophie*, a. a. O., S. 253.

58 Althusser, *Die Zukunft hat Zeit*, a. a. O., S. 144.

59 Ebd., S. 250 f.

60 Gilles Deleuze, *Spinoza. Praktische Philosophie*, Berlin 1988, S. 28.

61 Althusser, *Die Zukunft hat Zeit*, a. a. O., S. 247.

62 Althusser, *Für Marx*, a. a. O., S. 149. Vgl. dort vor allem auch die Fußnote 42.

63 Althusser, *Die Zukunft hat Zeit*, a. a. O., S. 247.

64 Ebd., S. 250.

65 den er bezeichnenderweise mit dem Leichnam identifiziert.

66 Ebd., S. 249.

67 René Descartes, *Meditationen über die Grundlagen der Philosophie*, Hamburg 1959, S. 47.

68 Pierre Macherey, »Für eine Naturgeschichte der Normen«, in: François Ewald/Bernhard Waldenfels, *Spiele der Wahrheit. Michel Foucaults Denken*, Frankfurt/M. 1991, S. 171–192. Vgl. vor allem den Abschnitt III.

69 Bernhard Waldenfels, »Die Herkunft der Normen aus der Lebenswelt«, in: ders.: *In den Netzen der Lebenswelt*, Frankfurt/M. 1985, S. 130.

70 Die Dinge unter dem »Gesichtspunkt der Ewigkeit« zu betrachten, heißt, sie als Funktions- und Reproduktionszusammenhänge zu analysieren, die als solche ›zeitlos‹ sind. In seinen nachgelassenen *Schriften zur Psychoanalyse* kommt Althusser anläßlich seiner Kritik am genetischen Denken auf einen Ausspruch von Marx zurück, demzufolge die Produktionsweisen »ewig« seien: »Lorsqu'il dit que le mode de production est ›éternel‹ il veut dire qu'il fonctionne en circuit fermé, sur le mode de l'atemporalité, que loin d'être soumis à la temporalité de la ›chronologie‹, c'est-à-dire de la simple succession temporelle, ou de l'historicité au sens vulgaire, il en est indépendant, *exactement comme* l'inconscient, il *se reproduit lui-même* sans cesse, et cette reproduction a-temporelle, in-temporelle, ›synchronique‹, est la condition

absolue de sa ›production‹ au sens économique comme en tous les autres sens.« Louis Althusser, »Lettres à D... (1966)«, in: ders., *Écrits sur la psychanalyse*, a. a. O., S. 93.

71 Deleuze/Parnet, *Dialoge*, a. a. O., S. 66.

72 Ebd., S. 63 f.

73 Descartes, *Meditationen über die Grundlagen der Philosophie*, a. a. O., S. 45.

74 Zur Problematik des »Werdens« bei Deleuze und Guattari vgl. vor allem das Kapitel 10 von *Tausend Plateaus*: »1730 – Intensiv-Werden, Tier-Werden, Unwahrnehmbar-Werden...«, das auch die »Erinnerungen an einen Spinozisten« und die »Erinnerungen eines Spinozisten« erhält. Gilles Deleuze/Félix Guattari, *Tausend Plateaus*, Berlin 1992, S. 317–422.

75 Deleuze/Parnet, *Dialoge*, a. a. O., S. 67.

76 Deleuze/Guattari, *Tausend Plateaus*, a. a. O., S. 347.

77 Michel Foucault, »Andere Räume«, in: *Aisthesis. Wahrnehmungen heute oder Perspektiven einer anderen Ästhetik*, Leipzig 1990, S. 39.

78 »So bildet die einzige Einheit der Verkettung denn auch nur die des gemeinsamen Funktionszusammenhangs: sie ist Symbiose, ›Sympathie‹. Wichtig sind niemals die Abstammungen, wichtig sind die Bündnisse und Mischungen; wichtig sind nicht die Nachkommen, wichtig sind die Ansteckungen, die Epidemien, der Wind.« Deleuze/Parnet, *Dialoge*, a. a. O., S. 76.

79 Deleuze/Guattari, *Tausend Plateaus*, a. a. O., S. 371.

80 Ebd., S. 349.

81 Niklas Luhmann, »Risiko auf alle Fälle. Schwierigkeiten bei der Beschreibung der Zukunft«, in: FAZ v. 2. 1. 1991, S. N 3.

82 Gilles Deleuze, »Der Tod des Menschen und der Übermensch«, in: ders., *Foucault*, Frankfurt/M. 1987, S. 175.

Philosophie

Eine Auswahl

Edmund Husserl
Arbeit an den Phänomenen
Ausgewählte Schriften
Bernhard Waldenfels (Hg.)
Band 11750

Martin Jay
Dialektische Phantasie
Die Geschichte der Frankfurter Schule und des Instituts für Sozialforschung. Band 6546

Immanuel Kant
Eine Vorlesung über Ethik
Gerd Gerhardt (Hg.)
Band 10249

Peter Kemper (Hg.)
Die Zukunft des Politischen
Ausblicke auf Hannah Arendt
Band 11706

Ralf Konersmann
Erstaarte Unruhe
Band 10962

Susanne K. Langer
Phliosophie auf neuem Wege
Band 7344

Lutker Lütkehaus
Philosophieren nach Hiroshima
Über Günther Anders
Band 11248

Max Planck
Vom Wesen der Willensfreiheit und andere Vorträge
Band 10472

Platon
Sokrates im Gespräch
Vier Dialoge. Band 11065

Jean-Jacques Rousseau
Schriften
Henning Ritter (Hg.)
2 Bände: 6567/6568

Bertrand Russell
Das ABC der Relativitätstheorie
Band 6579
Moral und Politik
Band 6573
Philosophie
Die Entwicklung meines Denkens
Band 6572

Rüdiger Safranski
Wieviel Wahrheit braucht der Mensch?
Über das Denkbare und das Lebbare. Band 10977

Georg Simmel
Das Individuum und die Freiheit
Essais. Band 11925